청명 임창순 한문 강좌

청명 임창순 한문 강좌 1 _ 한자와 한문의 기초

발행일 초판1쇄 2025년 11월 5일
지은이 임창순
펴낸곳 북튜브 | **펴낸이** 박순기
주소 경기도 고양시 덕양구 소원로 181번길 15, 504-901
전화 070-8691-2392 | **팩스** 031-8026-2584 | **이메일** booktube0901@gmail.com

ISBN 979-11-92628-56-1 04370   979-11-92628-55-4[세트]

Copyright © 임창순

저작권자와의 협의에 따라 인지는 생략했습니다. 이 책은 저작권자와 북튜브의 독점계약에 의해 출간되었으므로 무단전재와 무단복제를 금합니다. 잘못 만들어진 책은 서점에서 바꿔 드립니다.

Booktube 책으로 만나는 인문학강의 세상

청명 임창순　한문 강좌　　1

한자와 한문의 기초

임창순 지음

북튜브

발간사 _

청명 선생님의 '한문 강좌' 시리즈를 펴내며

성태용(청명문화재단 이사장)

"내가 바라는 일을 제대로 하지도 못하고, 내가 남긴 부스러기 조물락거리면서 내 뜻은 잇는다고 하는 게냐?" 하는 선생님의 꾸중이 떨어질 것만 같습니다. 선생님이 남겨 놓으신 방송 강의 자료 등을 정리하여 출판하려 하니 자연 이런 생각이 들 수밖에 없었습니다.

그렇지만 꼭 선생님이 남기신 것이기에 출판하겠다는 것은 아닙니다. 정말 이 시대에 도움이 되지도 않는 일을 벌이는 것이야말로 선생님의 소신과는 전혀 맞지 않다는 그것을 모를 정도로 아둔하다고 생각하지는 않습니다. 그러기에, 이 책들을 내는 것이 과연 필요한 일인가에 대해 오랫동안 검토했고, 충분히 의미 있다고 결론을 내렸기에 출판을 결정했습니다.

제자로서 선생님에 대해 말하는 것은 외람스러운 일이지만, 청명 임창순 선생님은 좀 특별한 위상을 지니고 계십니다. 우선 전통적인 한학자로서의 선생님을 말한다면 분명 선생님보다 뛰어난 한학자들이 있을 것입니다. 선생님께서도 종종 "이 분야는 도저히 누구를 따라갈 수가 없어"라고 말씀하신 분들이 있으니까요. 그리고 한문 문법학이라든가 어문학의 측면을 말한다 해도 선생님보다 뛰어난 분들이 많겠지요. 그렇지만 두 분야를 아울러 말한다면 청명 임창순 선생님과 같은 분을 찾기는 정말 힘들 것 같습니다.

선생님은 한학자로 알려져 있으면서도 한글 전용론자였습니다. "'짓밟는다'고 말하면 될 것을 왜 꼭 '유린한다'고 하나? '앞지른다'고 하면 될 것을 꼭 '추월한다'고 하고…" 하시던 말씀이 귀에 들리는 듯합니다. 우리에게 한문을 가르치시면서도 전통을 비판 없이 지켜 나가는 한학자가 되기를 바라신 적이 없습니다. "자네들이 열심히 해서 한문 중심으로 된 전통문화를 이 시대의 쉬운 우리말로 바꿔서 펼쳐 내야지!" 하는 것이 선생님의 말씀이었지요. 그런 분이셨기에 우리말을 우리말답게, 또 아름답게 표현하는 데 큰 관심을 기울였습니다. 어중간한 번역을 했다가 "이게 우리말이여, 한문이여?" 하는 꾸중을 들은 제자가 매우 많습니다.

그런데 한문을 지금 여기의 말로 올바르게 옮기기 위해서는 한문의 문법적 구조를 명확하게 이해해야 하고, 허사(虛辭)들의 용법을 정확하게 알아야 합니다. 그래서 선생님은 그런 분야에 많은 힘을 기울이셨고, 한학에 대한 풍부한 소양을 바탕으로 하여 그것을 우리에게 정말 적실하고도 맛깔나는 용례를 통해 가르쳐 주실 수 있는 분이었습니다. 선생님이 가장 큰 업적을 남기셨다고 알려진 금석학 영역에 못지않게 이바지하신 분야가 바로 여기라고 생각합니다.

그런 선생님의 특징이 가장 잘 드러나고 있는 것이 바로 오랫동안 KBS에서 진행하신 한문 강좌입니다.『한자와 한문의 기초』를 첫 권으로 하여 펴내는 '임창순의 한문 강좌' 시리즈에는 바로 그 강의 내용이 담겨 있습니다. 대중을 위한 기초 강의이기에 한문에 관심이 있는 분들이라면 모두 쉽고 편하게 들으면서 한문의 실력을 향상시킬 수 있을 것입니다.

그런데 선생님의 강의는 단지 초보자에게만 유용한 것이 아닙니다. 한문을 거의 전문가의 수준으로 익힌 분들도 선생님의 강의를 들으면 배우는 게 많습니다. "그렇겠지?" 하고 대충 얼버무리고 넘어갔던 것들이 선생님의 명쾌한 강의를 통해 분명하게 이해되는 경우가 많습니다. 어물쩍 나도 모르고 남도 모르는 표현으로 뭉개며 번역했던 예들이 "아! 저렇게 표현하면 되는구나!" 하고 무릎을 치게 되기도 합니다. 저는 '임창순의 한문 강좌' 시리즈 2권『한국과 중국의 고사』로 새롭게 출판될 예정인『한문강좌』(일지사) 책을 책상에 두고 틈나는 대로 읽어 나가고 있습니다. 우선 정말 재미있습니다. 아주 귀한 예들을 뽑아서 강의를 진행하였기에 읽으면서 상식이 풍부해지는 기쁨을 느낍니다.

저의 경우는 우선 원문을 읽으면서 제가 좀 어렵고 애매하다 느끼는 부분에 표시를 해 놓고 선생님의 주석과 번역을 읽는데, 매우 자주 속이 확 뚫리는 듯한 느낌을 받게 됩니다. 어쩌면 이렇게 '지금' '여기'의 우리말로 맛깔나게 번역해 내시는지! 진정한 '고수'의 가르침이 얼마나 중요한가를 절감하게 됩니다.

그것은 단지 저의 경우만은 아닙니다. 우리 청명문화재단 김만일 상임이사는 이 책을 내기 위해 교정을 보려고 선생님의 강의를 듣다가 챙겨야 할 일을 놓쳐서 낭패를 봤다 하더군요. 이유는 "재미있어서!"였답니다. 그러니까 선생님의 강의는 우선 재미있습니다. 그 재미의 범위는 한문의 초보자뿐만이 아니라 김만일 씨 같은 한문의 고수에게까지 미칩니다. 그렇다면 이 책의 의미가 크다고 해도 되지 않겠습니까?

이 시대의 화두는 뭐니 뭐니 해도 '재미'입니다. 그런데 선생님의 강의는 재미있습니다. 선생님이 드는 예시가 재미있고, 고사 등의 내용이 재미있고, 번뜩이는 통찰과 명쾌한 해설이 재미있습니다. 그 재미를 통해 우리는 한문을 배워 나갈 수 있고, 자신의 한문 실력을 높일 수 있고, 고수는 고수대로 더 한 수 높은 고수의 경지를 엿볼 수 있습니다. 이런 점에서 본다면 청명 임창순 선생님은 우리보다도 한 세대 전의 분이지만, 여전히 이 시대에 꼭 필요한 가르침을 주는 분이며, 어떤 측면에선 이 시대를 한 걸음 앞서 나간 분이라고 할 수 있겠습니다. 그런 생각으로 선생님의 '사서'(四書)와 '한시'(漢詩)에 대한 강의 등, 방송 강의를 바탕으로 선생님이 남기신 것들 중에서 의미 있는 것들을 모아 책으로 내고자 하는 것입니다.

선생님께서는 "내 꾸중 피하려고 내 얼굴에 쓸데없이 금칠하지 마!" 하고 말하실 것 같지만, 제 이야기가 선생님이 지향하시고 또 자부하실 수 있는 점을 드러내고 있다고 생각합니다. 선생님의 은택을 받은 많은 동학들의 성원을 부탁드리며, 이러한 일들을 바탕으로 하여 선생님의 뜻을 이어 나가는 일에 더욱 힘을 쏟을 것을 다짐합니다.

그리고 이 책을 출판해 주신 북튜브 박순기 사장님께 진심으로 감사드립니다. 방송 내용을 녹취하여 책으로 출판하는 것은 참으로 쉽지 않은 일입니다. 그 지루하고 어려운 과정을 꼼꼼하게 점검하고, 또 우리가 생각지 못했던 점들을 잘 챙겨 가면서 진행하였기에 이 책이 나올 수 있게 되었습니다.

이 책이 한문에 관심이 있는 많은 분들, 또 자신의 한문공부를 점검하고 한 걸음 더 앞으로 나가려는 분들에게 도움이 되고, 그것이 청명 임창순 선생님의 큰 바람을 실현하는 길로 회향될 수 있기를 기원합니다.

차례

발간사 _ 청명 선생님의 '한문 강좌' 시리즈를 펴내며 (성태용) 5

1부 한자의 기초   15

1장 자체의 변천   16

갑골문(甲骨文) 16 · 고금문(古金文) 22 · 소전(小篆) 31 · 예서(隸書) 37 · 초서(草書) 40 · 해서(楷書) 44 · 행서(行書) 47

2장 한자의 구성 원리 : 육서(六書)   48

지사(指事) 49 · 상형(象形) 50 · 형성(形聲) 52 · 회의(會意) 54 · 전주(轉注) 56 · 가차(假借) 56

3장 자획 및 부위의 명칭   57

자획(字畫)의 명칭 58 · 부위의 구성과 명칭 61

4장 주요 부수 연습   64

머리 혈(頁) 64 · 말 마(馬) 68 · 뼈 골(骨) 71 · 싸울 투(鬥) 72 · 물고기 어(魚) 73

2부 문장의 구성 75

1장 사(詞) 78
단음절사와 복음절사 79 · 단순사 82 · 복합사 87

2장 구(句)의 구성 94
동위관계로 연합된 것 95 · 접속관계로 연합된 것 96 · 수식관계로 연합된 것 98 · 부속관계로 연합된 것 100

3장 한문의 기본구조 103
술어성분 104 · 보조성분 106

3부　품사　111

1장　명사　112

2장　대사　113

3장　동사　141
보통동사 142 · 특별동사 162 · 동사구 173

4장　형용사　182
보통형용사 183 · 특별형용사 185

5장　부사　193
특별부사 194 · 보통부사 196

6장　개사　215
한정어로도 사용하고 보어로도 사용하는 개사 215 · 객어의 생략 238

7장　연사　240
병렬연사 240 · 접속연사 245 · 관계연사 249 · 전절연사 254 · 선택연사 258 · 모두연사 260 · 연사구 266

8장　어기사　268
제시와 정돈을 나타냄 269 · 종결과 긍정을 나타냄 277 · 결정적 사태를 나타냄 283 · 제한된 사태를 나타냄 288 · 의문을 나타냄 290 · 감탄을 나타냄 295 · 어기사의 연용(連用) 296

9장　의성사　298

10장　소품사　303
소품사 '소'(所)의 용법 303 · 소품사 '자'(者)의 용법 305 · 소품사 '연'(然)의 용법 307

4부 한자의 성어

금슬(琴瑟) 310・안항(雁行) 311・구경(具慶), 영감(永感), 시하(侍下) 313・지란옥수(芝蘭玉樹) 314・모순(矛盾) 315・과기(瓜期) 316・옥백(玉帛) 317・청사(青史), 한간(汗簡), 쇄청(殺青) 318・옥쇄와전(玉碎瓦全) 319・계옥지수(桂玉之愁) 320・증진부어(甑塵釜魚) 321・과전납리(瓜田納履) 322・주랑반대(酒囊飯袋) 323・금심수구(錦心繡口), 투필성자(投筆成字), 토사성장(吐辭成章) 324・몽필생화(夢筆生花) 324・옥석구분(玉石俱焚) 325・앙급지어(殃及池魚) 326・일자천금(一字千金) 327・기호지세(騎虎之勢) 328・침류수석(枕流漱石) 329・호가호위(狐假虎威) 331・관포지교(管鮑之交) 332・조강지처(糟糠之妻) 334・금석지교(金石之交) 335・보거순치(輔車脣齒) 336・잠영세족(簪纓世族), 교목세신(喬木世臣) 336・관개상망(冠蓋相望) 338・금지옥엽(金枝玉葉) 338・한문고종(寒門孤蹤) 339・고추부서(孤雛腐鼠), 고루과문(孤陋寡聞) 340・육식자무모(肉食者無謀), 만식당육(晚食當肉) 341・동시낙양인(同是洛陽人), 병주고향(幷州故鄉) 342・망년지교(忘年之交) 342・경개여구(傾蓋如舊) 343・해후상봉(邂逅相逢), 교위(巧遺) 344・마중지봉(麻中之蓬) 344・당동벌이(黨同伐異), 부화뇌동(附和雷同), 포장화심(包藏禍心), 의론기이(議論岐貳) 346・계륵(鷄肋) 347・계란유골(鷄卵有骨) 348・득농망촉(得隴望蜀), 계학지욕(谿壑之慾), 진지구무이(秦之求無已) 349・당랑거철(螳螂拒轍) 350・기각지세(掎角之勢), 견아상제(犬牙相制) 350・견원지간(犬猿之間), 일석이조(一石二鳥) 351・공성신퇴(功成身退), 급류용퇴(急流勇退) 352・수의야행(繡衣夜行) 353・함구인치(含垢忍恥) 353・송양지인(宋襄之仁) 354・와신상담(臥薪嘗膽) 356・오월동주(鳴越同舟) 357・임갈굴정(臨渴掘井), 교토삼굴(狡兔三窟) 358・부앙무괴(俯仰無愧), 불파천불외지(不怕天不畏地) 359・새옹실마(塞翁失馬) 359

| 일러두기 |

1 이 책은 1981년 2월부터 1990년 12월까지 KBS 3TV에서 방영된 지은이의 '한문강좌'(漢文講座) 중 '한자의 기초', '한문기본문법', '한자의 성어'의 내용을 바탕으로 구성한 것입니다.

2 지은이의 강의 중 영상자료가 유실되어 수록하지 못한 부분은 해당 부분에 각주로 유실된 범위를 명기했습니다.

3 이 책의 1부 1장 '자체의 변천' 중 갑골문부터 초서까지의 예시와 1부 3장 '자획 및 부위의 명칭'의 자획의 예시는 지은이가 TV 강의에서 사용한 교안을 수록한 것으로 지은이가 직접 쓴 글씨입니다.

4 단행본·정기간행물에는 겹낫표(『 』)를, 책의 편명이나 시, 서예 등의 작품명에는 낫표(「 」)를 사용했습니다.

1부

한자의 기초

1장 _ 자체의 변천

갑골문(甲骨文)

여러분 안녕하십니까. 오늘부터 새로운 강좌를 시작하게 됐습니다. '한자의 기초'라는 제목으로 한문 글자의 자체(字體)는 어떻게 변해 왔는가, 한자는 어떻게 구성되었는가, 우리가 한자를 읽고 쓰고, 또 사전을 찾아보고 할 때 어떤 문제들이 있는가 하는 기초적인 것들을 말씀드리는 것으로 강의를 시작하겠습니다.

　우리가 지금 쓰고 있는 한자가 있습니다마는 글자가 지금 쓰는 것처럼 되기 전에 몇 가지 형태로 변천을 거쳐 왔습니다. '자체의 변천'은 약 여섯 가지 내지 일곱 가지로 구별할 수 있는데 이 시간에는 그 첫번째로 갑골문에 대해서 말씀을 드리겠습니다. 갑골문은 한마디로 '귀갑수골(龜甲獸骨)에 조각된 중국 은대의 문자'라고 할 수 있습니다. '귀갑수골'은 거북이의 껍질과 짐승의 뼈라는 뜻이죠. '거북 귀'(龜)는 우리나라에서 일반적으로 '구'라고 읽지만 본음은 '귀'입니다. 거북 껍질과 짐승의 뼈에서 '갑'과 '골'이라는 글자를 뽑아서 '갑골문'이라고 이름을 붙인 겁니다.

이 갑골들은 중국 하남성 안양현의 은허(殷虛)라는 곳에서 발견이 되었습니다. '은허'에서 '허'(虛) 자는 '빌 허' 자입니다만, '흙 토'(土) 변이 붙은 '허'(墟) 자와 같은 말입니다. 옛날에는 음이 같으면 대개 같이 썼기 때문이죠. '허'(墟)는 옛날에 도시가 있던 곳이라든가 부락이 있던 곳에서 유적은 없어지고 빈터만 남은 걸 말합니다. 그러니까 '은허'는 은나라가 있었던 터라는 뜻입니다. 이 은허에서 갑골문이 출토되었습니다.

중국 역사상 가장 오랜 나라가 하 왕조고 그다음이 은입니다. 그런데 이 '은'이라는 왕조의 이름은 원래 '상'(商)이었던 것이 바뀐 것입니다. '상'과 '은'은 모두 땅의 이름인데, 상에서 은으로 옮겨 오면서 나라의 이름도 '은'이 되었습니다. 홍수가 져서 상 땅에서는 왕도를 그대로 유지할 수가 없어서 은 땅으로 옮겨 온 것이고, 옮겨 올 때의 임금의 이름은 반경(盤庚)입니다. 이렇게 옮겨 온 곳이 어디냐 하면, 현재의 하남성 안양현 소둔촌이라는 곳입니다. 이곳을 바로 은허라고 부르는 겁니다. 이 은허라는 땅에서 지금 말씀드린 갑골문자가 쏟아져 나왔고요.

거북 껍질과 짐승의 뼈에 글자를 새겼다고 했는데요. 그 용도는 점을 치기 위한 것이었습니다. 거북 껍질이나 짐승의 뼈에 점칠 내용, 가령 '오늘 비가 오겠는가 오지 않겠는가', '금년에 풍년이 들겠는가 들지 않겠는가', '전쟁을 할 텐데 유리하겠는가 불리하겠는가', 이런 글자를 새기고 나서, 그 아래에 불을 때서 거북 껍질이나 짐승 뼈가 터지는 것을 보고 결정을 하는 것이 당시 은나라 사람들의 '복'(卜)하는 방법입니다. 옛날에 점을 치는 방법은 두 가지가 있었는데, 하나는 지금 말한 '복'이고, 다른 하나는 '서'(筮)라고 합니다. 서는 댓가지 같은 걸 많이 가지고 그걸 뽑아서 점을 치는 것인데요. 그렇게 뽑은 기호를 가지고 『역』(易)을 보면서 점을 칩니다.

 이렇게 발굴된 갑골에는 점치는 내용이 새겨져 있었기 때문에, 이것을 '복사문'(卜辭文)이라고도 하고, 은허에서 나왔다고 해서 '은허서계'(殷虛書契)라고도 합니다. 그 밖에 여러 이름으로 불리지만, 일반적으로는 갑골문이라고 쓰고 있죠. 이 글자가 처음 발견된 것은 1899년이고, 그 생성 연대는 지금으로부터 약 3,500년 전입니다. 그래서 중국 글자 가운데서 가장 오래된 글자라고 할 수 있겠습니다. 물론 그 이전의 글자도 있다고 생각을 합니다만, 아직 발견된 것이 없고, 갑골문이 현재 발견된 것으로는 가장 오래된 것입니다. 이 갑골문이 십수만 점 발굴되었는데, 그 중에서 약 6만 점이 도록에 실려 이 세상에 알려지게 되었습니다. 오른쪽 사진을 보시면 거북 껍질과 짐승의 뼈에 글자가 새겨진 걸

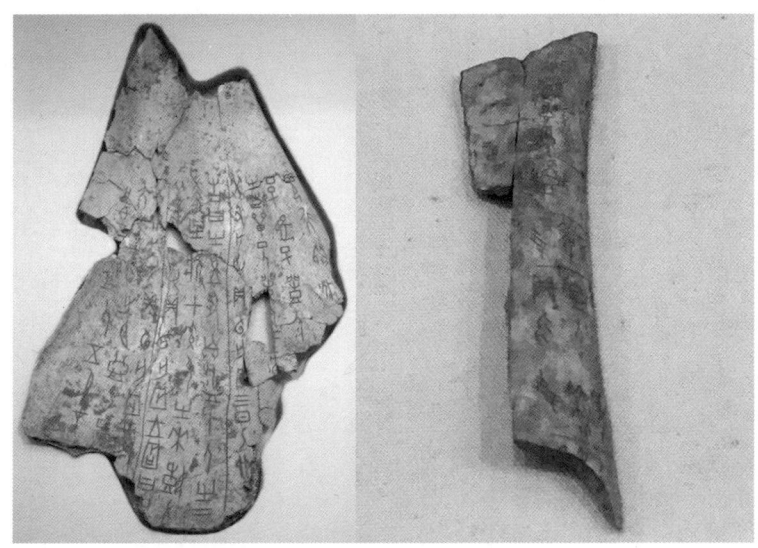

거북 껍질(왼쪽)과 동물의 뼈(오른쪽)에 새겨진 갑골문.

보실 수 있습니다.

앞에서 갑골문을 '은허서계'라고도 한다고 했죠. '서계'의 '계'(契)는 '계약서'라고 할 때의 '계' 자인데, 칼로 판다는 의미입니다. 그러니까 옛날에 글씨를 쓸 때 붓으로 쓰기도 하고 칼로 파기도 한 거죠. 이 글자들이 당시 사람들이 점을 치기 위해 새긴 거라고 말씀을 드렸습니다마는 여기에는 그 사람들이 생각하는 것, 또는 생활하는 것, 수렵이나 전쟁을 하는 것, 신에게 제사 지내는 것 등의 내용이 다 들어 있습니다. 그래서 이 갑골문은 한문의 문자를 연구하는 데 중요할 뿐 아니라, 역사를 연구하는 데도

갑골문의 예시(丙子卜 韋貞 我弗 其受年).

대단히 중요한 것입니다.

그럼, 이제부터 갑골문의 실제 예를 살펴보겠습니다. 위의 글자들을 오른쪽부터 세로로 읽어 보겠습니다. 첫번째 줄 세 글자는 '병자복'(丙子卜)입니다. '복'(卜) 자는 지금 쓰는 글자와 비슷하죠. '병자'는 60갑자 중 하나입니다. 지금 60갑자는 금년이 계묘년이다 갑자년이다 하는 식으로 해를 나타낼 때 주로 쓰죠. 그런데 옛날에는 갑자를 해나 달을 표시하는 데 쓰지 않고 일자를 표시할 때 씁니다. 그럼 '병자복'은 '병자일에 점을 친다'라는 뜻이 되죠. 그다음 줄의 '위'(韋)는 사람 이름이고요. '정'(貞)은 '신에게 묻는다'는 뜻입니다.

그 뒤로는 점을 치는 내용입니다. 세번째 줄의 맨 위 글자는 '나 아'(我), 그 아래 글자는 '아닐 불'(弗)입니다. 네번째 줄의 위는 '그 기'(其), 아래는 '받을 수'(受), 마지막 글자는 '해 년'(年)입니다. 해 년 자의 갑골문 글자 모양을 보면 벼 이삭이 늘어져 있는 모양이죠. 그래서 풍년이 드는 것을 '년'(年)이라고 합니다. 해

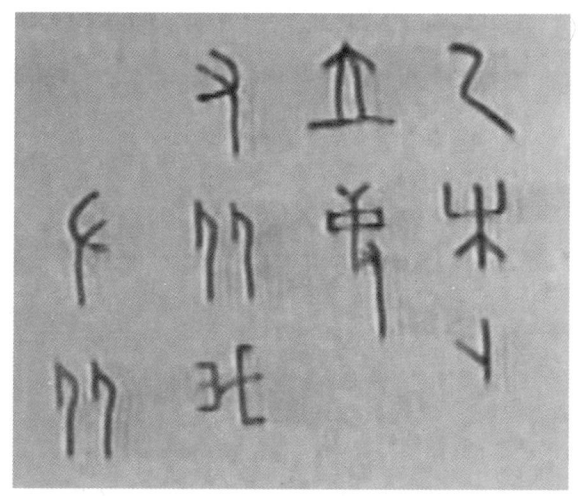

갑골문의 예시(乙未卜 立史 右從我 左從).

석을 해 보면 금년에 풍년이 들 것인지 아닌지를 점치고 있는 거죠.

한 가지 예를 더 보겠습니다. 위 갑골문에서 오른쪽 맨 첫 줄은 앞의 글과 마찬가지로 점을 치는 날짜입니다. '을미복'(乙未卜)으로 을미일에 점을 쳤다는 말이죠. '복'(卜) 자의 가지가 앞에서는 오른쪽 위로 올라갔는데, 여기서는 왼쪽으로 올라가 있죠. 그림이기 때문에 이렇게 다를 수 있습니다.

그다음 줄 위 글자는 '설 립'(立)이고, 아래의 '역사 사'(史)는 당시에 점을 치거나 점괘를 기록하는 관리를 말합니다. 세번째 줄의 맨 위 글자는 '오른쪽 우'(右)고 마지막 줄의 맨 위 글자는

'왼 좌'(左)입니다. 아래로 뻗은 긴 획이 왼쪽에서 오른쪽으로 나오면 '오른쪽 우', 오른쪽에서 왼쪽으로 내려가면 '왼 좌'입니다. 그다음 사람이 둘 겹쳐진 모양의 글자는 '따를 종'(從)입니다. '나 아'(我)는 앞의 예문에서도 나왔었죠. 점을 치는 내용은 '사'(史)라는 사람을 등용하는 문제에 관한 것이 되겠습니다.

두 개의 예를 살펴보았는데, 이런 글들이 책으로 발간되어 소개된 것이 약 6만 점이 된다고 말씀을 드렸습니다. 1899년부터 지금까지도 간혹 출토가 되고 있는데, 이 갑골문들은 중국 문화를 아는 데 있어 가장 오래되고 귀중한 자료이고, 중국 사람들도 이걸 발굴해서 연구하고 있다는 것에 대해 큰 자랑거리로 여기고 있습니다.

고금문(古金文)

이제부터는 고금문에 대해 말씀드리겠습니다. 고금문은 은과 주(周) 시대에 조성된 청동기에 조각된 문자입니다. 은과 주의 시기가 청동기 시대에 속하는데, 이 시기에 '금'(金)이나 '황금'(黃金)이라는 말이 청동을 가리키는 말입니다. 청동기로는 악기나 무기도 만들어졌지만, 대부분 술이나 음식을 담는 그릇이 많이 만들어졌습니다. 중요한 행사나 제사 때 사용했지요. 또 특별히 기념을 해야 할 일이 있을 때도 청동으로 그릇을 만듭니다. 그리고 그릇에 만든 이유를 새기는데, 그것을 '명'(銘)이라고 합니다. '새길 명' 자를 쓰죠. 고대의 금속 그릇에 새겨져 있는 이런 글자들을 고금문이라고 합니다.

그런데 이 고금문은 '고문'(古文), '주문'(籒文), '대전'(大篆) 등, 여러 명칭의 글자들을 통틀어서 부르는 이름입니다. 이 이름들은 후한(後漢) 때 허신(許愼)이라고 하는 사람이 만든 『설문해자』(說文解字)라고 하는 자전에서 나온 말이죠. 이 책에서 한나라 때 쓰였던 전서체 글자로부터 그 이전에 쓰였던 옛날 글씨들을 기록하면서 '대전'이나 '주문', '고문'과 같은 명칭들을 붙이고 있는데요. 그 내용을 살펴보면 '대전'과 '고문'이라고 이름 붙여 놓은 것에 좀 차이가 있습니다. 하지만, 지금 그런 차이들을 분명하게 구별할 수가 없기 때문에 이 글자들을 모두 고금문, 즉 옛날의 금문이라고 부르는 겁니다.

고금문은 역사적으로는 기원전 221년 진시황(秦始皇)이 중국을 통일하기 이전, 은나라와 주나라에서 쓰인 문자입니다. 이렇게 간단히 말씀을 드렸습니다만, 그 연대는 천 년 이상이 됩니다. 그 동안 자체가 많이 변했겠죠. 그래서 금문이라고 통칭하지만, 은대의 금문이 다르고, 주나라의 금문도 다릅니다. 주나라 역시 은나라와 마찬가지로 수도를 옮기는데, 수도를 옮기는 것을 기점으로 서주(西周)와 동주(東周)로 나뉩니다. 그래서 주나라라

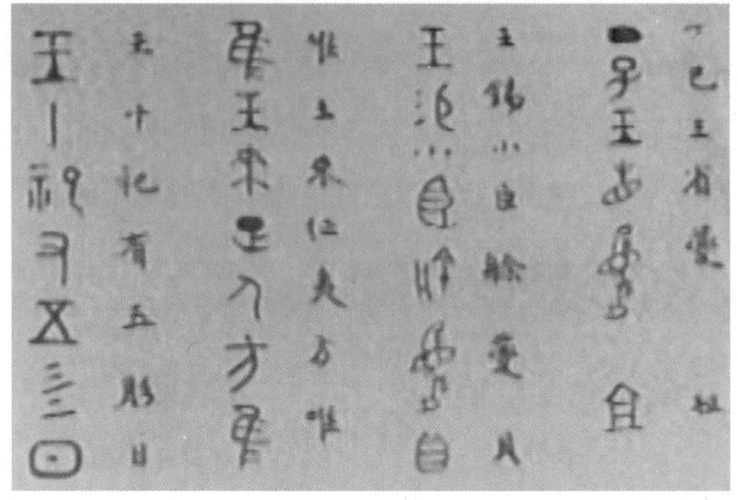

은대 금문의 예시(丁巳 王省夔祖 王錫小臣艅夔貝 唯王來征夷方 唯王十祀有五肜日).

고 해도 서주시대와 동주시대의 자체가 다릅니다. 동주시대는 서주시대보다 문화의 발전이 더 이뤄진 때이기 때문에 금문의 글들도 달라집니다. 가령 은대의 금문은 대개 갑골문자와 비슷하고, 그림으로 있지 문장으로 남아 있는 것은 비교적 적습니다. 그중에서 문장으로 된 것을 가져와서 보겠습니다.

은대의 금문

실제 문장을 통해 확인해 보죠. 위는 은대 금문을 제가 옮겨 적어 놓은 것인데요. 오른쪽 페이지의 사진이 이 글의 원본과 글이 새

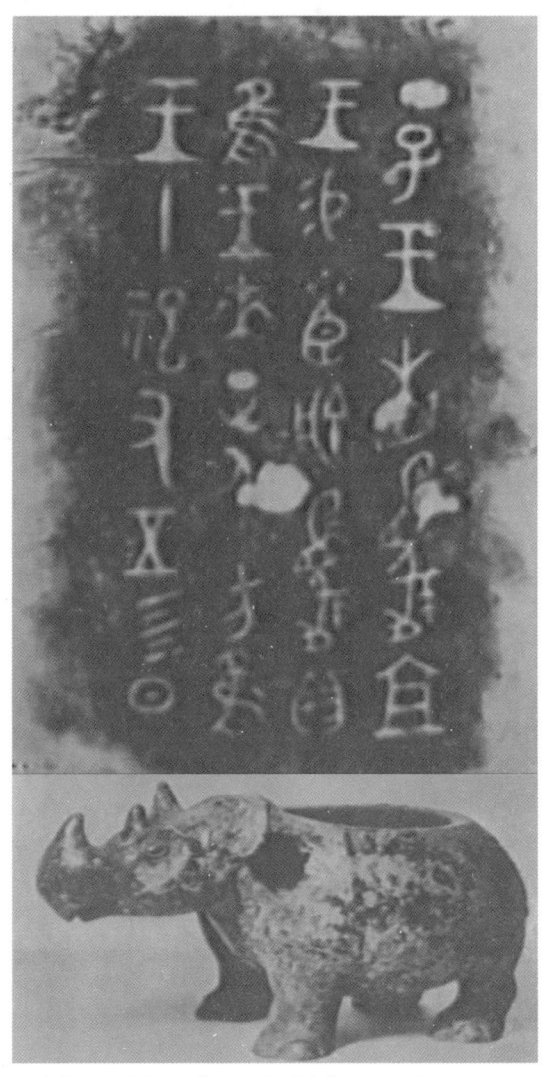

은대의 금문 탁본(위)과 금문이 새겨진 그릇(아래).

겨진 짐승 모양의 그릇입니다. 이런 그릇을 보면, 이렇게 생긴 동물이 은나라 시대에 중국에 있었다는 증거가 되기도 합니다.

한 글자씩 보죠. 맨 처음 나오는 글자는 '정'(丁) 자입니다. 두번째 글자는 '아들 자'(子)가 아니라 '뱀 사'(巳)입니다. 세번째 줄 네번째 글자는 '정벌한다'는 뜻의 '정'(征) 자고요. 그다음 글자는 '사람 인'(人)처럼 생겼지만, '이'(夷) 자입니다. 마지막 줄의 두번째 글자는 '열 십'(十) 자입니다. 세로 획 가운데에 동그랗게 맺힌 것을 그려 넣어 열 십 자를 쓰기도 했는데( ), 여기서는 그냥 세로획(|)으로 '열 십'(十) 자를 표현했습니다.

처음부터 내용을 보겠습니다. 첫번째 줄의 마지막 글자 '조'(祖)는 선조의 사당을 말합니다. '왕이 선조의 사당에 갔다'는 말이죠. 이 왕은 누구냐 하면 은나라의 왕이죠. 두번째 줄의 '소신 여'(小臣艅)에서 여(艅)는 신하의 이름입니다. 잘 나오지 않는 한자죠. '석'(錫)은 '주다'라는 말입니다. '기패'(夔貝)는 보물로 당시의 돈과 마찬가지의 물건입니다. 그러니까 '왕이 신하인 여에게 기패라는 보물을 주었다'는 말이 되고요. 그다음 문장은 '왕이 이방(夷方)을 정벌했다'는 뜻입니다. 이 그릇이 출토된 것이 지금의 산동성 바닷가인데, 당시 은나라는 섬서성에 있었죠. 이렇게 바닷가까지 정벌을 왔다는 말입니다. 마지막으로 '십사유오'(十祀有五)라고 하는 건 15년을 말합니다. 당시에는 해를 나타내는 말로 '사'(祀) 자를 썼습니다. 이런 문장이 앞에서 보셨던 은나라

그릇 안쪽에 적혀 있는 겁니다. 이것이 은대의 고금문이고, 다음으로는 주대의 글자들을 보겠습니다.

주대의 금문

주(周)라는 나라는 진시황에 의해 중국이 통일이 되기 이전에 있었던 나라입니다. 이때의 가장 대표적인 책으로 『논어』(論語)가 있는데, 『논어』에서 공자는 주나라의 문화를 가장 찬란한 문화라고 찬양을 했습니다. 그런데 이 주나라는 서주와 동주, 두 시기로 나뉩니다. 서주는 섬서성의 호(鎬)라고 하는 곳에 수도를 정하고 있을 때를 말하고, 동주는 동쪽의 낙(洛)이라는 곳으로 수도를 옮긴 이후를 가리키는 말입니다. 서주시대에는 주나라가 모든 제후들을 지배하는 위치에서 권위를 가지고 있었지만, 동주시대에 와서는 그렇지 못했습니다. 그래서 유물로 나오는 것도 대개가 서주시대의 청동기들입니다. 하지만 서주 초기의 유물들에는 긴 문장이 별로 없고, 그다지 보잘 게 없습니다. 그런데 시간이 지나면서 차츰차츰 훌륭한 문장들이 많이 나왔습니다. 『시경』(詩經)이나 『서경』(書經)과 비슷하거나 대등한 작품들이 나왔는데, 이런 문장들을 통해서 당시의 역사를 알 수도 있고, 현재 『시경』이나 『서경』에서 잘 이해되지 않는 내용을 확실하게 알 수 있는 근거가 되기도 하는 귀중한 자료라고 할 수 있습니다.

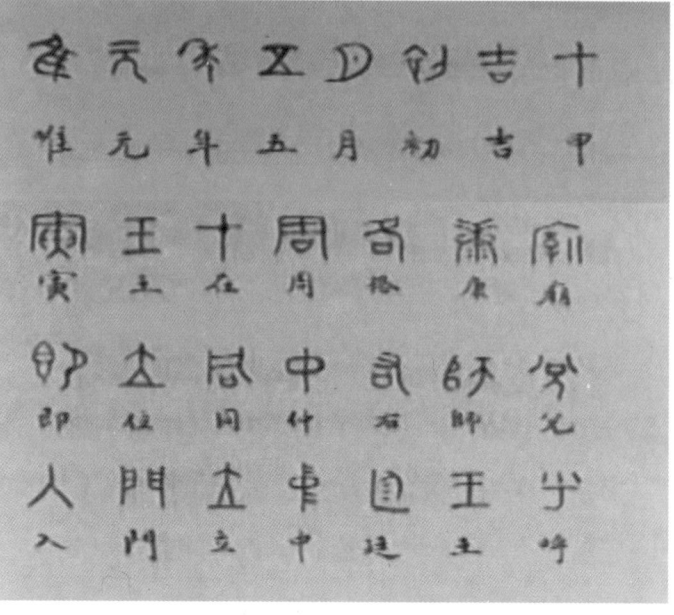

주대 금문의 예시(唯元年五月初吉甲寅 王在周格康廟 卽位 同仲右師兌入門立中廷 王呼).

그럼, 실제 주나라 시대의 금문을 보겠습니다. 우리가 여기서 살펴볼 글자들은 '사태궤'(師兌簋)라는 그릇에 새겨진 것입니다. '궤'(簋)는 금속으로 만든 그릇의 명칭이고, '사태'에서 '사'는 관직의 이름, '태'는 사람의 이름입니다. '사'라는 벼슬을 하는 '태'에게 '궤'를 주면서 기념으로 새긴 글이라고 할 수 있습니다. 위는 탁본으로 된 글씨를 여러분이 보기 쉽도록 가로로 옮겨 쓴 것입니다. 한 글자씩 보도록 하죠. 맨 앞의 '유'(唯) 자를 보면 금문에서는 입 구 자가 따로 없죠. 남은 부분만 써도 유(唯) 자가 되는

사태궤 명문의 탁본.

겁니다. '해 년'(年) 자는 지난 번 보았던 갑골문과 글자가 비슷합니다. '초길'(初吉)이라는 말은 초하루라는 말입니다. '원년 오월 초하루 갑인일'이라고 날짜를 표시하고 있죠. 둘째 줄의 '격'(格) 자도 금문에서는 나무 목 부분이 없이 '각'(各)처럼 쓰였죠. 옛날 사람들은 음이 같으면 같은 글자로 쓰는 경우가 많았는데, 나중에 다른 글자로 갈라지는 경우가 있습니다. 그래서 여기서도 '각'

1장 _ 자체의 변천 29

이 아니라 '격'으로 읽습니다. 마찬가지로 셋째 줄의 '위'(位) 자는 금문으로는 '설 립'(立) 자와 같은 글자로 씁니다. 바로 아래 줄에 보시면 '설 립'으로 쓰인 것이 보이죠. 지금은 '립'과 '위'가 서로 음이 다르지만, 당시에는 같았을 것이고, 뜻도 '서다', '서는 자리'라고 해서 함께 썼다고 봅니다.

그다음 '중'(仲) 자는 형제의 서열을 나타내는 글자입니다. 형제 중에 첫째는 '백'(伯), 둘째가 '중'(仲), 그다음은 '숙'(叔)을 쓰죠. '중'(仲)은 이럴 때 쓰는 글자고, 가운데를 뜻하는 '중'(中) 자는 그 아래줄에 나옵니다. 깃발 같은 것이 더 붙어 있고요. '우'(右) 자는 갑골문에서는 아래에 '입 구'(口)가 없었습니다. 아래로 뻗은 획이 오른쪽으로 나온 모양만으로 '우'(右) 자가 되었었죠. 그런데 뒤에 '입 구'(口)가 더 붙었습니다. '사람 인'(人) 자처럼 보이는 것은 '들 입'(入) 자입니다. '사람 인' 자는 이렇게 쓰지 않고, 오히려 지금의 '들 입' 자처럼 쓰고요(亻).

제가 옮겨 적은 것은 여기까지인데, 앞의 탁본의 문장이 길어서 다 옮겨 쓰지 않고 이 부분까지만 써 보았습니다. 내용을 다시 보면, '유원년 오월 초하루 갑인일에 왕이 강묘(康廟)에 제사를 지냈다'는 말입니다. '격'(格) 자는 제사를 드린다는 뜻이고요, 강묘는 주나라의 옛 임금인 강왕의 사당입니다. 우리나라의 종묘와 비슷한 곳인데, 왕이 거기에서 제사를 드렸단 말이에요. 그리고 '즉위'는 임금이 자리에 올랐다는 말입니다. 그러자 우사 태가 들어와서 가운데 마당에 섰다는 내용을 담고 있죠. 원래 탁본에는 문장이 더 긴데, 일단 여기까지만 적어 보았습니다.

긴 문장이지만 대체로 이 궤를 만든 이유를 쓰고 있고요. 마지막 구절만 보면, 이걸 받은 사람은 영원히 천자의 은혜를 생각할 것이고, 만년토록 자자손손이 보물로 사용을 하겠다는 내용이 붙어 있습니다.

탁본을 보면 글자의 모양이 좋습니다. 그래서 옛날 글씨를 공부하는 사람들은 모두 이것을 보고 연습을 했습니다. 이 금문의 수는 굉장히 많고, 우리나라에도 몇 점이 있습니다. 앞에서 살펴본 갑골문도 서울대학교에 좋은 것이 하나 있습니다. 일본에는 수백 점이 있습니다만 우리는 가까스로 한 점을 가지고 있죠. 중국의 고궁박물관에 많이 보관되어 있습니다.

소전(小篆)

은대보다는 문화가 훨씬 더 높아진 주대의 금문을 보았습니다. 진시황이 중국을 통일하기 이전까지 그런 글자를 써 온 거죠. 그런데 이때까지 글자는 시대에 따라서 다르고 지역에 따라서 다릅니다. 글자뿐 아니라 그 글자에 대한 발음 역시 달랐을 겁니다. 중국의 글자라고 하는 것이 먼저 그림으로 표시한 것이죠. 가령 눈을 그리고, 코를 그리면서 글자가 생긴 것인데, 지역에 따라 말이 같지 않았기 때문에 눈, 코를 말하는 것이 다 달랐을 겁니다. 그러니 글자를 읽는 법도 달랐고, 글자 자체도 지역마다 달랐습니다.

이런 상황에서 진시황이 전 중국을 통일한 뒤에 문자를 정리하면서 만든 것이 소전입니다. 통일 이후 진(秦) 왕조는 기원전 221년에서 기원전 206년까지 짧은 기간 동안 유지되었지만, 진은 진시황 이전에도 오랜 역사를 가진 나라입니다. 진나라가 중국 전체를 통일하기 이전 주나라가 있던 시대를 춘추전국시대라고 하죠. 춘추전국시대는 춘추시대와 전국시대로 나눌 수 있는데 춘추시대에는 중국 전체에 100여 개의 나라가 산재해 있었고요. 전국시대에도 나라 수가 상당히 많습니다만, 그 가운데에 큰 나라는 일곱 나라였습니다. 그중에 진나라가 가장 강했고, 나머지 나라를 묶어서 '육국'(六國)이라고 부르기도 합니다. 진나라는 가장 서쪽에 있고, 나머지 나라들은 그 동쪽에 있었는데, 동쪽의 여섯 나라가 공동의 보조를 취해서 진과 대항했던 시기도 있었지만 그게 무너지면서 진나라가 육국을 하나하나씩 손아귀에 넣기 시작해서 마침내 전 중국을 통일하기에 이릅니다. 이 일을 해낸 것이 바로 진시황이죠.

진시황은 통일을 하고 나서 학자들을 많이 죽였습니다. 자기의 정책을 반대한다고 해서 학자들을 많이 죽이고 유학의 경전을 모두 불태웠습니다. 책의 내용이 자신이 뜻한 대로 정치를 하는 데 방해가 되었기 때문에 태웠습니다. 이걸 '분시서갱유생'(焚詩書坑儒生)이라고 하죠. 그래서 진시황이 욕을 많이 먹습니다만, 그러나 실제로는 문화적으로도 큰 업적을 남겼습니다. 그런 업적 중에 하나가 지금 말씀드리는 문자의 통일입니다.

 진시황은 그전까지 각양각색으로 쓰던 문자를 하나로 통일했는데, 그것이 소전입니다. 진시황이 통일하기 이전 중국은 봉건체제였죠. 지역마다 나라가 있고, 각 나라에서 왕위가 세습되면서 독립적으로 통치를 했습니다. 다른 나라의 명령을 받는다든가 하는 게 없었죠. 그런데 진나라가 통일을 하면서 봉건제도를 다 없애고 중앙에서 관리를 임명합니다. 지방의 관리들은 중앙의 명령을 받아야 하고, 지방에서 중앙으로 보고도 올려야 하겠죠. 이렇게 하기 위해서는 문자가 통일되지 않으면 안 됩니다. 그래서 통일 이후에 맨 먼저 착수한 것이 문자의 통일이었던 겁니다. 조금 전에 고금문을 보셨습니다만, 이때의 글자들의 모양을 보면 그 짜임새가 정리되지 않았습니다. 그런 것을 소전에서 전부 정리를 했고, 그렇게 만든 글자를 천하가 다 같이 쓰도록 통일을 했습니다.

 여기서도 소전의 예를 살펴보겠지만, 현재까지 당시의 소전이 전해지고 있는 것은 매우 적습니다. 대표적인 것으로 태산각석이라는 것이 남아 있는데, 진시황이 태산에다가 자신의 공적

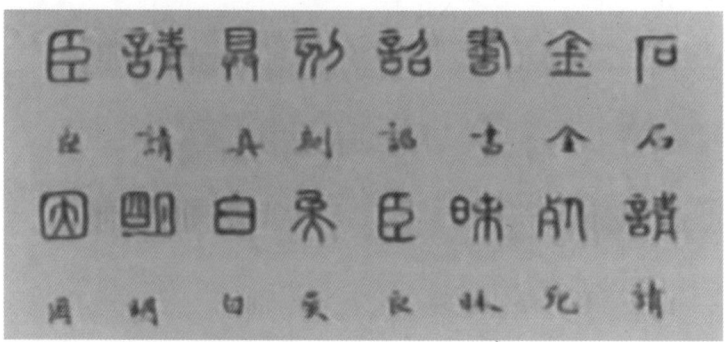

소전의 예시(臣請具刻詔書金石 因明白矣 臣昧死請). 태산각석의 글씨를 지은이가 옮겨 씀.

을 새긴 겁니다. 진나라의 수도는 함양인데, 지금의 서안 근처로 굉장히 서쪽이죠. 그런데 태산이 있는 동쪽까지 순수(巡狩)를 했습니다. 순수는 지방 순찰을 나온 것을 말하는데, 그렇게 와서 태산에다가 자기 공적을 새겼습니다. 태산에만 새긴 것이 아니고 전국 일곱 군데에 새겼는데, 지금은 거의 다 없어지고, 태산과 낭야대라는 곳에만 남아 있습니다.

그럼 소전은 지금 다 없어져서 볼 수가 없느냐 하면, 그렇지 않습니다. 앞에서 최초의 자전으로 허신의 『설문해자』를 소개했습니다. 지금 한자가 약 오만 자 정도 됩니다만, 당시에 쓰이던 글자 9,353자를 『설문해자』에 수록했는데, 허신이 당시 썼던 글자는 앞으로 설명할 예서(隸書)였습니다. 지금 해서(楷書)를 쓰는 것과 마찬가지로 허신이 살았던 한나라 때는 예서가 일반적인 글씨체였는데요. 허신이 글자에 대한 설명은 예서로 썼지만 글자 원자의 자형은 다 소전으로 써서 남겨 두었습니다. 그렇기 때문에 지금 그 당시에 쓴 소전은 별로 남아 있지 않지만, 소전의 원형을 『설문해자』에서 다 볼 수가 있는 거죠. 오늘날 이 전이라는 글자체는 많이 쓰이지 않지만, 도장을 새길 때는 여전히 전을 사용하고 있습니다. 이렇게 사용할 때도 허신의 『설문해자』를 기본으로 하고 있고요.

석고문 (石鼓文)

다음으로 예서(隸書)로 넘어가야 하는데, 그전에 석고문(石鼓文)이라는 것을 잠깐 설명하고 넘어갈까 합니다. 석고문은 고금문과 시기를 같이하는 글자들인데, 북 모양의 돌 10개에 글자를 새겨 놓은 것입니다. 네 자씩 된 시를 새겼는데, 그 내용은 왕이 신하들과 수렵하는 내용입니다. 옛날에는 수렵이 전쟁과 마찬가지인 것이었는데요. 『시경』에도 비슷한 내용이 있죠. 이 석고문이 새겨진 시대는 주나라 선왕(기원전 827~782) 시기라고 하는 사람들도 있고, 전국시대 진나라에서 만들어졌다는 설도 있습니다. 이 석고들은 중국의 당나라 시기가 되어서야 발견이 되었습니다. 그 이전 사람들은 이 돌들에 대해서 몰랐고요. 발견되고 나서도 여기저기로 옮겨 다니면서 마멸되기도 해서 글자를 다 알아

석고문의 탁본(왼쪽)과 석고(오른쪽).

볼 수는 없습니다만, 지금까지도 보존이 되어 있다고 합니다.

이 석고문에 새겨진 글자들이 왜 중요하냐 하면, 고금문의 다른 글자들에 비해 통일 이후 진나라에서 만든 소전과 글자의 모양이 같기 때문입니다. 고금문에 고문, 주문, 대전과 같이 여러 명칭이 있다고 말씀드렸는데, 그 명칭도 여러 가지이지만 글자의 형태도 제각각으로 같지 않은 경우가 많습니다. 그런데 이 석고문의 글자는 소전과 비슷한 형태를 지니고 있다는 말입니다. 그래서 석고문을 위조라고 하는 사람도 있지만, 중국 문자를 연구하는 데 있어 빼놓을 수 없는 중요한 역사적 자료로 보는 것이 일반적입니다.

　　지금까지 갑골문부터 은대와 주대의 고금문, 석고문, 소전까지를 살펴보았습니다. 이 글자들은 모두 '전'(篆)에 속하는 글자들입니다. 중국 글자는 상형문자에서 나온 글자들인데, 이 시간에 다룬 '전'에 속하는 글자들까지는 아직 그림의 형태를 유지하고 있는 글자들입니다. 다음에 다룰 예서부터는 이런 그림의 형태가 없어지는 단계로 넘어갑니다.

예서(隸書)

이제 자체의 변천 네번째로 예서에 대한 걸 말씀드리겠습니다. 예서가 처음 만들어진 것은 진시황 때입니다. 그런데, 진나라가 중국을 통일하고 얼마 안 있어 나라가 없어졌죠. 그 후에 한(漢)왕조가 들어섰는데, 한대에는 전체적으로 예서를 썼습니다. 한나라는 기원전 206년 유방(劉邦)에 의해 건국이 되었는데, 기원후 8년까지를 전한이라고 합니다. 그리고 왕망(王莽)의 신(新)나라라는 왕조가 잠깐 있었다가 기원후 25년부터 후한이 시작되고 220년까지 이어집니다. 이렇게 긴 시간 동안 중국 대륙에서는 다른 글씨를 쓰지 않고 예서만을 썼습니다. 예서는 진대에 정막(程邈)이라는 사람이 만들었다는 설이 전해지는데, 사실 문자라고 하는 것이 어떤 한 사람이 만들었다고 보기는 어렵습니다. '예'(隸)라는 글자는 '노예'라고 할 때도 쓰는 말인데, 여기서는 노예가 아니라 아전이라는 뜻입니다. 아전은 '리'(吏)라고 하는데 서기를 가리키는 말입니다. 그러니까 행정에 직접 참여하는 게 아니고 문서를 정리하고 글씨를 쓰는 사람을 '예'라고 했습니다.

예서 이전까지는 소전을 썼다고 말씀을 드렸습니다. 그런데 소전은 쓰기가 복잡한 글자입니다. 가령 대나무 죽만 하더라도 소전의 글자(艸)는 쓰기가 어렵다는 말이에요. 문서를 작성하고 전달하는 데 시간이 많이 걸리겠죠. 그렇기 때문에 좀더 빨리 쓸 수 있는 글자를 만들 필요가 있었습니다. 그래서 '대나무 죽'을 예서에서는 卄이라고 더 빨리 쓰는 방향으로 고친 겁니다. '손 수' 자도 소전에서는 ψ이라고 써야 하지만, 예서에서는 手, 이런 식으로 간단하게 쓸 수 있도록 고친 겁니다. 복잡한 그림 문자를 필기체로 고쳐서 서기들이 문서를 정리할 때 썼던 것을 예서라고 했다는 설이 유력하다고 할 수 있습니다.

중국 글자는 회화(繪畫) 문자라고 말씀을 드렸죠. 그림 문자라는 말입니다. 가령 풀을 쓴다고 하면, 풀이 나오는 모양(艸)을 그렸는데, 卄 식으로 써서 그림 문자에서 탈피했습니다. 해와 달도 마찬가지입니다. 전서에서는 日와 月과 같이 그림처럼 그렸다면, 예서에 와서는 실제 모양과 상관이 없는 글자가 되었다는

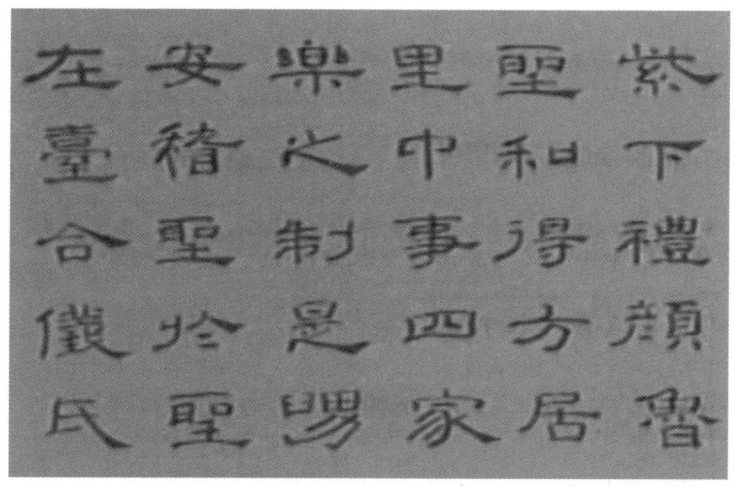

예서의 예시(左安樂里聖紫臺稽之中和下合聖制事得禮儀於是四方安氏聖舅家居魯). 예기비(禮器碑)의 글씨를 지은이가 옮겨 씀.

겁니다. 출발은 그림에서 했지만, 그렇게 해서는 글자라는 본래의 역할을 제대로 할 수 없다고 해서 혁명을 한 것이 예서라고 할 수 있습니다.

예서의 글자 모양이 어떠한가를 보겠습니다. 말씀드린 대로 한대에는 전부 예서만 가지고 썼기 때문에 글씨가 많이 남아 있는데, 주로 금석에 새긴 비문이 많이 남아 있습니다. 위에 예로 든 글씨는 예기비(禮器碑)라고 하는 비문에 있는 글씨를 보고서 그대로 모사를 해서 쓴 겁니다. 이런 식의 글씨가 바로 예서입니다. 지금 우리가 쓰는 해서와 아주 가까워졌습니다. 실제로 우리가 몰라볼 글자가 거의 없습니다. 다만 글자를 보면 파임이 많이 보이죠. 이런 파임도 초기에는 없었는데 뒤로 갈수록 생겨났다고 합니다. 이 글씨를 한대에는 '이제 금'(今) 자를 써서 '금문'(今文)이라고 불렀습니다. 그리고 예전에 쓰였던 글씨들을 '고문'(古文)이라고 불렀습니다.

초서(草書)

예서 다음에 생긴 글자는 초서입니다. 초서에 대해서도 어떤 사람이 만들었다고 하는 이야기가 있습니다만, 앞의 예서를 정막이 만들었다는 설과 마찬가지로 어떤 개인이 자체를 만들었다고 볼 수는 없겠습니다. 자연발생적으로 생기는 겁니다. 이 초서 역시 한대에 공문서 및 서간문을 빨리 쓰기 위하여 만들어진 겁니다. 예서가 소전보다 빠르게 쓸 수 있었지만, 예서를 가지고도 복잡해지는 사회 발전을 따라갈 수가 없었기 때문에 더 빨리 쓸 수 있는 초서가 나온 겁니다.

초서의 묵적(墨蹟)이 한(漢)나라와 진(晉)나라 때의 목간에 많이 전합니다. 묵적은 돌이나 그릇에 새긴 글씨가 아니라 먹으로 쓴 글씨의 원본을 말합니다. 전한, 후한 뒤에 삼국시대가 되고, 그다음으로 진(晉)나라까지 초서가 많이 쓰였습니다. 목간에

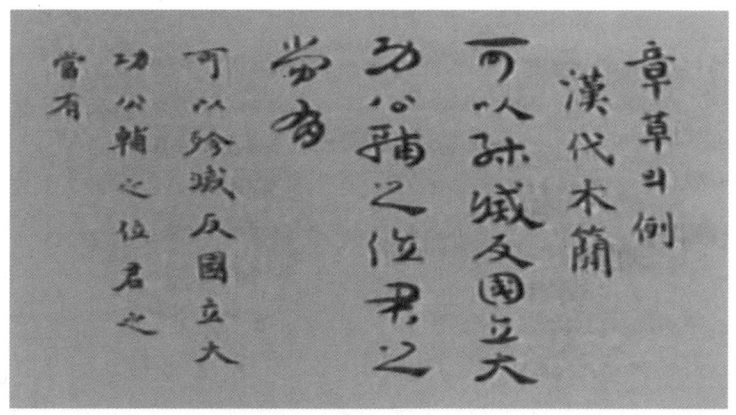

장초의 예시(可以殄滅反國立大功公輔之位君之當有).

전해진다고 말씀드렸는데, 목간은 나무쪽을 말하죠. 종이가 발명되어서 본격적으로 쓰이기 전까지 문서나 책은 전부 좁은 나무쪽에다가 붓으로 썼습니다. 목간 외에 명주 비단[綺]에 쓰는 경우도 있습니다만, 이건 워낙 비싸서 일반적으로 사용할 수는 없었습니다. 그래서 목간을 썼는데, 이 목간이 요즈음 고분이라든지 돈황석굴 같은 데서 많이 발견이 됐습니다.

초서는 크게 장초(章草)와 연면초(連綿草)라는 두 가지로 나눕니다. 먼저 장초를 보겠습니다. 위의 글씨는 한대의 목간에 있는 글씨를 제가 모사한 것입니다. 보통 초서라고 하면 글씨를 죽 달아 붙여서 쓰는 글씨가 있지만, 지금 이 글자들은 한 자 한 자가 다 독립되어 있습니다. 연달아 쓴 글씨가 없고, 획도 예서와

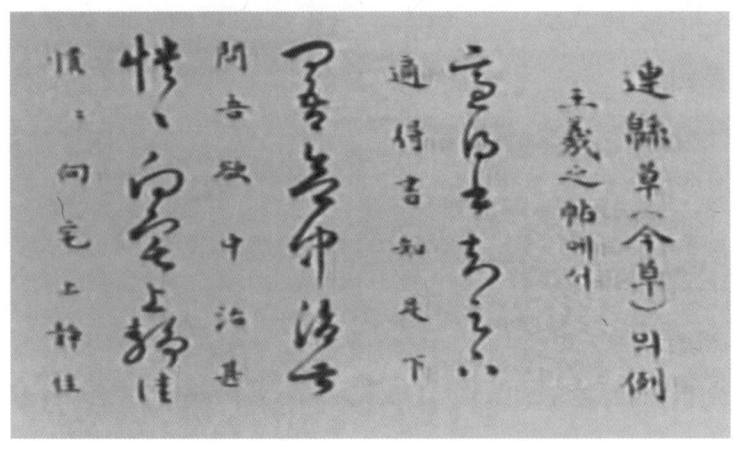

연면초의 예시(適得書 知足下問 吾欲中治 甚慣慣 向宅上 靜佳).

마찬가지로 파임이 그대로 살아 있죠. 예서를 빨리 쓰도록 한 것뿐입니다. 이걸 장초라고 합니다.

'장초'라는 이름에 대해서는 한나라의 장제(章帝)라는 임금이 초서를 좋아해서 '장초'라는 이름이 붙었다는 설도 있이 있지만, 이보다는 도지사나 군수가 임금에게 올리는 보고서인 장주(章奏)에서 사용한 글자라고 해서 장초라고 불렸다는 설이 더 유력합니다.

장초가 글자를 한 자 한 자 독립해서 썼다면, 쭉 붙여서 쓰는 초서가 있는데, 이걸 연면초라고 합니다. 연면초는 금초(今草)라고도 합니다. 장초만 해도 옛날 초서라서 현재에 쓰는 연면초를 금초라고 부른 것이죠. 위에 예시로 든 글자들은 왕희지(王羲之)

의 첩(帖)에서 보고 모사를 한 것입니다. 왕희지는 진(晉)나라 때 사람으로 글씨를 제일 잘 썼던 사람이죠.

글씨를 보면 전부 다 한데 붙어 있고 생략이 많습니다. '발 족'(足) 자 같은 걸 보면 쓰는 데 시간이 굉장히 줄어든다는 것을 알 수 있습니다. 아래 하 같은 경우는 점 세 개만 찍었죠(∵). 이렇게 위에 하나 아래에 둘이면 '아래 하'(下)가 됩니다. '윗 상'(上) 자는 반대로 점을 위에 둘, 아래에 하나를 찍으면 됩니다(∴). 이런 것을 연면초라고 합니다.

정리하면 초서 중에 예서의 맛이 살아 있고 글자가 하나하나 독립되어 있으면 장초라고 하고, 장초가 더 발전되어서 여러 글자를 한데 붙여서 쓰는 것을 연면초라고 부르는 겁니다. 그런데 이 초서는 일시적으로 쓰다가 그 뒤에 일반적으로 쓰이지 않게 되었습니다. 글씨가 본 글씨와 전혀 다르기 때문에 초서를 쓰기 위해서는 원래 알던 글자 외에 글자를 새로 배워야 했기 때문입니다. 여간 어려운 노릇이 아니지요.

그런데 중국을 포함해서 동아시아 문명권에서는 그림과 마찬가지로 글씨가 예술의 한 분야를 차지합니다. 화가가 있는 것처럼 서가(書家)도 있단 말이죠. 이렇게 예술로 글씨를 쓸 때, 물론 전도 쓰고 예서나 해서도 씁니다만, 예술성을 풍부하게 가지고 있는 것은 초서를 꼽을 수밖에 없습니다. 그래서 서예가 중에 초서의 성인이라는 사람들도 많이 생겼습니다. 초서는 중국이나 우리나라에서도 많이 썼지만, 일본 사람들이 초서를 가장 많이 씁니다. 일본의 글자인 가나가 초서의 문자를 빌려서 만든 글자이기 때문입니다.

해서(楷書)

다음은 해서(楷書)입니다. 해서는 오늘날 활자나 필기로 일반적으로 쓰는 글씨를 말하죠. 정서(正書)나 진서(眞書)라고도 합니다. 해서는 위진시대부터 일반적으로 사용되었습니다. 이때 위(魏)는 삼국시대의 위촉오 할 때의 위죠. 위나라 때의 종요(鍾繇)라는 사람이 해서의 명인으로 알려져 있습니다. 종요가 쓴 글씨로 「선시표」(宣示表), 「천계직표」(薦季直表) 같은 것들이 첩(帖)으로 남아 있습니다. 첩이라는 것은 옛날 글씨를 돌이나 나무에 새기고 그걸 인쇄해서 뒷사람이 글씨를 공부할 수 있게 한 문서를 말합니다. 이런 첩으로 종요의 해서 글씨가 전해지고 있어서, 종요를 해서의 시조라고 말을 합니다. 그런데 이 첩에 있는 글씨들이 종요가 쓴 글씨 그대로 원형이 살아 있는지는 보장을 할 수가 없습니다. 물론 비슷하기는 하겠지만, 그대로 전해 왔다고 할 수는 없을 텐데, 그러나 지금까지도 해서를 쓰는 사람들이 종요를 해서의 시조로 알고 「선시표」, 「천계직표」를 따라 글씨를 쓰고

해서의 예시. 종요(鍾繇)의 선시표(宣示表) 첩(帖).

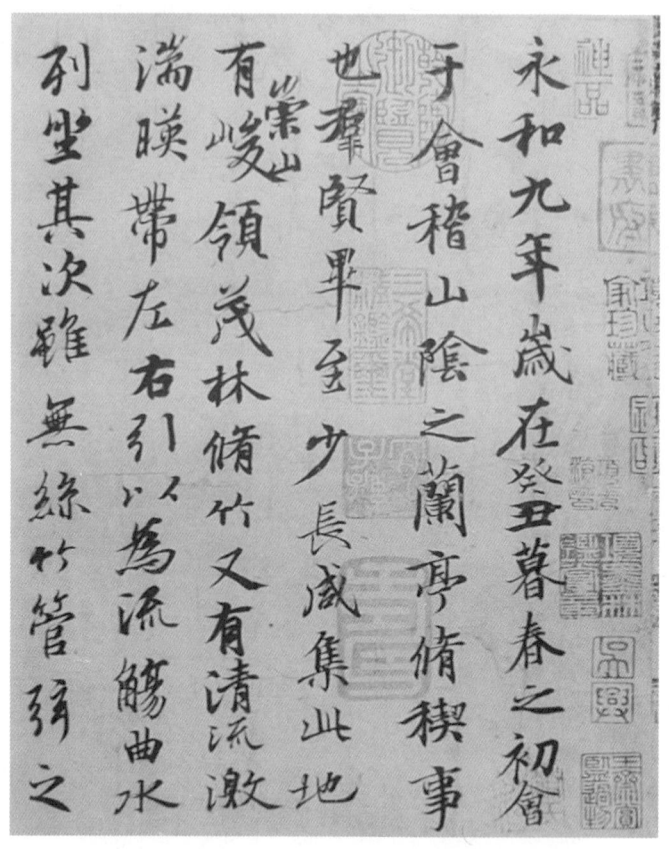

행서의 예시. 왕희지(王羲之) 「난정서」(蘭亭序) 모사본.

있습니다.

그런데 이때까지만 해도 아직 글씨는 예서를 쓰고 있었습니다. 해서가 완전히 일반화된 것은 삼국시대를 지나서 진(晉)나라 때가 되어서입니다. 앞에서 글씨의 성인이라고 소개했던 왕희지가 바로 이 진나라 때 사람이죠. 이때부터 본격적으로 쓰이기 시작해서 남북조시대를 지나면서 완전히 자리를 잡았고, 그 글씨를 현재까지 쓰고 있는 겁니다.

행서(行書)

자체의 변천 마지막으로 행서를 보겠습니다. 행서는 해서를 좀 더 빨리 쓰기 위해서 약간 흘려 쓰는 겁니다. 행서도 두 가지로 나뉩니다. 초서에 가까운 행서는 행초(行草)라고 하고, 해서에 가까운 행서는 해행(楷行)이라고 합니다.

이렇게 자체의 변천이라는 이름으로 7가지 자체에 대해 말씀을 드렸습니다만, 보통 전(篆), 예(隷), 해(楷), 행(行), 초(草), 이렇게 다섯 가지 서체가 한자 서체의 전부라고 볼 수 있다는 말씀을 드리면서 자체의 변천에 대한 이야기를 마치도록 하겠습니다.

2장 _ 한자의 구성 원리 : 육서(六書)

이번 시간에는 한자가 어떤 이유에서 이렇게 만들어졌는가 하는, '한자의 구성'의 기본 요소에 대한 말씀을 드리려고 합니다. 이에 대해서 여러 가지 설명을 드릴 수가 있습니다마는 지난번에도 잠깐 말씀을 드렸던 후한 때 사람 허신이 쓴 『설문해자』라는 책으로 살펴보겠습니다. 『설문해자』는 '문(文)을 설(說)하고, 자(字)를 해(解)한다'라는 뜻이죠. '문'과 '자'는 모두 '글자'라는 뜻인데, 문은 단순한 글자를 말하고, 자는 복잡한 글자를 말합니다. 문은 무늬를 그린 글자이기 때문에 기본형이고, 자는 '자'(字) 자가 '아들 자'(子) 위에 갓머리를 씌운 글자인 것처럼 복합된 글자입니다. 이런 글자를 자라고 하는 겁니다. 그러니까 『설문해자』는 간단한 글자[文]를 설명하고, 복잡한 글자[字]는 풀어 주는 책이라는 말이죠. 한마디로 글자에 대한 해설책으로, 한자 자전으로는 첫번째 책입니다.

허신은 이 책을 쓰면서 「설문해자서」(說文解字叙)라는 글을 붙였는데요. 이때 서(叙)는 서문이라는 뜻입니다. 허신이 『설문해자』라는 자전을 만들고 그 취지를 설명한 글이죠. 그 서문에 육서(六書)라고 하는 내용이 있습니다. 육서는 '여섯 가지 글씨의 기본'이라는 뜻이 되겠습니다. 이 육서라는 말이 『설문해자』에서 나온 이후로 지금까지 한자를 설명하는 데 있어서 '한자의 기본은 육서다'라고 이야기하고 있습니다. 육서라는 말은 허신 이전에도 있었던 말입니다. 그 구성의 명칭이 조금 달라졌다든가 순서가 달라지기는 했습니다만, 허신 이전에도 육서에 대한 이야기를 한 사람들이 있었습니다. 다만 그것을 허신의 『설문해자』에서 가장 구체적이고 상세하게 설명한 것이죠. 이 책에 들어 있는 육서에 대해서 하나씩 공부를 해 보겠습니다.

지사(指事)

첫번째는 지사(指事)입니다. '가리킬 지'(指)에 '일 사'(事)죠. 일, 즉 어떠한 사상(事象)을 가리킨다는 말입니다. 『설문해자』에서는 지사를 '시이가식, 찰기견의'(視而可識, 察而見意)라고 설명합니다. '보아서[視] 알 수 있고[可識], 살펴보면[察] 뜻을 볼 수 있다[見意]'라는 뜻이죠. 그리고 '상하'(上下)를 예로 들었습니다. 지금은 상, 하를 上, 下 이렇게 씁니다만, 원형은 이렇습니다.

　　　　　•
　──────　　　──────
　　　　　　　　　　•

　　선을 하나 그어 놓고, 선 위에다가 점을 하나 찍어서 선 위에 있는 것, 선 아래에 점을 찍고 선 아래에 있는 것을 표시한 겁니다. 그러니까 이 지사라고 하는 것은 알기 쉬운 말로 추상적인 내용을 그림으로 나타낸 겁니다. 예를 들어 사람[人], 소[牛], 말[馬], 입[口], 귀[耳], 이런 것은 구체적인 형태입니다. 그렇기 때문에 그림으로 나타낼 수가 있는데, 추상적인 것, 가령 '싸운다', '생각한다' 이런 것은 그림으로 나타낼 수가 없단 말이죠. 이런 추상적인 것을 표현하는 것이 지사라는 겁니다. 가령 나무 뿌리와 나무 꼭대기를 표시할 때에는 나무[木]를 그려 놓고, 뿌리는 밑에다가 표시를 하고(本) 나무 끝 위에다 표시를 하는 것(末)이 지사라고 할 수 있습니다. 추상적인 사상(事象)을 그림으로 나타내는 것이 지사입니다.

상형(象形)

두번째는 상형(象形)입니다. 『설문해자』에서는 지사, 상형…, 이런 순으로 되어 있지만 원칙적으로는 상형, 지사…, 이런 순서가 되어야 할 것입니다. 상형이라는 것은 구체적인 물체를 그리는 것입니다. '상'(象)은 그린다는 뜻입니다. 지금도 초상화(肖像畫), 화상(畫像) 이런 말을 쓰죠. 「설문해자서」에서는 상형에 대해 "화성기물, 수체힐굴"(畫成其物, 隨體詰詘)이라고 했습니다. '화성'은 그려서 만든다는 뜻이고, '기물'은 '그 물건'이라는 뜻이죠. 어떠한 물체를 그려서 만든다는 말입니다. 그다음 '수체힐굴'에서 '수체'는 '형체대로 따른다'는 말이고 '힐굴'은 '구불구불하다'는 뜻입니다. 그러니까 물건을 그림으로 그려서 형체대로 꼬불꼬불하게 만드는 것이 상형입니다. 그러고 나서 상형의 예로 일(日)과 월(月)을 들고 있습니다. 지금 우리가 쓰고 있는 日과 月 같은 글자는 해서인데 예서에서부터 지금처럼 변해 온 것이고, 옛날 상형 문자는 ⊙, ☽ 같이 씁니다. '눈 목' 자도 상형문자죠(👁). 눈 그림 위에 눈썹을 그린 것이 '눈썹 미'(眉) 자가 되었고요. 나무는 나무 모양, 풀 초도 풀이 올라오는 모양을 그려 놓은 것이 상형문자입니다.

    그냥 그대로 그린 그림이에요. 소는 소와 같이 그리고 말은 말과 같이 그리고 새는 새와 같이 그리는 것이 모두 다 상형에 해당이 되겠습니다. 그러니까 글자를 만든 기본은 상형이고, 지사라고 하는 것은 그 숫자가 극히 적습니다. 중국 문자를 상형문자 또는 회화문자라고 이야기하는데, '그린 글자'라는 뜻입니다. 실제로 『설문해자』에서도 상형문자가 가장 주가 되고 지사에 해당하는 글자는 전체 9,353자 중에서 100자가 되지 않습니다. 앞에서 지사를 말씀드릴 때 예로 들었던 본(本)이나 말(末) 같은 글자도, 상형인 나무 목(木)이 주가 되고 지사는 부분적이라고 할 수 있겠습니다.

형성(形聲)

『설문해자』에서 형성에 대해서는 "이사위명, 취비상성"(以事爲名, 取譬相成)이라고 하고 있습니다. '형성'에서 '형'(形)은 모양이라는 말이죠. '성'(聲)은 소리, 음이라는 말입니다. 한자의 내용은 세 가지로 나눕니다. 첫째는 형, 글자 모양이죠. 둘째는 음입니다. 가령 本이라는 글자가 있을 때, 이걸 뭐라고 읽느냐 하는 거죠. 글자를 쓴 모양이 형이고, 이 글자를 '본'이라고 읽는 것이 음입니다. 세번째는 '의'(意)로 글자의 뜻입니다. 本이라고 쓰고, '본'이라고 읽는 이 말의 뜻이 뭐냐고 했을 때, '뿌리', '근본'이라고 풀이하는 것이죠. 이 세 가지가 한자의 내용을 이루는데, '형성'이라고 하면 이 중에서 '형'과 '성'을 합친 것이죠. 『설문해자』의 문장을 다시 보죠. '이사위명'은 '사(事)로 명(名)을 한다'라고 하는데, 매우 애매한 표현입니다. 한문식 표현이라는 것이 쓴 사람의 뜻과 우리가 이해하는 데 상당히 거리가 있는 겁니다. 그러나 그 내용을 가지고 판단해서 해석을 해 보는 거죠. '사'라는 것은 다시 말하면 내용입니다. 내용으로 이름을 붙인다는 말인데, 이름을 붙인다는 것은 글자의 모양을 만든다는 말이고요. '취비상성'(取譬相成)에서 '비'(譬)는 비슷한 것을 말합니다. 비슷한 것을 가지고[取] 서로 만든다는 말이죠. 이 말도 뜻이 애매합니다만, 결국 '형성'이라는 것은 글자를 만드는 데 형과 성을 합해서 한 글자를 만드는 겁니다. '형'이라는 것은 모양, '성'이라는 것은 음을 말하죠. 가령 '받을 수'(授) 같은 글자가 있죠. 손[扌, 手]으로 주고받고 하니까 '손'이라는 뜻을 가지고 왔고, 오른쪽의 '受'는 음이 '수'입니다. '부탁할 탁'(託) 자도 마찬가지죠. 부탁하는 건 말로 하는 것이기 때문에 '언'(言)에서 말이라는 뜻을 가져왔고, 오른쪽 '乇'의 음이 '탁'입니다. 글자의 일부는 형, 일부는 성이죠.

『설문해자』에서는 형성의 예로 '강'(江)과 '하'(河)를 들고 있죠. 소전에서 물 수는 ⽔, 이런 모양인데, 이 글자가 예서로 변하면서 水와 같이 변합니다. 물 흐르는 모양이 없어진 거죠. 그래서 강 자를 쓰면 水工, 이런 모양이 되는데, 글자 모양이 아주 보기가 흉해요. 그래서 이걸 좀 간편하게 바꾼다고 예서로 水를 氵모양으로 바꾸었습니다. 이 글자는 점 세 개로 이뤄졌지만, 사실 水와 같은 글자로 물을 의미하는 겁니다. 그래서 이 氵가 붙은 글자는 모두 물과 관련된 내용을 갖습니다. 그러니까 氵가 형이 되겠습니다. 그리고 옆에 붙은 것이 성이죠. 음을 나타내는 글자입니다. '강'(江)은 지금은 보통명사로 쓰이죠. 강물이라고 할 때 쓰는 보통명사인데, 원래 이것은 고유명사로 중국에 있는 양자강을 가리키는 말입니다. 맨 처음에 양자강을 '강'이라고 하는데 글자가 없는 거죠. 그러면 이 글자를 어떻게 만드느냐 하면 '工'이라는 글자를 가져옵니다. 이 글자가 그 당시에는 '강'과 음이 같습니다. 그래서 이 글자를 소리를 내는 데 쓰고, 여기에 물[氵]을 붙입니다. 그래서 '강'(江)이라는 글자가 만들어졌고요. 그 다음에 '하'(河)는 중국의 황하를 가리키는 고유명사로, 옛날에는 '가'(可)와 음이 같았습니다. 그래서 음을 可로 붙이고, 뜻을 붙여서 '河'자를 만들고 이 글자로 황하를 표현하자고 한 겁니다. 이렇게 글자가 만들어진 것을 형성이라고 합니다.

한자에서 가장 많은 글자가 형성에 해당되는 글자입니다. 이 형성에 속하는 글자들은 우리가 그 글자를 다 모르더라도 대개는 그 뜻과 음을 알 수가 있습니다. 왜냐하면 한쪽에는 뜻이 붙어 있고, 다른 한쪽에는 음이 붙어 있기 때문입니다.

회의(會意)

글자를 만드는 데 있어서 가장 기본이 되는 것이 지사와 상형이고, 이렇게 만들어진 글자들을 배합해서 다시 글자를 만들어 내는 것이 회의입니다. 회의에 대해서 『설문해자』에서는 "비류합의, 이견지휘"(比類合誼, 以見指撝)라고 합니다. '종류를[類] 나란히 하고[比], 뜻을[誼] 합해서[合] 지휘(指撝)하는 것을 나타낸다[見]'는 뜻인데, 여기서 '지휘'는 지적하는 것을 말합니다. 가령 '서로 상'(相) 같은 글자가 회의에 해당됩니다. '나무 목'(木)과 '눈 목'(目)이 합쳐졌죠. 여기서 나무는 지팡이를 말하고, 눈은 사람의 눈이라서, 이 글자는 소경의 지팡이를 말합니다. 장님의 지팡이가 곧 눈이니까요. 그런데 이 뜻이 변해서 도와준다는 뜻으로도 쓰이죠. 이렇게 두 글자가 합쳐져서 된 것을 회의라고 합니다. 또 무(武)나 신(信) 같은 글자들도 회의 자입니다. 무(武)는 지(止)와 과(戈)가 합쳐진 글자인데, '지'는 '중지시키다', '과'는 '무기'입니다. 그러니까 두 글자가 합쳐져서 전쟁을 중지시킨다는 뜻이 되는데, 그렇게 하기 위해서 '무'가 필요하다는 겁니다. '신'(信)도 마찬가지죠. 사람[亻]은 말[言]한 대로 실천하는 것을 믿을 만하다고 해서 '인'(人)과 '언'(言)이 합쳐진 글자가 '믿을 신' 자가 된 거죠. 이렇게 두 글자의 뜻을 모아서 하나의 글자를 만든 것이 회의입니다.

전주(轉注)

지금까지 살펴본 지사, 상형, 형성, 회의가 글자를 만드는 기본 원칙이라면, 이제부터 말씀드릴 전주와 가차는 글자를 사용하는 방법입니다. 우선 전주는 다른 글자가 뜻을 같이하기도 하는 것을 말합니다. 예컨대 考와 老는 모두 '늙다'라는 뜻입니다. 『설문해자』에서는 전주에 대해 "건류일수, 동의상수"(建類一首, 同意相授)라고 합니다. '종류를 같은 부수에 세워서 뜻이 같은 것을 서로 준다'라는 뜻이죠.

가차(假借)

가차라는 건 빌린다는 뜻인데, 『설문해자』에서 "본무기자, 의성탁사"(本無其字, 依聲託事)라고 하죠. '본시 그 글자가 없는데, 음에 의해서 그 내용을 붙인다'라는 뜻입니다. 여기에는 '영'(令)과 '장'(長)을 예로 들고 있습니다. 영과 장은 지방장관을 말하는데, 지방장관을 뜻하는 영과 장이라는 글자가 없어요. 그렇기 때문에, 명령한다는 '영'(令), 잘한다는 뜻의 '장'(長) 자를 가져다가 지방장관의 뜻으로 쓰는 겁니다. 그러니까 본시 그 뜻에 해당하는 글자가 없지만, 다른 글자를 빌려다 쓴다고 해서 가차입니다.

3장 _ 자획 및 부위의 명칭

오늘은 한자를 구성하고 있는 자획과 부위의 명칭에 대해 알아보는 시간을 갖겠습니다. 우리가 한자를 쓰지만, 한자라는 것이 복잡하죠. 누군가의 이름을 물어봤는데, 그 이름이 가령 '상태'라고 해 보죠. 그럼 '상태에서 상 자가 무슨 상 자냐', 이렇게 묻습니다. 그럼 '서로 상' 자다, 이렇게 말할 수가 있거든요. 이렇게 말해서 알게 되면 좋은데, '서로 상'이 어떻게 생긴 글자인지 모르는 사람은 그 글자는 어떻게 쓰는 글자인지를 물어볼 겁니다. 그럼 '나무 목'(木) 변에 '눈 목'(目)을 쓰는 글자라고 대답하면 듣는 사람이 알기가 쉽습니다. 이렇게 한자를 이야기하기 위해서는 한자를 구성하는 자획이나 부위의 명칭을 알고 넘어갈 필요가 있습니다. 그래서 오늘은 그 명칭에 대해서 설명을 좀 드리려고 합니다.

자획(字畫)의 명칭

> 丶 點 氵삼점 冫두점
> 一 橫畫. 한일
> 丨 竪畫 내려긋는 획

자획(字畫)은 글자의 획이죠. 위 그림에 있는 것들이 다 획입니다. 명칭을 하나씩 볼까요. 맨 왼쪽 위에 있는 것이 '점'(點)입니다. 지난 시간에 형성 문자를 말씀드리면서 '강'(江), '하'(河) 같은 글자들을 봤는데, 이 글자들에 있는 氵는 '삼 점'이라고 합니다. 맨 아래의 삐친 것도 점으로 보는 거고요. 이렇게 세 개가 찍힌 것이 '삼 점'이고, 두 개만 찍힌 것은 '두 점'이라고 합니다. 그다음 '한 일'(一) 자는 가로그은 획, 횡획(橫畫)이죠. 그런데 그냥 '한 일'이라고 하는 게 알기가 쉽죠. 내려긋는 획은 수획(竪畫)이라고 합니다. 수는 내리는 거죠. 앞의 횡은 가로였고요. 내려긋는 획은 서법, 즉 글씨 쓰는 법하고도 관계가 되어서 내려긋는 것에도 몇 가지 다른 명칭이 있습니다마는, 여기서는 이 정도로 이야기하고 넘어가겠습니다.

앞에서 점을 말씀드렸는데, 하나 더 추가하자면, 점 네 개를 찍는 글자가 있죠(灬). '불 화' 자를 전으로 쓸 때는 火와 비슷한 모양으로 썼지만, 예서가 되면서부터 아래에 쓸 때는 이렇게 넉 점으로 변한 겁니다. 이걸 '넉 점'이라고도 하고 또 '그러할 연'(然) 자 밑에 찍는 '불 화'(火)라고 해서 '연화점'(然火点)이라는 말도 씁니다. 지금 점, 한 일, 내려긋는 획, 이렇게 세 가지 획을 본 것인데, 이게 아주 기본적인 것이죠. 우리 한글 모음의 기본도 이 석 자입니다. 다음 보겠습니다.

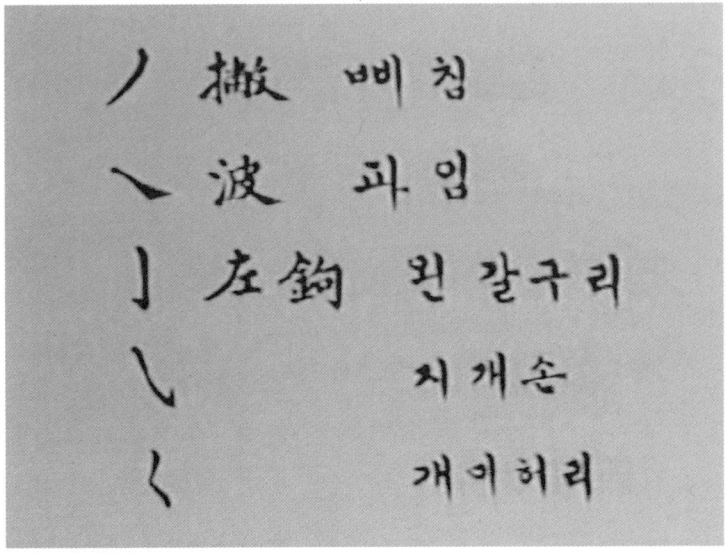

삐침은 한자로는 '별'(撇)이라고 합니다. 그 아래 있는 모양은

'파'(波)로 '파임'이라고도 합니다. 우리가 '물 수'(水)의 가운데 획을 쓸 때, 내려긋고, 왼쪽으로 올리는데, 이렇게 올리는 걸 갈고리라고 합니다. 왼쪽으로 올리니까 '좌구'(左鉤), 왼갈고리죠. 앞 페이지의 예시에서 네번째 있는 것은 '지개손'이라고 합니다. 지개를 받치는 지개 다리와 비슷하다고 붙은 이름이죠. 오른쪽으로 올리니까 '우구'(右鉤), '오른갈고리'라고도 하고요. 마지막에 있는 것은 '개미허리'라고 합니다. 가령 순찰(巡察)한다고 할 때 '순'(巡) 자에 개미허리 획이 들어가죠. 가장 단순한 획들에 대한 명칭이었고요.

몇 가지 더 살펴보자면, 厶 같은 글자를 쓰는 경우가 많죠. '모'(牟)나 어조사로 많이 쓰는 '의'(矣) 같은 글자들에 쓰이는데, 이것은 붕어 입 모양처럼 생겼다고 해서 '붕어 입'이라고 부릅니다. 또 ⺅, 이런 글자도 있죠. 없을 무(無) 위에도 쓰이고, 기(旗) 자 같은 곳에도 쓰입니다. 이건 '사람 인'(人)에서 온 것으로 '납작 사람 인'이라는 명칭으로 불립니다.

이렇게 몇 가지 부위의 명칭을 말씀드렸는데, 이런 명칭을 알고, 앞으로 말씀드릴 부수에 대해서도 그 명칭을 알고 있으면 글자를 설명하기가 조금 더 쉽습니다. 전화로 한자 이름을 알리거나 할 때, 글씨를 써 보일 수 없지만, 무슨 부수에 어떻게 삐치고 파임하고 점 찍고…, 하는 식으로 설명해야 하는데, 그럴 때 획의 명칭을 알고 있는 것이 필요하다는 말씀입니다.

부위의 구성과 명칭

한자는 위아래로 나누면 위쪽에 있는 것을 '머리'라고 하고 아래에 있는 것을 '몸'이라고 합니다. 가령 '풀 초'(草) 자에서 위에 있는 ⺿를 머리, 아래에 있는 早는 몸이 되는 거죠. 그리고 왼쪽 오른쪽으로 나누어서 왼쪽에 붙어 있는 것을 변(偏)이라고 하고, 오른쪽에 있는 것은 몸이라고 합니다. '한나라 한'(漢) 자에서는 氵가 변이고, 오른쪽이 몸이죠. 그다음에 '오동나무 동'(桐) 자도 왼쪽의 木이 변, 오른쪽 同이 몸입니다.

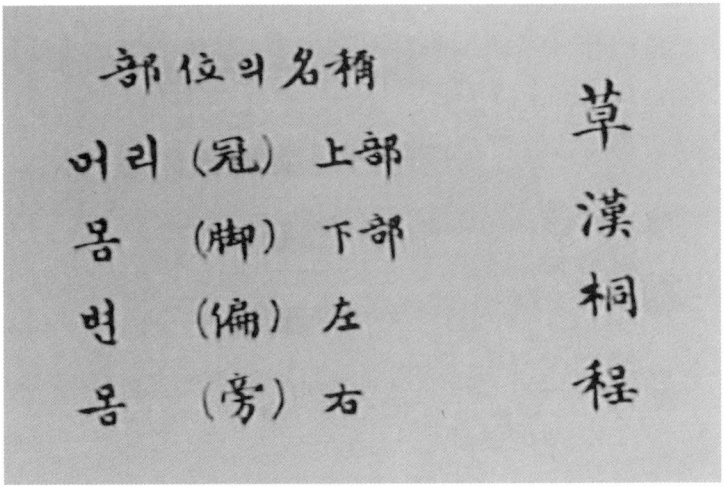

한문의 글자는 기본적으로 방괴자(方塊字)라고 합니다. 네모나게 쓰는 글자라는 뜻이죠. 우리 한글이 처음 생길 때는 로마자

와 비슷하게 음을 나타내는 글자이기 때문에, 가령 'ㅅㅏㄹㅏㅁ', 'ㄷㅏㄹㄱ'이렇게 옆으로 죽 나열해서 쓰도록 되어 있습니다. 그런데 '사람', '닭' 식으로 네모난 덩어리 글자로 쓰게 된 것은 한자의 영향을 받아서 그렇게 된 겁니다. 그래서 글자가 복잡하게 된 면이 있죠. 그래서 지금도 한글을 옆으로 풀어쓰기를 해야 된다 하는 주장이 많이 있습니다. 앞으로는 그런 방향으로 가지 않을까 이런 생각도 듭니다마는, 한글이 방괴자가 된 것은 역시 한자의 영향 또는 한자가 우리에게 준 불행이라고 할 수도 있겠습니다. 다시 돌아가서 한자는 기본적으로 방괴자인데, 앞서 말씀드린 대로 상하로 나뉘는 것이 있고 좌우로 된 것이 있습니다. 그 외에도 여러 가지 형태가 있는데, 위에서 아래로 싼 형태가 상포형(上包形)입니다. 예를 들면 '재계할 재'(齋), '가져올 재'(齎) 같은 글자는 '가지런할 제'(齊) 자로 다른 글자를 위에서 감싸고 있는 형태죠. 이런 걸 상포형이라고 합니다. 또 좀 복잡하지만, '광주리 영'(籯), '바구니 영'(籝) 같은 글자도 女나 貝 같은 글자를 위에서 싸고 있는 형태입니다.

또는 상하포(上下包)라고, 위아래에서 싸고 있는 경우도 있습니다. 가령 옷 의(衣) 자 사이에 아닐 비(非)를 감싸서 '치렁치렁할 배'(裵)가 되죠. '속 리'(裏), '소매 수'(褎)도 마찬가지입니다. 모두 옷 의(衣) 자가 위아래로 싸고 있는 형태죠.

밑에서 위를 받치는 것으로는 책받침[辶]이 있죠. '잇닿을

련'(連), '돌 운'(運) 같은 글자가 있습니다. 그다음 좌우포(左右包)라는 것이 있습니다. 예를 들면 '행'(行) 자가 좌우에서 싸고 있는 글자로, '넘칠 연'(衍), '찌를 충'(衝), '저울대 형'(衡), '거리 가'(街) 같은 글자들이 있죠. 왼쪽에서 싸는 좌포형(左包形)도 있습니다. '匚'이 왼쪽에서 싸고 있는 글자로 '함 궤'(匱), '상자 독'(匵) 같은 글자가 있고요. 우포형(右包形)으로 'ㄅ' 자가 오른쪽에서 싸고 있는 글자로는 '큰소리 굉'(匉), '질그릇 도'(匋)가 있습니다. 아래에서 위로 싸고 있는 '흙덩이 괴'(凷) 같은 형태도 있고, 전체를 에워싸는 '口' 같은 글자도 있죠. 이 글자를 '에운 담'이라고 합니다. 에운 담은 포위된 담이라는 뜻입니다. 가운데 뭐가 있고 거기를 둘러싸고 있는 거죠. '가죽 위'(韋)를 에운 담으로 둘러싼 '에워쌀 위'(圍) 자가 있죠. 이 글자를 설명할 때는 '가죽 위 자를 에운 담으로 둘러싼 글자'라고 설명을 하면 됩니다. 이렇게 여러 가지 형태의 글자가 있습니다.

'가로 왈'(曰)이라는 글자가 있는데, '돼지머리 계'(彐) 자는 왼쪽이 터진 가로 왈이라고 해서 '튼가로 왈'이라고 부르기도 합니다. 그럼 '匚'는 뭐라고 부를까요? '튼입 구'라고 부릅니다.

4장 _ 주요 부수 연습

오늘은 한자의 부수와 관련해서 주요 부수들이 어떤 것이 있는지를 보고, 그 부수를 사용하는 글자들에 대해서 보겠습니다.*

머리 혈(頁)

이 글자[頁]는 일반적으로 쓰이는 글자는 아닙니다만, 음이 '혈'이고 뜻은 '머리'라는 글자입니다. 중국 사람들은 책의 페이지를 매길 때에 이 자를 씁니다. 이 글자를 옛날 전서로 쓸 때는 ⾴ 와 같이 쓰는데, 윗부분이 사람의 얼굴을 그린 거죠. 낯 면(面) 자가

---

* 임창순 선생님의 '한문강좌' 중 부수에 대해 전반적으로 설명한 강의 영상이 유실되어 본 강의록에 수록하지 못했습니다. 부수로 주로 사용되는 글자들을 살펴보는 '주요 부수 연습'으로 강의가 이어집니다.

이 윗부분만 남겨서 돌린 것입니다. 머리 혈이 부로 붙은 글자는 모두 머리와 관계가 있는 글자들입니다. 이 머리 혈 부수는 글자의 왼쪽에 붙는 일이 없고, 모두 오른쪽에 가서 붙습니다. 예를 들면 이런 글자들이 있죠.

■ 項, 須, 領, 頭, 頂

'항'(項) 자는 '목 경'(頸) 자와 비슷한데, 역시 '목'이라는 뜻입니다. 왼쪽의 공(工) 자가 음을 나타내는 말인데, 옛날에는 이 글자가 공, 강, 항 등의 음으로 쓰였고, 여기서는 항이라는 음을 나타내고 있죠. 이 글자는 사람의 성으로도 쓰이죠. 항우(項羽)의 성이 이 글자였습니다.

그다음 '수'(須) 자에서 오른쪽의 '혈'(頁)은 머리 중에서도 얼굴을 뜻합니다. 그 옆에 터럭을 뜻하는 '터럭 삼'(彡) 자가 붙었죠. 그래서 이 글자는 수염을 뜻하는 글자입니다. 그런데 수염이라는 글자는 현재는 이렇게 쓰지 않죠. '수염 수'(鬚)라는 글자로 쓰는데, '표'(髟) 자 아래에 옛날에 쓰던 '수'(須) 자를 붙였죠. 그리고 '수'(須)는 지금은 '모름지기 수'라는 부사로 쓰고 있습니다. '모름지기'는 '반드시'와 비슷한 뜻으로 쓰죠. 또는 '기다리다'라는 뜻으로도 쓰입니다. 이렇게 다른 뜻으로 쓰이면서 오히려 '수염'이라는 뜻을 잃어버리게 되었단 말이죠. 그래서 그 위에 髟을 붙여서 수염이라는 글자로 쓰지만, 원래는 須 자가 수염이라는 뜻이었죠. 갑골문이나 전서로 쓰인 글자를 보면 얼굴 옆에 터럭이 붙어 있는 모습이 분명합니다. 그래서 이 글자는 한 글자가 뜻, 한 글자가 음을 나타내는 형성이 아니라, 이 자체가 상형문자입니다.

'령'(領) 자는 오른쪽의 머리를 뜻하는 부수 앞에 '령'(令) 자가 붙었죠. 이 부분이 음이죠. 그러니까 이 자는 형성자입니다. 오른쪽 부수가 뜻, 왼쪽이 성음을 나타냅니다. 그래서 '령'(領) 자를 이루는데, 이 글자도 목이나 목덜미를 나타내는 말입니다. 그런데 목이라는 것이 우리 몸에서 가장 중요한 부분 중 하나죠. 그래서 목이지만, '머리'라는 뜻이나 마찬가지입니다. '우두머리'나 '이끌다'와 같은 뜻으로 쓰이죠. 가령 '수령'(首領), '영수'(領袖), '강령'(綱領), '영솔'(領率) 같은 말에도 쓰는데, '수령'(首領)이라고 하는 것은 머리라는 뜻으로 가장 높은 위치에 있는 사람을 의미하는 거고, '영수'(領袖)에서 '령'(領)은 옷깃, '수'(袖)는 소매를 말합니다. 옷깃을 들면 옷 전체가 들리죠. 그런 의미에서 '이끄는 사람'이라는 뜻이고, '강령'(綱領)에서 '강'(綱)은 그물에서 맨 위의 굵은 줄을 벼리 줄이라고 하는데, 그걸 '강'(綱)이라고 하죠. 이 벼리 줄을 들면 그물 전체가 다 들리죠. 그물에서 벼리 줄 아래에 작은 그물눈이 있죠. 이 그물눈은 '목'(目)이라고 부릅니다. 그래서 '강목'(綱目)이라고 하면 부분적인 것을 말하고, '강령'(綱領)은 핵심적인 줄거리를 말합니다.

그다음 '영솔'(領率)이라고 할 때, '령' 자는 동사로 씁니다. '거느린다'는 뜻입니다. '거느린다'는 뜻은 아까 말했듯이 옷깃을 들면 옷 전체가 들리는 것에서 왔고요. 그다음 '머리 두'(頭) 자는 많이 아시는 글자죠. 이 글자와 바로 앞의 '령'(領) 자를 같이 써서 '두령'이라는 말도 쓰죠. 집단의 가장 우두머리 되는 사람입니다. 요즘에 쓰는 '대통령'(大統領), '장령'(將領) 같은 말에도 '령' 자가 들어가고요. 그다음에 '정'(頂) 자도 형성입니다. '정'(丁)이 음, '혈'(頁)이 뜻이죠. 이 글자는 이마를 뜻합니다. 이마를 '정'이라고 하니까, 글자로 쓸 때에는 '머리'[頁]라는 글자를 쓰고 '정'(丁) 자를 앞에 붙인 거죠. 산꼭대기를 뜻하는 '산정'(山頂)이라는 말에도 쓰입니다. 넘어진다고 할 때, '전도'(顚倒)라는 말을 쓰는데, 이때 앞에 '참 진'(眞) 자가 붙은 '전'(顚)도 이마를 뜻하는 말이죠.

그 밖에도 '머리 혈' 부수가 쓰인 글자가 들어간 단어들을 조금 더 살펴보겠습니다. '힐항'(頡頏)이라는 단어가 있는데요. 이 말은 날아가는 모양을 나타낸 부사가 되겠습니다. 『시경』에 "연연우비 힐지항지"(燕燕于飛 頡之頏之)라는 구절이 있는데, 제비가 날아서 올라갔다 내려왔다 한다는 말이죠.

그다음 '이사'(頤使)라는 단어가 있죠. 여기서 '이'(頤)는 '턱 이' 자입니다. '함'(頷)도 턱이라는 뜻인데, '이'(頤)가 턱 전체를 가리키는 말이고요. '함'(頷)은 턱 끝을 가리키는 말입니다. 조금 다르죠. '이사'에서 '하여금 사'(使) 자는 시킨다는 뜻이죠. 그래서

'이사'는 손이나 말로 다른 사람에게 지시하는 것이 아니라 턱으로 다른 사람을 부리는 것을 말합니다. '가만히 앉아서 이사한다'는 식으로 쓰이죠. 좋은 표현은 아닙니다. 또 '함가'(頷可)라는 말도 있는데, '함'도 턱을 뜻한다고 했었죠. 턱으로 좋다고 끄덕거리는 것을 '함가'라고 합니다. '이사'나 '함가' 모두 동사로서 쓰이는 표현들입니다.

이렇게 머리 혈이 부수로 쓰인 글자들에 대해서 몇 가지를 봤습니다. 이 글자가 붙어 있는 글자들은 모두 인체, 그중에서도 머리와 관계된다는 점을 아시면 되겠습니다.

말 마(馬)

그다음 살펴볼 부수는 '말 마'(馬)입니다. '말 마' 자가 붙어 있는 글자는 말과 관계가 있죠. '십가난추'(十駕難追)라는 말부터 보시죠. 한 사람이 앞에 달려가는데, 그 사람을 따르고 싶어도 못 따라간다는 말입니다. 그 사람의 재주나 역량이 뛰어나서 따를 수 없다고 할 때 쓰는 말이죠. 문자 그대로 보면 '열 마리의 말을 타고 달려가도 따라가기가 어렵다'는 말이고요. 여기서 '멍에 가'(駕) 자가 '말 마'를 부수로 가지는 글자죠. 글자 위쪽의 '가'(加) 자를 보면 이 글자의 음이 '가'라는 것을 알 수가 있고, 아래의 부수를 보면 그것이 말과 관계된 글자라는 것을 알 수가 있습니다.

이렇게 '말 마'를 부수로 하는 글자들이 많은데요. 몇 가지 단어를 살펴보겠습니다.

■ 馴養, 馳驅, 駟馬, 晏駕, 駱駝, 驍騎, 驟進

먼저 '순양'(馴養)이라는 말이 있습니다. 여기에서 '순'(馴)은 길들인다는 말입니다. 이 글자에서 '마'(馬) 옆에 붙은 '내 천'(川)은 본래 이런 모양이 아니고, 巛과 같은 모양이었습니다. 이 글자에는 '순할 순'(順)의 의미로 잘 따른다는 뜻이 있습니다. 그 밖에도 순행하다, 순찰하다와 같이 돌아다닌다는 뜻을 가지고 있기도 합니다. 여기서 '순'(馴)은 말을 길들인다는 뜻이 됩니다. '순양'은 말을 길들여서 기른다는 뜻이고요. 그다음 '치구'(馳驅)는 말을 달린다는 뜻입니다. 주로 전쟁터에서 말을 달리는 것을 '치구'라고 씁니다. 먼길을 가는 것도 '치구'라고 하고요. '치'(馳) 자 오른쪽의 '어조사 야'(也)는 '이'나 '치'로도 발음을 하는데, 그래서 馳를 '치'라고 읽습니다.

'사마'(駟馬)에서 '사'(駟) 자는 묘하죠. 보면 바로 뜻을 알 수 있는 글자입니다. '말 마' 옆에 '넉 사' 자가 붙어 있으니까, 네 마리 말을 뜻하겠죠. 그리고 읽기는 '사'라고 읽습니다. 그런데 왜 말 네 마리를 하나의 글자로 만들었을까요. 옛날에는 수레를 끌

4장 _ 주요 부수 연습 69

고 다니는데, 말 네 마리가 필요합니다. 그래서 '수레 한 대를 끌고 가는 말'을 '사'(駟)라고 합니다. 수레 한 대는 '승'(乘)이라고 하죠. 『논어』에 '진문자 유마십승'(陳文子 有馬十乘)이라는 말이 있죠. 십승이라고 하는 것은 수레 열 대를 소유했다는 말이니까, 다시 말해 수레 열 대와 그 수레를 끌고 갈 말 40마리를 소유했다는 뜻이 됩니다. 그래서 이 승(乘) 자가 넷을 나타내는 숫자로도 쓰입니다. 『맹자』에는 '승시'(乘矢)라는 말이 있는데, 화살 네 개를 쏘는 것을 '승시'라고 합니다. 여기서도 '승'(乘)이 숫자 4를 가리키는 것을 알 수 있습니다.

'안가'(晏駕)를 보죠. 여기서 '안'은 '늦을 안'입니다. 아침 6시나 7시면 이른 시간이죠. 그러나 10시, 11시가 되면 그건 늦은 겁니다. 그리고 그다음 글자 '가'(駕)는 말을 몰고 가는 것, 말이 수레를 끌고 가는 것을 말합니다. 우리말로는 '멍에 가'라고 하고요. 말에 멍에를 메우는 것을 말하죠. 그래서 '안가'(晏駕)라고 하면, 늦게 출발을 한다는 뜻입니다. 아침 일찍 수레를 매서 나가야 하지만, 그러지 않고 늦게 출발을 한다는 건데, 이 말은 임금이 죽었다는 말입니다. 임금에게 '죽었다'라는 말을 하기가 어려우니, '안가'라고 말을 하는 거죠. 대표적으로는 광개토대왕비에도 임금이 죽은 것을 '안가'라고 쓴 경우가 있습니다. 기억해 두시면 좋고요.

그다음 '낙타'(駱駝)는 잘 아시죠. 사막을 걸어다니는 동물입니다. 우리말로는 옛날에 '약대'라고 부르기도 했습니다. 물론 옛날에 중국에는 낙타라는 게 없죠. 부르는 명칭이 없기 때문에 낙타가 들어온 뒤에 중국 글자들에 '말 마'(馬)를 붙여서 말을 만든 겁니다. '효기'(驍騎)에서 '효'는 '날래다'라는 뜻이고, '기'는 말을 탄다는 뜻이죠. '기병'(騎兵), '기사'(騎士) 같은 데서 많이 볼 수 있는 글자죠. '효기'는 날랜 기마병을 뜻하는 말이고요. 마지막으로 '취진'(驟進)에서 '취'는 말이 빨리 달린다는 뜻입니다. 그래서 '취우'(驟雨)라고 하면 소나기를 말하죠. '취진'은 빠르게 나아갔다는 뜻인데, 순차적으로 승진한 것이 아니고 갑자기 뛰어올라서 승진한 것을 말합니다. 이런 말들이 모두 말[馬]과 관계되어서 나온 말들입니다.

뼈 골(骨)

그다음에 '뼈 골'(骨) 자와 관련된 글자들을 보겠습니다.

■ 骸骨, 骨鯁之臣, 髑髏

첫번째 단어는 '해골'(骸骨)이죠. 죽은 뒤에 남는 뼈를 말합니다. 옛날에 신하가 임금에게 은퇴하겠다고 얘기할 때에 '해골을 빌어서 돌아가겠습니다'[乞骸骨]라고 하거든요. 고향에 돌아가서 고향 땅에 해골을 묻게 해주십사 하는 이야기죠. 이럴 때 '걸해골'이라는 말을 쓰는 거고요.

'골경지신'(骨骾之臣)이라는 말에서 '경'(骾)은 가시를 말합니다. '나무 목' 변으로 쓰는 '경'(梗) 자는 딱딱한 나무를 의미하는 것이지만, '뼈 골' 변에 쓰면 가시입니다. 가시라는 것이 먹으면 목에 걸리잖아요. 그러니까 '골경지신'이라고 하는 것은 임금 귀에 거슬리는, 듣기 싫은 말을 하는 사람을 가리키는 겁니다. 다시 말해 임금이나 윗사람의 비위를 맞추는 것이 아니라 바른말을 하는 사람을 말하죠.

그다음 '촉루'(髑髏)는 죽은 사람의 해골입니다. 지금 우리는 죽은 사람의 해골을 잘 볼 수가 없죠. 하지만 옛날에 전쟁도 많이 나고, 흉년이 들고 할 때는 해골을 다 수습할 수가 없어요. 수습하지 못한 해골들이 땅에 굴러다닙니다. 그래서 그것을 이제 정치하는 사람이 모두 일일이 거두어서 묻는데, 그럴 때 해골을 '촉루'라고도 하는 겁니다. 옛날 문장 가운데 많이 나오는 말입니다.

싸울 투(鬪)

'싸울 투'(鬪) 자는 두 사람이 싸우는 모양을 그린 글자입니다. 그래서 이 글자가 붙은 건 모두 싸움과 관련이 있습니다. '문문'(門) 자와 비슷하게 생겼지만, 좀 다르게 생겼죠.

■ 鬪, 惹鬧, 喧鬧, 鬩墻

'전투'라고 할 때 쓰는 '싸울 투'(鬪)가 이 부수를 쓰는 대표적인 글자고요. '시끄러울 료'(鬧)도 '투'(鬥)를 부수로 하는 글자죠. 이 '료' 자는 '야료'(惹鬧)라는 단어로 많이 쓰죠. '료' 자 하나로도 시끄럽다는 뜻이지만, '야료' 역시 '시끄럽게 하다', '시끄러운 문제를 일으키다'라는 뜻이죠. '훤요'(喧鬧)라는 말도 쓰죠. 이 말은 '대단히 시끄럽다'라는 뜻입니다. '다툴 혁'(鬩) 자도 있습니다. 이 말은 '혁장'(鬩墻)이라는 말에 쓰이는데, '혁장'은 담 안에서 싸운다, 다시 말해 집안에서 싸운다는 말입니다. 집안에서 형제끼리 싸우는 것을 '혁장'이라고 합니다. 이 말이 어디서 나왔냐 하면, '형제혁우장, 외어기무'(兄弟鬩于牆, 外禦其務)라는 말에서 나왔습니다. 형제끼리 담 안에서 싸우지만, 대외적으로는 모욕을 당하는 것을 방어한다는 뜻이죠. 이런 말이 『시경』에 있습니다. 여기서 따와서 집안싸움하는 것을 '혁장'이라고 표현하는 겁니다.

물고기 어(魚)

'물고기 어'(魚) 자도 부수로 쓰이죠. 몇 가지를 살펴보겠습니다.

■ 鮮魚, 鮮美, 鮒, 鯉, 鱸

'선어'(鮮魚)는 싱싱한 생선을 말하죠. 이렇게 '싱싱하다'는 뜻에서, '선'(鮮)이 곱다는 뜻으로도 쓰입니다. 그래서 '선미'(鮮美)라고 하면 '곱고 아름답다'는 뜻이죠. 물고기 이름에도 어(魚)를 부수로 쓰는 글자가 많은데, '부'(鮒), '리'(鯉), '로'(鱸) 같은 글자들이 있죠. 각각 물고기의 종류를 나타내는 글자들인데, 이 물고기들의 이름을 우리말로 하면 붕어, 잉어, 농어라고 부르죠. 왜 이렇게 읽느냐 하면, '물고기 어' 자의 음이 본시 그냥 '어'가 아니라 'ㅇ' 자를 하나 더 쓰는 'ᅌᅥ' 자라서 앞 글자에 이응 받침이 더 붙는 겁니다. 그래서 붕어, 잉어, 농어가 된 거죠.

2부

문장의 구성

이번 시간부터는 한문 기본 문법에 대해서 여러분과 이야기를 해보려 합니다. 다른 어학이나 마찬가지로 한문에도 문법이라는 것이 있습니다. 현대 중국어의 문법이 아니라 옛날 한문의 문법을 말씀드리는 것인데요. 이것을 중국 사람들은 고한어(古漢語)라고 합니다. 지금 현대에 쓰이는 말이 아니기 때문에 그 문법을 정리하는 데 상당히 어려움이 있죠. 중국에서 맨 처음에 고한어에 대한 문법을 이야기한 책이 나온 것이 1889년입니다. 그리고 그 뒤로 많은 사람들이 고한어의 문법을 정리했습니다만, 아직까지 문법에 대한 학설이 하나로 귀일되거나 하지는 않았습니다. 하지만 이 수업에서 전문적인 지식을 구하려는 것이 아니기 때문에, 한문 문장 구조의 법칙을 알고 한문을 이해하는 데 도움이 될 수 있도록 조금 쉽게 이야기를 해 보려 합니다.

제가 이 수업에서 참고서로 쓴 책을 소개하겠습니다. 우선 중국의 이름 있는 문법학자인 왕력(王力)이 주편(主編)한 『고한어통론』(古漢語通論)이라는 책이 있습니다. 북경에서 출판된 책이고요. 그다음에 양백준(楊伯峻)의 『문언문법』(文言文法)이라는 책이 있습니다. 홍콩에서 출판된 책입니다. 이 밖에도 중국에서 나온 많은 책들이 있습니다만, 주로 이 두 책을 참고로 했고요. 일본에서 나온 책 중에 우시지마 도쿠지(牛島德次)라는 사람이 쓴 『한어문법론』 고대편(古代編)과 중고편(中古編)이 있는데 이 책도 이번 강의를 하는 데 참고자료로 사용했습니다. 그래서 강의를 들으시고 더 깊이 공부하실 분들은 이런 책들도 구해서 보시면 도움이 되겠습니다.

1장 _ 사(詞)

한문의 맨 처음 단위는 '자'(字)입니다. 자는 글자 그대로 '글자'를 말하죠. 가령 '천'(天)이라고 하면, 한 음절이죠. 음절의 단위가 자입니다. 또 글씨를 쓰는 단위이기도 하죠. 한문을 쓸 때 한 글자씩 쓰죠. 이게 '자'입니다.

그다음에는 '사'(詞)가 있습니다. 말을 할 때 최저 단위가 '사'입니다. 가령 우리말로 '사람이'라고 하면, '사람'이라고 하는 것이 하나의 사고, '이'가 하나의 사입니다. 또 '오다'라고 하면, '오'가 하나의 사고, '다'가 또 하나의 사입니다. 이런 사가 모여서 구(句)가 되고 문(文)이 됩니다. 문이라고 하는 건 반드시 서술어가 있어야 합니다. 가령 '한국 사람'이라고 하면, '한국'이라는 사와 '사람'이라는 사가 모여서 이루어졌지만, 이건 문이 아니죠. 이렇게 사가 두 개 이상 모여서 만들어졌지만 술어가 없는 것은 '구'라고 합니다. '문'이라고 하면 반드시 술어가 붙어야 합니다. 가령 '한국 사람은 ~을 좋아한다', '한국 사람은 인정이 많다'는 식으로 술어가 붙으면 문이라고 할 수 있죠.

　이렇게 구와 문이 있는데, 이를 구성하는 최저 단위가 '사'라고 할 수 있습니다. 그래서 오늘은 '사'에서 출발해서 이후에 '구', '문'에 대한 설명으로 이어 나가 보겠습니다. '사'라고 하면 우리말도 마찬가지고 다른 언어에서도 품사를 구별하죠. 품사의 구별법도 언어에 따라 다릅니다. 그래서 나중에 이 품사에 대해서도 공부를 하겠지만, 오늘은 우선 글자 수를 중심으로 '사'에 대해 말씀드리겠습니다.

단음절사와 복음절사

단음절사(單音節詞)

단음절사는 음 하나로 된 것을 말합니다. 우리말로 하면, '소', '말' 같은 것이 단음절사죠. '사람', '송아지' 같이 두 음절 이상으로 된 것들은 복음절사(複音節詞)라고 합니다.

　■ 天, 地, 人, 物, 動, 靜, 靑, 紅, 上, 中, 下
　단음절사에 대해서는 크게 설명할 필요가 없죠. 예시한 글자들처럼 한 글자가 하나의 사를 이루는 경우를 말합니다.

복음절사(複音節詞)

둘 이상의 음절로 된 사가 복음절사라고 말씀드렸죠. 중국 한문의 변화를 보면 고대에는 단음절사가 많았고, 연대가 뒤로 내려오면서 복음절사가 많아지는 것을 볼 수 있는데요. 가령 지금은 '탁자'(卓子)라고 부르는 것을 옛날에는 그냥 '탁'(卓) 한 글자로만 썼습니다. '모자'(帽子)도 옛날에는 그냥 '모'(帽)라고만 했죠. 말이라고 하는 것은 의사가 전달되어야 하는 것인데, 단음절로 표현하면 비슷한 게 많아서 혼동을 일으킨다는 말이죠. 그래서 복음절사가 많아진다고 할 수 있습니다. 사람의 눈을 표현할 때도 고대에는 '안'(眼)이라는 글자로 쓰지만 지금 중국어에서는 '옌징'(眼精)이라고 두 글자로 씁니다.

■ 蒲陶, 漢軍

과일의 일종인 포도는 지금은 위와 같이 쓰지 않죠. 지금은 '葡萄'라고 쓰지만 옛날에는 '蒲陶'라고 썼습니다. 포도는 처음부터 중국에서 나온 식물이 아니고 다른 지방에서 수입된 식물입니다. 그래서 외국 말을 그대로 한자로 옮기자니까 '蒲陶'라고 한 거죠. 그러다가 나중에 식물이라는 것을 더 분명히 표시하기 위해서 '풀 초'(艹)를 넣어서 '葡萄'라고 쓴 거고요. 이 '포도'라는 것이 하나의 사입니다.

그다음 '한군'(漢軍)은 '한나라 군대'라는 뜻이죠. 지금도 미국 군대를 '미군'이라고 하죠. 이 역시 '사'인데, '포도'와는 좀 다르죠. '포도'라는 말에서 '포'와 '도'는 아무런 뜻이 없습니다. 그냥 두 글자가 합쳐져서 과일 이름이 되는 겁니다. 하지만 '한군'이라고 하는 것은 '한나라'와 '군대'라는 의미를 가진 말이 합쳐져서 하나의 사를 만든 겁니다. 그래서 '포도'와 '한군'은 조금 다릅니다. '포도'는 두 음절이 합쳐진 뗄 수 없는 하나의 사입니다.

이건 우리말에서도 마찬가지죠. '사람'이라고 하면, '사'와 '람'에 다른 뜻이 있는 게 아니죠. 여기에도 의미가 있다고 하면서 '산다'는 말에서 사람이 나왔다고 하는 사람도 있지만, 근거가 약합니다. 그러니까 '사람'은 단순사라고 할 수 있습니다. 그런데 송아지는 다르죠. '소'라는 것이 하나의 말이고, '아지'는 새끼란 말이죠. 아기라는 말도 있죠. 따라서 '송아지'는 단순사가 아니라 복합사입니다.

단순사

첩자류(疊字類)

단순사를 몇 가지로 또 구별할 수 있습니다. 그중에서 '첩자'라고 하는 것이 있는데, '첩'이라는 건 겹쳤다는 뜻이죠. 같은 글자를 둘씩 겹쳐 쓴 것을 첩자라고 합니다.

- 郁郁, 紛紛, 戰戰, 兢兢, 赳赳, 桓桓, 悠悠, 怏怏, 亭亭, 軒軒, 巍巍, 翼翼, 濯濯, 蕭蕭, 瑟瑟

예시로 몇 가지를 들었지만, 첩자는 굉장히 많습니다. 우리말에도 '졸졸', '콸콸' 같은 말들이 많죠. 예로 든 것을 하나씩 보면, '욱욱'(郁郁)이라는 것은 무성한 모양입니다. '분분'(紛紛)은 복잡하다는 뜻이고요. '전전'(戰戰)은 벌벌 떤다, 겁낸다는 뜻입니다. '긍긍'(兢兢)은 조심하는 모양으로, '전전긍긍'이라고 넉 자를 합쳐서 쓰죠. '규규'(赳赳)는 씩씩한 모양이고, '환환'(桓桓) 역시 비슷한 뜻입니다. 씩씩하고 늠름한 용사들의 모습을 표현할 때 쓰는 말입니다.

'유유'(悠悠)는 오래다, 길다라는 뜻이고, '앙앙'(怏怏)은 불평하는 모양입니다. '정정'(亭亭)은 높은 모양입니다. 가령 소나무가 우뚝이 서 있다 할 때에 소나무가 '정정히' 서 있다, 이렇게 합니다. '헌헌'(軒軒)은 사람이 키도 크고 훤칠하게 생긴 것에 씁니다. '헌헌장부'라고 말하죠. '외외'(巍巍)는 높은 모양이고, '익익'(翼翼)은 조심스러운 모양입니다. '탁탁'(濯濯)은 두 가지 뜻이 있습니다. 산에 나무가 없이 민둥산일 때 그 모양을 '탁탁'이라고 하고요. 또 짐승이 살이 쪄 있는 모양을 보고도 '탁탁'이라고 합니다. '소소'(蕭蕭)는 쓸쓸하다는 뜻이고, 쓸쓸한 소리가 나는 것을 '슬슬'(瑟瑟)이라고 하죠.

이렇게 예로 든 말들을 살펴보았는데요. 살펴본 것처럼 음절은 두 개지만, 같은 글자가 겹쳐 있는 것을 첩자라고 하고 이 단어들은 대개 부사로 쓰입니다.

첩운류

복음절사 중에 첩운이라는 것이 있는데요. 운이 겹친다는 뜻입니다. 성모는 다르지만 운모가 같거나 비슷한 두 음절이 합한 것을 첩운이라고 합니다. 지금 '성모'와 '운모'라는 말을 썼는데, 설명이 좀 필요합니다. 한자의 음은 성과 운 두 가지로 이루어집니다. 음절의 첫머리에 나오는 자음이 성모이고, 이어서 계속되는 모음 이하의 부분이 운입니다. 예를 들어 '홍'(紅) 자를 보죠. 홍은 ㅎ, ㅗ, ㅇ으로 이뤄져 있는데, 음절 첫머리의 ㅎ이 성이고, 모음 이하의 부분(ㅗㅇ)이 운입니다. '절'(節)이라는 글자도 마찬가지죠. ㅈ이 성모, ㅓㄹ이 운모입니다. '주'(朱)는 ㅈ이 성모, ㅜ가 운모입니다. 중국의 한자에서는 이 운이라는 것이 매우 중요합니다. 시를 짓거나 할 때도 중요하죠.

■ 徘徊, 蕭條, 彷徨, 逡巡, 盤桓, 逍遙, 紛紜, 殷勤, 扶疎, 從容

'배회'(徘徊)는 지금도 많이 쓰는 말이죠. 서성거리는 것을 말합니다. 우리말에서는 모음이 다르지만 중국어에서는 두 글자의 모음이 같습니다. '소조'(蕭條)는 쓸쓸하다, '방황'(彷徨)은 헤매는 것을 말하죠. 어디를 갈지 몰라서 이리 갈까 저리 갈까 하고 있는 모양입니다. '준순'(逡巡)은 전진하지 못하고 머뭇거리는 모양이고, '반환'(盤桓)도 근처를 서성거리는 것을 말합니다. '소요'(逍遙)는 어디에 얽매이지 않고 자연스럽게 지내는 모양을 나타내고, '분운'(紛紜)은 '분분하다' 할 때의 '분분'(紛紛)과 비슷한 말입니다. 복잡한 모양을 나타내는 말이죠. '은근'(殷勤)은 꼭, 부디 부탁한다는 뜻입니다. '부소'(扶疎)는 나무가 무성한 모양입니다. 도연명의 시 한 구절인 '요옥수부소'(繞屋樹扶疎, 집을 두르고 있는 나무가 무성하다)에 나오는 말입니다. '종용'(從容)은 지금 우리말로 조용하다와 같은 말입니다. 이렇게 단순사 중에서 첩운인 말들을 살펴보았는데요. 단순사라는 건 뭐냐 하면 각 글자의 뜻이 말 뜻과 상관이 없는 겁니다. 가령 '종용'을 보면, 이 '종' 자와 '용' 자는 운모가 같아서 모인 것뿐이지, '종용'이라는 뜻과 아무 상관이 없죠. 이렇게 사를 이루는 두 글자가 각각의 뜻을 가진 것이 아니고 음만을 나타내는 것이기 때문에 단순사에 해당합니다.

쌍성류(雙聲類)

쌍성은 성모가 같거나 비슷한 자가 합한 것입니다. 음의 맨 처음 나오는 자음이 같은 말들이죠.

■ 猶豫, 參差, 斯須, 髣髴, 怳惚, 唐突, 陸離, 牢落, 黽俛

'유예'(猶豫)는 우리 음으로는 좀 달라 보입니다만, 첫 자의 자음이 y로 시작하죠. 자음이 같은 겁니다. '집행유예', '지불유예' 같은 말에 쓰이는 말입니다. 결정하지 않고 미뤄 둔 것을 말하고요. 그다음에 나오는 말은 '참치'(參差)라고 읽습니다. 가지런하지 않고 어긋나는 것을 '참치'라고 합니다. '사수'(斯須)는 '잠깐 동안'이라는 뜻이고요. '방불'(髣髴)은 비슷한 것을 말합니다. '황홀'(怳惚)은 우리도 많이 쓰는 말이죠. 정신이 얼떨떨하다든지, 눈이 휘둥그레졌다든지, 이럴 때 쓰는 말입니다. '당돌'(唐突)은 무언가가 부딪히는 모양입니다. 우리말에서도 '당돌하다'라는 말을 많이 쓰죠. 그다음 '육리'(陸離)는 두 글자 모두 성모가 리을 음입니다. 빛나는 모양이고요. '뇌락'(牢落)은 사람이 훌륭한 것을 말하고, '민면'(黽俛)은 노력하는 모양, 열심히 하는 모양이라는 뜻이 붙어 있습니다. 이런 말들도 모두 성모가 같은 것끼리 합한 것으로 각 글자의 뜻과는 상관이 없습니다. 가령 '육리'라고 하면 '육지'나 '떠난다'는 의미와 상관이 없습니다. 따라서 이 역시 단순사라고 합니다.

기타

그 밖에 위에서 말씀드린 것 같은 특징은 없지만 두 음절이 합쳐져서 하나의 사가 된 것들이 있습니다.

■ 侏儒, 枇杷, 崑崙, 苜蓿, 於邑, 咨嗟

'주유'(侏儒)는 난쟁이를 말합니다. 건물에 짤막한 기둥을 세우는 것도 주유라고 합니다. '비파'(枇杷)는 나무 이름이고, '곤륜'(崑崙)은 산의 이름입니다. '목숙'(苜蓿)은 식물의 이름이고요. '오읍'(於邑)은 '흐느낀다'의 뜻인데, 이럴 때는 '어읍'이라고 읽지 않고 '오읍'이라고 읽습니다. '자차'(咨嗟)는 감탄하는 모양을 말합니다.

복합사

연합관계로 복합된 것

복합사는 앞의 단순사와 달리 두 개의 음절이 각기 뜻을 가지고 있는 것을 말합니다. 이 복합된 관계도 몇 가지로 분류가 됩니다. 우선 두 개의 사가 연합관계로 복합된 것이 있는데요.

■ 人人, 日日, 處處, 事事, 世世

연합관계로 복합된 말 중에, 우선 a라는 사와 b라는 사가 똑같은 것이 있습니다. 예로 든 것들은 단순사의 첩어들과는 다르게 각각의 글자가 하나의 사(詞)입니다. 단순사에서는 두 글자가 모여야 하나의 사가 되었죠. 여기서는 각각의 글자가 의미를 갖는데요. '인인'(人人)의 경우에는 사람과 사람, 이렇게 두 글자가 합쳐져서 '사람마다'라는 뜻을 갖는 사가 됩니다. '일일'(日日)은 '날마다'라는 뜻이고, '처처'(處處)는 '곳곳', '사사'(事事)는 사건마다, '세세'(世世)는 '대대로'라는 뜻을 갖습니다. '시시', '각각'…. 이런 말들이 모두 여기에 해당한다고 할 수 있습니다.

■ 豪傑, 喜悅, 恐懼, 孱弱, 造作

다음으로 a와 b가 동류, 다시 말해 같은 성격을 갖는 경우가 있습니다. '호걸'(豪傑)은 '호'와 '걸'이 각각 사로서 하나의 의미를 가지고 있습니다. 그런데 '호'와 '걸'은 같은 의미죠. 같은 것이 합쳐서 하나의 사가 된 겁니다. '희열'(喜悅)은 기뻐한다는 뜻인데, '희' 자 하나만 써도 되지만, 두 글자를 써서 '희열'이라고 했습니다. 이것도 복합사지요. '공구'(恐懼)에서 '공'도 두려워한다는 뜻이고, '구'도 마찬가지입니다. 두려워한다는 뜻의 두 자를 합쳐서 하나의 사를 만들었습니다. '잔약'(孱弱)에서 '잔'이나 '약' 모두 약하고 작다는 뜻입니다. 그래서 잔약하다는 것은 세력이 없고 힘이 없는 모양을 말합니다. '집안 형편이 아주 잔약하다'라고 말할 수 있습니다. '조작'(造作)은 무언가를 만든다는 말인데, '조'와 '작' 모두 만든다는 뜻이죠. 합쳐져서 하나의 사를 이루는 겁니다. 이런 것이 복합사 중에서도 같은 뜻을 가진 글자를 두 개 합친 것입니다.

■ 日夕, 男女, 本末, 表裏, 利害, 長短, 廣狹, 吉凶, 是非, 得失, 勝負, 貴賤, 浮沈, 存亡

세번째로 대조적이거나 정반대되는 것을 합쳐서 하나의 사를 이루는 것들이 있습니다. '일석'(日夕)은 낮과 밤이죠. 대조적인 두 자가 하나의 사가 됩니다. 비슷한 말로 '주야'(晝夜)가 있죠. '남녀'(男女) 역시 대조적인 개념을 합친 하나의 사입니다. '남'과 '녀' 각각이 독립된 사입니다만, '남녀가 다르다'처럼 쓸 때는 '남너'가 하나의 사가 되는 거죠. '본말'(本末)은 처음과 끝이라는 뜻이죠. 나무의 뿌리와 나무의 끝으로 서로 반대되는 말입니다. '표리'(表裏)는 옷의 안과 밖이라는 말입니다. '표'는 옷의 거죽이고, '리'는 옷 안에 받치는 천을 말합니다. 합쳐서 안과 밖을 말할 때 '표리'라고 합니다. '표리가 부동하다'라는 말을 쓰죠. 겉과 속이 다르다는 말입니다. 역시 두 글자가 모여서 사가 되는 경우입니다.

나머지도 마찬가지입니다. '이해'(利害)는 '이해가 같지 않다', '이해가 상반된다'라는 식으로 많이 쓰죠. '장단'(長短)은 길고 짧은 것, '광협'(廣狹)은 넓고 좁은 것, '길흉'(吉凶)은 운이 좋고 나쁜 것을 말합니다. '시비'(是非)는 옳고 그른 것, '득실'(得失)은 얻고 잃는 것, '승부'(勝負)는 이기고 지는 것, '귀천'(貴賤)은 귀하고 천한 것이죠. '부귀빈천'이라는 말도 있죠. '부귀'와 '빈천'도 각각 사고, '귀천'도 하나의 사입니다.

'부침'(浮沈)은 떠오르기도 하고 물에 잠기기도 하는 거죠. '여세부침'(與世浮沈)이라는 말이 있죠. 세상과 함께 떴다 잠겼다 한다는 말인데, 이게 무슨 말일까요? 바로 기회주의를 말합니다. 세상의 부침에 맞춰서 적합하게 산다는 말이죠. 세상살이가 편할지는 모르지만 절조가 있는 건 아니죠. '존망'(存亡)에서 '존'은 존재하는 것, '망'은 망하는 것을 말합니다. 국가의 존망이라고 하면 나라가 그대로 유지되느냐 아니면 없어지느냐라는 뜻이죠.

이런 말들이 모두 서로 상대적이거나 정반대되는 두 개의 사가 모여서 하나의 사를 형성한 것입니다.

수식관계로 복합된 것

수식이라는 것은 부사나 형용사가 동사라든가 명사 같은 말들을 꾸미는 것을 말합니다. 그렇게 수식하는 말과 수식되는 말이 합쳐져서 하나의 사로 되는 것이 수식관계로 복합된 사입니다. 다시 말해 a와 b라는 두 글자가 서로 수식과 피수식의 관계를 가진다는 말이죠.

■ 後園, 前庭, 秦將, 兵法, 正妃

'후원'(後園)이 하나의 사입니다. '원'(園)은 정원이라는 말인데, 이 '원'이 어디에 있다는 걸 형용하는 말이 앞에 붙은 겁니다. 뒤에 있다는 뜻의 '후'가 '원'을 수식하면서 합쳐져서 하나의 사를 이루고 있습니다. '전정'(前庭)도 마찬가지죠. 앞마당이라는 말이고요. '진장'(秦將)은 진나라의 장군이라는 말로 역시 '장군'이라는 말을 '진'(秦)이 수식하고 있습니다. '병법'(兵法)은 전쟁을 하는 방법이고, '정비'(正妃)에서 '비'는 임금의 아내를 부르는 말인데, '바를 정'(正)이 붙어서 임금의 본부인을 뜻합니다. 이런 것이 모두 형용하는 말과 명사가 합쳐진 말입니다.

■ 兄事, 師事, 烏合, 虎視, 奉讀

다음으로 a가 b를 한정하는 경우가 있습니다. 한정한다는 것은 부사의 성격을 갖는 것을 말합니다. 바로 앞에서 봤던 후원, 전정, 진장, 병법, 정비 같은 형용하는 관계의 사에서는 뒤에 붙은 글자들이 모두 명사였죠. 하지만 지금 예시로 든 말에서 앞의 글자는 뒤의 말을 한정하는 부사적 성격의 글자이고, 뒤에 붙은 글자들은 모두 동사입니다.

'형사'(兄事)는 '형님으로 섬긴다'라는 뜻입니다. 우리말에서는 별로 쓰지 않는 말입니다만, 한문에서는 많이 쓰이는 말입니다. '나는 그분을 형사하였습니다'라고 하면 그 사람을 형님처럼 섬겼다는 말이죠. 옛말에 '십년이장즉형사'(十年以長則兄事)라는 말이 있습니다. 자기보다 10년 이상 나이가 더 많으면 형님으로 섬긴다는 말입니다. 이때 '형'(兄)이 부사로 쓰이고 있는 겁니다.

마찬가지로 '사사'(師事)는 '스승으로 섬긴다'는 의미죠. '오합'(烏合)은 '까마귀떼처럼 모였다'는 말입니다. 그러니까 조직적인 모임이 아니고 자연스럽게 여기저기서 모인 거죠. 가령 전쟁이 나서 군대가 필요한데, 평소에 훈련을 받았던 조직된 군대가 아니고 여기저기서 막 모아 왔으면 그걸 '오합지졸'이라고 합니다. '호시'(虎視)는 '범처럼 본다'는 뜻이죠. 무서운 눈초리로 노려보는 겁니다. 마지막 '봉독'(奉讀)은 '받들고 읽는다'는 뜻으로 높은 사람이 보내는 글을 볼 때, '읽는다'는 말에 '봉'이라는 부사를 붙여서 경의를 나타내는 겁니다.

살펴본 말들은 모두 a가 부사의 역할을 하면서 b를 한정하고 있습니다. 한정하는 말과 동사가 합쳐져서 하나의 사를 이루고 있는 겁니다. 모두 복합사입니다.

보족관계(補足關係)로 복합된 것

그다음에 보족관계로 복합된 사들을 보겠습니다.

■ 晏然, 斐然, 喟然, 循循然, 豁如, 翼如, 勃如, 自如

a라는 사에 대해서 뒤에 붙은 b가 보족적인 성격으로 복합하는 말들인데요. 예시된 말들의 앞 글자인 안(晏), 비(斐), 위(喟), 순순(循循), 활(豁), 익(翼), 발(勃), 자(自)는 모두 각각 뜻을 가지고 있습니다. 이렇게 뜻을 가진 말에 '연'(然)이나 '여'(如)와 같은 글자들이 붙으면 이 말이 부사가 됩니다. 가령 '안연'(晏然)은 '태연스럽다'라는 뜻으로 씁니다. '안' 자에도 편안하다라는 뜻이 있지만, '연'이라는 글자가 들어가서 부사화시키는 겁니다. '비연'(斐然)은 '찬란스럽다', '문채가 있다'라는 뜻이고, '위연'(喟然)은 '한탄스럽다'는 말입니다. '순순연'(循循然)은 '차근차근히'라는 뜻이고요. '활여'(豁如)는 넓은 모양, '익여'(翼如)는 날아가는 듯한 모양, '발여'(勃如)는 얼굴빛이 달라지는 모양입니다. '자

여'(自如)는 '자연스럽게'라는 뜻이고요. 이런 식으로 형용사에 '연'이나 '여'를 붙여서 부사로 변하는 것을 보족관계로 복합되는 복합사라고 합니다.

2장 _ 구(句)의 구성

이제부터는 구(句)의 구성에 대한 말씀을 드리겠습니다. 문법 강의를 시작하면서 말씀드렸지만, 한문의 최저 단위는 자(字)고, 이 자를 가지고 사(詞)를 구성한다고 말씀을 드렸습니다. 사가 두 가지 이상 결합해서 이루는 것이 바로 구입니다. 예를 들어, 우리말로 '한국 사람'이라고 하면 이 말은 '한국'이라는 사와 '사람'이라는 사가 합쳐져서 하나의 구를 이룬 것입니다. 정리하면, 2개 또는 그 이상의 사가 합하여 문의 한 성분이 될 경우 이를 구라고 하는 겁니다.

구의 구성 원칙은 복합사와 비슷합니다. 앞에서 복합사를 공부할 때, 동일한 사가 모인 것, 같은 성격의 사가 모인 것, 반대되는 의미나 수식관계에 있는 사가 모인 것 등 몇 가지 복합사의 형태를 살펴보았는데요. 구의 구성 원칙도 복합사의 경우나 비슷합니다만, 둘을 잘 구별해서 보겠습니다.

동위관계로 연합된 것

동위관계는 다시 말해 '같다'는 것이죠. 내용이 같은 것 두 가지가 연합한 겁니다. 문장을 예로 들어 보겠습니다.

- 臣不及臣友蹇叔.

'신'(臣)은 임금에 대해서 자기를 말할 때 하는 말이죠. 불급(不及)은 미치지 못한다는 말입니다. 어디에 미치지 못하죠? 바로 뒤에 이어지는 '신우건숙'(臣友蹇叔)입니다. '신(臣)의 친구 건숙'이라는 뜻이죠. 그러니까 이 문장은 '나의 친구인 건숙'이라는 사람이 있는데 자기는 이 사람만 못하다는 이야기죠. 이럴 경우 '신우건숙'이 하나의 구가 됩니다. 이때 '신우'(내 친구)와 '건숙'은 같은 사람입니다. 그렇기 때문에 동위, 즉 자리가 같은 것이 합쳐진 구라고 할 수 있습니다.

- 問之:"安所受策?" 對曰:"受之待詔者東郭先生."

다른 문장을 하나 더 볼까요? '문지'(問之)라고 하면 그에게 물었다는 말이죠. '안소수책'이 질문한 내용입니다. '안'(安)은 '어찌'라는 뜻의 부사인데, 여기서는 '어디'라는 뜻이죠. '소'는 장소를 의미합니다. 어떤 사람이 자기 임금에게 계책을 말했는데, 임금이 누구에게서 그런 방략을 받았는지를 묻고 있는 겁니다. 이게 '안소수책'(安所受策)이라는 질문입니다. 대답하기를[對曰], '대조자 동곽선생에게서 받았다'고 합니다. '수지'(受之)는 받았다는 말이고, '대조자'(待詔者)는 '조서를 기다리는 자'라는 뜻인데, 다시 말해 임금이 등용하기 위해 불러 놓은 사람을 말합니다. 그 사람이 곧 동곽선생이죠. 그러니까 지금 '임금의 조서를 기다리고 있는 동곽선생'이라는 사람에게서 그 방략을 받았다고 대답을 하는 겁니다. 여기서도 '대조자'와 '동곽선생'이 합쳐져서 '대조자동곽선생'이라는 구를 형성하는 겁니다.

■ 母王夫人, 在壁後聽之.

또 한 가지 예를 들어 보죠. 예문에서 '모왕부인'(母王夫人)이 하나의 구입니다. '모'(母)는 '어머니'죠. '왕부인'은 성이 왕씨인 부인입니다. '모'(어머니)가 바로 왕부인인 거죠. 해석하면 '어머니 왕씨 부인'이라는 뜻이 되죠. 이 사람이 '벽 뒤에서'[在壁後] '그 말을 들었다'[聽之]라는 말입니다. 이 경우도 '모'와 '왕부인'이 동위관계로 연합된 것입니다.

접속관계로 연합된 것

둘째, 접속관계로 연합된 것이 있습니다. 가령, '검고 희다'라고 하면, '검다'와 '희다'를 접속시켜서 한 말이죠. 이건 명사에 있어서도 마찬가지입니다. 예문을 보면서 설명드리겠습니다.

■ 瞽瞍象喜.

'고수'(瞽瞍)와 '상'(象) 모두 사람 이름입니다. 해석하면 '고수와 상이 기뻐했다'라는 뜻이죠. 이때 고수와 상이라는 사람 이름 둘이 접속관계로 연합된 것입니다. 아시는 분은 아시겠지만, 고수는 그 유명한 순(舜)임금의 아버지입니다. 훌륭한 아들을 두고도 아들이 훌륭한 줄 모른다고 해서 '소경'이라는 뜻의 '고수'라고 이름이 붙었다고 하죠. 그리고 상은 고수의 아들이자 순의 동생입니다. '고수상'은 이 두 개의 고유명사를 한데 연합시킨 연합구입니다.

■ 太史公曰 : "予觀春秋, 國語."

'태사공'은 『사기』(史記)를 지은 사마천(司馬遷)입니다. 태사공이 "나는[予] 『춘추』(春秋)와 『국어』(國語)를 보았다[觀]"라고 말했다는 뜻이죠. '관'(觀)은 보았다는 뜻이고, '춘추'와 '국어'는 책의 이름입니다. 여기서 '춘추, 국어'가 두 개의 고유명사가 연합한 구가 되겠습니다.

수식관계로 연합된 것

형용사나 부사로 수식을 하고 있는 관계로 연합된 구가 있습니다. 이런 구를 형용관계와 한정관계로 나누어 볼 수 있는데요. 예문을 보죠.

- 重華父曰瞽瞍.

'중화'(重華)는 바로 순(舜)을 말합니다. 문장은 '순의 아버지는 고수다'라는 뜻이죠. '중화부'(重華父)에서 '부'는 명사고, '중화'는 '부'를 형용하고 있는 말이죠. 이때 '중화부'가 수식관계 중에서 형용관계로 이루어진 구입니다.

- 攝行天子事.

'섭행'(攝行)이라는 것은 '대신 행했다'는 말입니다. '천자사'(天子事)는 '천자의 사무'라는 말이죠. '천자'가 '사'를 수식한 겁니다. 사무 중에서도 천자가 하는 일이라는 뜻으로 한정하고 있는 거고요. 수식관계 중에서 한정관계로 이루어진 구라고 할 수 있습니다.

- 文以五月五日生.

이 문장에서 '문'(文)은 사람의 이름입니다. 문이라는 사람이

5월 5일에 출생했다는 말이죠. 여기서 '이'(以)는 전치사입니다. 전치사가 붙어서 '5월 5일에'라는 말이 되었죠. '이오월오일'이 하나의 구가 되는 겁니다. '이'(以)가 붙어서 한정을 해주고 있고요.

■ 項梁大破秦軍於東河.

'항량'(項梁)은 사람 이름입니다. 문장에서는 주어가 되겠습니다. '대파'(大破)는 '크게 격파하였다'는 말로 술어입니다. '진군'(秦軍)은 진나라 군대죠. 일반적으로 외국어 공부할 때 목적어라고 하는 것을 한문에서는 객어(客語)라고 합니다. '항량대파진군'까지, 주어, 술어, 객어로 이루어진 하나의 문장입니다. 뒤에 '어동하'(於東河)는 보어라고 하죠. 어디에서 격파를 했는지를 한정해 주고 있는 말입니다. 바로 '동하'라는 곳에서 대파를 했습니다. 명사에 전치사가 붙어서 '어동하'가 하나의 구가 된 겁니다.

앞에서 '이오월오일'(以五月五日)이 '5월 5일에'라는 뜻이라고 말씀드렸죠. 그런데 '이'(以)라는 전치사는 '이차'(以此)처럼 쓰기도 합니다. '이차'는 '이것으로'라는 뜻이죠. 가령 '이차유명'(以此有名)이라는 말은 '이것으로 유명하다'라는 뜻입니다. '이'와 '차'는 각각 하나의 사지만, 이럴 때에 '이차'가 그대로 하나의 구가 되는 겁니다. '어시'(於是)라는 말은 '여기에서'라는 뜻입니다. 이때 '여기'라고 하는 것은 시간 또는 공간을 다 말할 수 있습니다. 가령 '일이 다급하게 되어 어시에 일어나서 뛰어갔다'라고 하면,

여기서 '어시'는 '이때에'라는 뜻이 되는 겁니다. 또 '유시'(由是)라는 말도 있죠. '이로 말미암아'라는 뜻입니다. '어시'와 '유시' 모두 하나의 구가 되는 겁니다.

부속관계로 연합된 것

부속관계라고 하는 것은 a와 b로 이루어진 구에서 한쪽은 형용사나 동사 등의 자립사이고, 다른 한쪽은 이 자립사에 부속된 사일 경우를 말합니다. '소'(所)나 '자'(者)와 같은 글자와 연합해서 명사구를 형성하는 것인데요. 먼저 '자립사'라고 하면 독립된 사라는 뜻이죠. 가령 앞에서 '이차'(以此)나 '어시'(於是) 같은 말을 보았는데, 이럴 경우, '이'(以)나 '어'(於) 같은 말은 독립해서 말이 되지 않습니다. 반드시 '차'(此)나 '시'(是)와 같은 명사가 붙어야만 구실을 할 수 있단 말이죠. 이럴 경우, '이'나 '어'는 자립사라고 할 수 없는 겁니다. 아무것도 붙지 않아도 그 자체로 말이 되어야 '자립사'라고 할 수 있고요. 동사나 형용사, 명사 같은 것들이 '자립사'입니다. 그런데 이런 자립사에 부속 역할을 하는 '소'(所)나 '자'(者)가 붙을 경우 명사구가 형성됩니다.

■ 耕者讓畔, 行者讓路.

예문에서 '경'(耕)은 '밭을 간다'는 뜻입니다. 여기에 '자'(者)가 붙어서 '밭가는 사람', '농사짓는 사람'이라는 명사구가 됩니다. '경' 자 대신 '언'(言) 자가 붙으면 '말하는 사람'이 되죠. '양'(讓)은 양보한다는 뜻이고 '반'(畔)은 땅의 경계를 말합니다. 보통 농사짓는 사람은 땅의 경계를 가지고 다투기 마련인데, 정치를 잘하니까 농사짓는 사람이 서로 경계를 양보한다는 뜻입니다.

'행자양로'(行者讓路)는 '다니는 사람은 길을 양보한다'는 뜻이죠. '행자'(行者)가 '길 가는 사람', '다니는 사람'이라는 명사구입니다. 보통은 서로 먼저 가려고 야단이죠. 자동차를 타면 양보도 안 하고 들이밀고 합니다. 하지만 정치가 잘된 평화로운 때에는 길 가는 사람들이 서로 길을 양보한다는 말입니다. 이 문장에서 '경자', '행자'는 동사에 부속되는 말인 '자'(者)가 붙어서 하나의 구를 이루고 있습니다.

■ 言之者無罪, 聽之者以爲戒.

여기서는 '언지자'와 '청지자'가 하나의 구입니다. '언지자'는 '그것을[之] 말하는[言] 사람[者]'이라는 뜻인데, '자'(者) 자가 없이 '언지'(言之)라고만 하면, '그것을 말하였다'라는 문(文)이 됩니다. '언'이 술어가 되는 거죠. 그런데 '자'(者)가 붙으면서 구가 된 겁니다. 예문은 '그것을 말하는 사람은 죄가 없다'는 뜻이고요. 그다음 '청지자'도 마찬가지죠. '그 말을 듣는 사람'이라는 명사구입니다. '그 말을 듣는 사람은 그것으로 경계를 삼는다'는 말입니다.

■ 所見不如所聞.

'견'(見)은 본다는 말인데, 이 앞에 '소'(所) 자를 붙이면 '본 것'이 됩니다. '소문'도 마찬가지죠. 듣는다는 뜻의 동사 '문'(聞)에 '소'(所) 자가 붙으면 '듣는 것'이 됩니다. 그러니까 '소'가 동사 앞에 붙어서 명사구를 형성하는 겁니다.

3장 _ 한문의 기본구조

이번 시간에는 한문 문법 가운데에서 가장 중요한 한문의 기본 구조에 대해서 말씀드리겠습니다. 지난 시간까지 말씀드린 것도 중요하고, 앞으로 나올 품사에 대한 내용들도 중요하지만, 그에 앞서 문장이 어떻게 구성이 되느냐가 무엇보다 중요하다고 할 수 있습니다.

문장이라고 하는 것은 설명이나 서술을 하는 것을 말합니다. 그래서 일반적으로 문장은 주어+술어로 구성된다고 말하죠. 가령 '사람이 산다'라고 할 때, '사람'이 주어가 되는 거고, '산다'가 술어가 됩니다. 술어 자리에는 '말한다', '걸어간다' 같은 말들이 들어가겠죠. 그런데 한문에서는 주어가 생략되는 경우가 상당히 많습니다. 주어가 꼭 있어야 하지만, 한 번 주어가 나오면 그다음에는 생략하는 경우가 많죠. 그래서 한문에서 문(文)을 형성하는 데 있어 가장 중요한 것이 술어로, 문의 기본이 술어라고 해도 되겠습니다. 술어라고 하는 것은 명사나 대사(代詞, 대명사) 같은 것들로 되는 경우도 있습니다만, 보통 동작, 변화, 상태 같은 것들을 나타내는 형용사나 동사가 주를 이루는데요. 이런 술어를 구성하는 술어성분에 대해서 알아보겠습니다.

술어성분

문이라는 것은 반드시 술어를 가지고 있어야 하기 때문에, 몇 개의 사(詞)가 연결되더라도 문이 되지 않는 경우도 있고, 하나의 사만으로 문이 성립되기도 합니다. 가령 어른이 부를 때, "네"라고 대답을 하면 그 한 마디로도 문이 되는 겁니다. 이렇게 사 하나로 문이 형성된다고 할 때, 그것이 술어성분이 되는 겁니다. 그런데 아무 말이나 하나의 사로 문장이 되는 것은 아니죠. 어떤 국한된 범위 안에서 쓰일 때만 문장이 되는데요. 가령 누군가를 부르는 '호창'(呼唱)이나 질문에 대답을 하는 경우가 있습니다.

■ 舜曰:"棄!"

누군가를 부르는 호창의 경우에 하나의 사만으로도 문장이 구성됩니다. 예문을 보면, '순'(舜)은 사람 이름이고, '왈'(曰)은 말한다는 뜻이죠. '기'(棄) 역시 사람 이름으로 고유명사입니다. 해석하면 '순이 말했다 : "기야!"'라는 뜻인데요. 이때, 이 '기'(棄)라고 하는 말 자체가 술어가 되는 겁니다.

■ 對曰 : "群盜".

이 문장에서는 '군도'(群盜)가 술어고 그 자체로 문(文)이 됩니다. '군도'에서 '군'은 '무리', '여럿'이라는 말이죠. '도'는 '도둑'입니다. 우리말로 '군도'는 '도둑들'이라는 말이고요. '대왈'(對曰)은 '대답하기를'이라는 뜻입니다. 이게 무슨 말인가 하면, 가령 문밖이 떠들썩하단 말이죠. 그래서 방에 있는 사람이 불안해서 마당에 있는 사람에게 저게 무슨 소리냐고 물었을 것 아닙니까? 그때 밖에 있는 사람이 대답하기를 "도둑놈들입니다"라고 하는 거죠. 이렇게 '군도'라는 하나의 사가 술어가 되는 겁니다.

■ 王笑曰 : "癡".

판단을 내리는 경우에도 하나의 사가 문이 되는 경우가 있습니다. '예', '아니요'라고 하는 것도 하나의 문이 되는 겁니다. 다시 말해 술어가 되는 거죠. 예문을 보면, '치'(癡) 자는 '어리석을 치'인데요. 가운데에 '알 지'(知) 자를 쓰는 치(痴)와 같은 글자입니다. 안에 '의심할 의'(疑)를 쓰든 '알 지'(知)를 쓰든 마찬가지입니다. 둘 다 어리석다는 뜻이고요. 위의 예문을 해석하면, '왕이 웃으면서 말했다 : "어리석다"'라는 말이죠. 이때, '치'(癡)라는 사 하나가 술어가 된 겁니다.

보조성분

위에서 살펴본 사 하나를 가지고서 문장이 되는 경우는 아무것도 붙지 않은 뼈만 남은 말입니다. 하지만 말이라고 하는 것은 그렇게 간단하지는 않습니다. 가령 뿌리와 솟아오른 줄기만 나무가 아니죠. 이리저리 뻗어 나간 가지에 잎도 달려 있고, 꽃도 피고 그늘도 지고 하는 것이 다 나무죠. 말도 마찬가지입니다. '왔다'라는 말이 있으면 여기에 누가 왔는지, 어디서 왔는지 등등의 여러 가지 내용이 붙죠. 지금부터는 이렇게 술어에 붙는 보조성분들을 살펴보겠습니다.

　가령 '검다', '푸르다', '간다', '온다'와 같은 술어들이 있다면 그것을 한정시켜 주는 보조성분이 있습니다. '온다'라고 하면 빨리 오는 것도 있고, 느리게 오는 것도 있습니다. 이때 '빨리', '느리게'와 같은 부사가 술어 앞에 오는 한정어입니다. '책을 읽는다'라고 해도, '빨리' 읽을 수도 있고 '천천히' 읽을 수도 있죠. '큰 소리로' 읽거나 '작은 소리로' 읽을 수도 있습니다. 이런 말들이 부사의 역할을 하는데, 이런 말들은 우리말과 마찬가지로 동사 앞에 옵니다.

그런데 부정어는 다르죠. 우리말에서는 부정어가 보통 뒤에 옵니다. '먹지 않는다', '가지 않는다'와 같이 쓰죠. 물론 '안 먹는다', '안 간다'처럼 앞에 쓰는 경우도 있습니다. 하지만 한문에서는 부정어가 반드시 술어 앞에 옵니다. 마지막으로 어기사는 말하는 사람의 기분을 나타내는 소리입니다.

이렇게 술어를 가운데에 두고, 앞에는 한정어나 부정어가, 뒤에는 어기사가 붙는 식으로 술어 부분이 구성됩니다.

한정어 / 부정어 + **술어** + 어기사

하나씩 예를 들어서 살펴보겠습니다.

■ 甚善. ■ 良苦. ■ 信有. ■ 果然.

먼저 한정(限定)의 경우를 보겠습니다. 예문에서 뒤에 있는 글자들 '선'(善), '고'(苦), '유'(有), '연'(然)이 술어입니다. '선'은 '좋다', '고'는 '괴롭다', '유'는 '있다', '연'은 '그러하다'라는 의미죠. 그리고 그 앞에 있는 것이 한정어입니다. 그래서 '심선'(甚善)은 '매우 좋다', '량고'(良苦)는 '정말 괴롭다', '신유'(信有)는 '꼭 있다', '과연'(果然)은 '정말로 그러하다'라는 뜻입니다. '믿을 신' 자는 부사로 쓰일 때에는 '틀림없이', '꼭'이라는 뜻이 되고요. 이렇게 술어를 한정하는 부사가 보조성분 중 하나입니다.

■ 不然. ■ 勿捕. ■ 非牛非馬.

부정어에는 불(不), 물(勿), 비(非) 같은 말들이 있습니다. '연'(然)은 앞에서 보았던 것처럼 '그러하다'라는 뜻입니다. 앞에 '불'(不)이 붙으면 '그렇지 않다'는 뜻이 되죠. 술어가 '볼 견'(見)일 경우, '보지 않는다'라고 할 때에는 '불견'(不見)이 됩니다. 부정어는 반드시 술어 앞에 온다는 것을 기억해 두세요. 한문에서는 절대적입니다.

그다음 '물포'(勿捕)에서 '물'(勿)은 부정사 중에서도 명령형입니다. '~하지 말라'라는 뜻이죠. '포'는 '잡다', '체포하다'라는 의미입니다. 그러니까 '물포'라고 하면 '잡지 말라'라는 뜻이죠. 범인을 체포하지 말라고 할 때, 혹은 아이들이 들에 나가서 벌레를 잡는 걸 보고 '잡지 말아라'라고 할 때 나올 수 있는 말이죠. '물소'(勿笑)라고 하면 어떻게 되죠. '웃지 말라'라는 뜻이 됩니다. '기뻐하지 말라'라는 의미도 되고요.

'불'(不)과 '물'(勿)이 형용사나 동사를 부정하는 글자라면, '비'(非)는 명사를 부정합니다. '비우비마'(非牛非馬)라고 하면 '소도 아니고, 말도 아니다'라는 뜻이죠. 이때 '우'(牛)나 '마'(馬)는 명사지만 이때는 '소다', '말이다'라고 해서 술어가 되는 겁니다. '비'(非) 역시 술어 앞에 쓰여야 하는 거고요.

■ 天乎! ■ 君子哉! 若人! ■ 非人也, 鬼也.

어기사라는 것은 글자 그대로 말하는 기분을 표현하는 글자입니다. '호'(乎), '재'(哉), '야'(也) 같은 글자들이 어기사에 해당합니다. 예문을 보면, '천호'(天乎)는 '하느님이여' 하고 부르는 말입니다. '천'이라는 한 글자로도 '하늘'이라는 뜻이 되지만, '호'를 붙여서 '하느님이여!'라는 어조가 되죠. 그다음 '군자재'(君子哉)는 '군자'에 어기사 '재'가 붙어서 '군자로다', '군자답다' 같은 뜻을 나타냅니다. 이렇게 어기사를 넣지만, 이 글자 자체에는 아무런 뜻이 없습니다. 말하는 사람의 기분을 살리기 위해서 음절을 하나 더 넣는 것이죠. '약인'은 '그 사람이여!'라는 뜻으로 '군자재, 약인'이라고 하면, '군자답구나, 그 사람이여'라는 의미가 됩니다.

그다음 '비인야, 귀야'(非人也, 鬼也)에서 '비'(非) 자가 없으면 '사람이다, 귀신이다'라는 의미가 될 겁니다. 그러나 '비' 자가 있기 때문에 '사람이 아니다, 귀신이다'라는 뜻이 됩니다. '~이다'라고 쓸 때에 '야'(也)라고 하는 어기사가 붙습니다. 이렇게 어기사는 술어 뒤에서 술어를 보조하는 역할을 하고 있습니다.

보조성분의 병용

이렇게 보조성분에서 한정, 부정, 어기를 살펴보았는데요. 이 세 가지가 병용되기도 합니다. 문장에 따라 한정어만 쓰는 경우도 있고, 부정어만 쓰는 경우도 있습니다. 또 어기사만 쓰는 경우도 있지만 그것을 한꺼번에 다 겸해서 쓸 수도 있는 것입니다.

■ 不知也. ■ 殊不爾. ■ 太橫矣. ■ 必勿受也.

첫번째 예문 '부지야'(不知也)를 보시죠. '부지'(不知)는 '모른다'는 뜻이죠. '안다'[知]라는 동사에 부정사 부(不)가 붙었죠. 여기에 '~다'라는 뜻의 어기사인 '야'(也)가 붙었습니다. 앞에는 부정어, 뒤에는 어기사가 병용되었죠. 그다음 '수불이'(殊不爾)에서 '수'는 한정어로 '별로'라는 뜻입니다. '불'은 부정어고요. '이'(爾)가 '그러하다'라는 뜻의 술어입니다. 그래서 '수불이'는 '별로 그렇지 않다'라는 뜻이 되죠. 한정어와 부정어가 연이어 함께 쓰인 경우입니다. '태횡의'(太橫矣)에서 '태'는 '너무', '횡'은 '거칠다', '왈가닥이다'라는 뜻입니다. 끝에 붙은 '의'는 어기사고요. '너무 잘못되었다'라는 의미입니다. 이 경우에는 한정사와 어기사가 병용된 경우죠. 마지막으로 '필물수야'에서 '물수'(勿受)는 '받지 말아라'라는 부정 명령어입니다. '불수'(不受)가 되면 '받지 않는다'가 되겠죠. '필'은 '반드시'라는 뜻으로 '필물수'는 '반드시 받지 말라'라는 의미가 됩니다. 여기에 어기사 '야'(也)가 쓰인 것으로, 한정어, 부정어, 어기사가 모두 쓰인 경우입니다.

3부

품사

1장 _ 명사*

---

* 임창순 선생님의 '한문강좌' 중 품사를 강의한 내용 중 일부가 유실되었습니다. 명사에 대한 강의 전부와 대사 중 대사 일반에 대한 내용, 인칭 대사에 대한 내용이 유실되어 불가피하게 수록하지 못했습니다.

2장 _ 대사

지시대사

오늘은 대사의 세번째 시간으로 지시대사에 대해 이야기하겠습니다. 지시대사라고 하는 것은 어떤 일이나 물건 또는 장소 같은 것을 가리키는 말입니다. 우리말로는 '이것', '저것', '여기', '저기' 같은 말들이죠. 사람을 지칭하는 '이 사람', '저 사람' 같은 말도 지시대사입니다.

근지(近指)

근지는 가까운 것을 가리키는 말입니다. 위에 예로 든 것들이 대표적이죠. '차'(此), '시'(是), '사'(斯), '자'(茲) 외에 다른 글자가 없는 것은 아닙니다만, 가까운 것을 가리키는 데는 이 글자들이 주로 쓰입니다. 이 글자들은 문장의 구성에서 주어, 술어, 객어, 보어, 수식구 등에 다 쓰입니다.

■ 文公曰 : "此介子推也".

문장 구성별로 예를 들어 보겠습니다. 우선 주어로 쓰이는 경우를 볼까요? 이 문장에서 '문공'(文公)과 '개자추'(介子推)는 사람을 가리키는 말입니다. '차'(此)는 '이것'이라는 뜻인데, 여기서는 '이 사람'이라는 뜻이죠. 해석을 하면 '문공이 말하기를 "이 사람은 개자추일 것이다"'라는 뜻이 됩니다. 개자추라는 사람이 진(晉) 문공을 따라다니면서 충성을 바치고 공을 세웠는데, 나중에 그 공을 보상받지 못하고 무시를 당했죠. 그래서 산속으로 숨어 버렸는데, 그 사정을 아는 어떤 사람이 개자추의 이야기를 노래로 지어서 유포를 시켰습니다. 그 노래를 듣고 문공이 한 말이 위의 예문입니다. '아차, 내가 잊고 있었다. 이 사람은 개자추일 것이다'라는 뜻이죠. 이때, 대사인 '차'(此)가 주어로 쓰이고 있습니다.

■ 曰 : "使衛亂, 乃此也".

그다음 문장을 보죠. '사위란, 내차야'에서 '사'는 사역형을 뜻하죠. 위(衛)는 나라 이름입니다. 그러니까, '사위란'은 '위나라를 혼란에 빠지게 한 것은'이라는 뜻이고, '내차야'는 '바로 이 사람이다'라는 뜻입니다. 여기서 '차'는 '이 사람이다'라는 뜻으로 술어입니다.

■ 曰 : "讀此, 則爲王者師矣".

다음 객어로 쓰인 경우를 보죠. '독차'(讀此)는 '이것을 읽는다'는 뜻이죠. 지시대사인 '차'가 '독'이라는 동사의 객어로 쓰였습니다. 이것을 읽으면 '왕이 될 사람[王者]의 스승[師]이 될 것'이라고 하죠. 어떤 책을 주면서 이 책을 잘 읽으면 왕이 당신을 스승으로 삼을 것이라는 말을 하고 있는 겁니다.

이 말은 옛날 한나라 고조 유방의 책사가 된 장량(張良)이라는 사람에 관한 이야기에서 나온 말인데요. 어느 날 장량이 다리를 지나가는데 수염과 머리가 허연 초라해 보이는 노인이 자기 신발을 다리 아래로 떨어뜨리는 겁니다. 그러고는 장량을 보고 다리 아래 떨어진 신발을 주워서 가져다 달라고 하죠. 당시 장량은 천하를 경영하겠다는 생각을 가지고 있어서, 이 늙은이를 주먹으로 한 대 때려 줄까 하는 생각을 했는데, 그래도 노인이 불쌍해서 신발을 가져다주었단 말이죠. 그러자 노인은 신을 발에 신겨 달라고까지 하고, 장량은 그렇게 합니다. 그러면서 장량은 이 노인이 보통 사람이 아닌 것 같다고 느끼고, 노인도 젊은이가 쓸 만하다고 내일 다시 이 다리로 오라고 하죠. 그래서 이제 세 번이나 거기를 가서 노인을 만났는데, 마지막에는 책을 하나 주면서 위에 예로 든 말을 합니다. '독차, 즉위왕자사의'라고요.

　　이 노인은 '황석공'(黃石公)이라는 이름으로만 알려져 있죠. 장량에게 "네가 나중에 곡성이라는 산을 지날 때에 거기 누런 돌이 있을 텐데, 그게 바로 나다"라고 해서 황석공이라고 부르고, 이때 장량이 받았다고 하는 책은 『황석공소서』(黃石公素書)라고 하는데, 전술, 전략을 이야기한 병서(兵書)라고 합니다. 지금까지 이 제목으로 전해 내려오는 책들이 있는데, 물론 이 책들은 가짜입니다.

■ 平原君曰 : "今其人在是, 勝也, 何敢言事?"

　　보어로 쓰인 경우의 문장을 보죠. 평원군(平原君)이 하는 말이죠. '금기인재시'는 '지금[今] 그 사람이[其人] 여기에 있다[在是]'라는 뜻입니다. '시'(是)가 대사로 '여기'라는 뜻이죠. '있다'라는 말의 장소를 가리키는 보어로 지시대사가 쓰인 경우입니다. 그다음 '승야, 하감언사'에서 '승'(勝)은 평원군의 이름으로 스스로를 가리키는 말입니다. 그러니까 '승야, 하감언사'는 '자신이 어찌 감히[敢] 일을 이야기하겠습니까?'라는 말이죠. 누군가 어떤 일에 대한 대책을 물었는데, 자기보다 훌륭한 사람이 옆에 있는 겁니다. 그래서 자신은 더 훌륭한 사람 앞에서 감히 말을 할 수 없다고 이야기하는 상황입니다. 대사가 보어로 쓰인 경우였고요.

- 曰 : "斯人也, 而有斯疾也!"

다음으로 수식어로 쓰인 경우를 보겠습니다. '사'(斯)는 '이 것', 혹은 '이 사람'이라는 뜻이죠. '사인'(斯人)이라고 하면, '사'라는 지시대사가 '인'(人)을 수식하는 겁니다. '차인'(此人)이라고 써도 되고요. '이유사질야'에서 '사질'은 '이런 병'으로, 문장은 '이런 병이 있다니'라고 해석합니다. 이 말은 공자가 제자가 병이 들어 죽게 된 것을 가서 보고 한 말이죠. '아, 이렇게 훌륭한 사람이 이런 고약한 병에 걸렸다니'라는 뜻의 문장입니다. 여기서 '사인', '사질'이 지시대사가 수식어로 쓰인 경우죠. '사'(斯) 자만 이렇게 쓰이는 것이 아니고, '차인', '차질'처럼 쓸 수도 있습니다.

차와 시의 차이

가까운 것을 가리키는 지시대사 중에서도 '차'(此)와 '시'(是)가 많이 쓰이고 용법도 비슷한데, 두 글자 사이에는 약간의 구별이 있습니다. 가장 큰 구별점으로는 '차'는 '피'와 대조적으로 쓰이지만, '시'는 그렇게 쓰이는 예가 없다는 겁니다. 예컨대 맹자가 했던 말이 있는데요. 맹자가 어떤 이야기를 했더니 듣고 있던 제자가 "선생님. 전에 하시던 말씀하고 좀 다릅니다"라고 이야기를 했어요. 그때 맹자가 대답한 말이 "피일시야, 차일시야"(彼一時也, 此一時也)입니다. '저것도 한때고, 이것도 한때다'라는 뜻입니다. 그때와 지금은 다르다는 말이죠. 이렇게 '피'와 '차'가 대조적으로 쓰이는데, '차' 자리에 '시'를 쓰지는 않는다는 말입니다.

또 '차'는 '시'보다는 직접적이고 구체적인 것을 나타낼 때 씁니다. 그러니까 가령 사람이라든지 땅이라든지, 이렇게 눈에 보이는 것을 가리킬 때는 '차'를 쓰고, 시간적인 것처럼 눈에 보이지 않는 추상적인 것을 나타낼 때 '시' 자를 많이 씁니다. 그리고 '시'는 지시보다는 술어성분의 한정을 나타낼 때 쓰이는 경우가 많습니다. 다음 예문을 보면서 말씀드리겠습니다.

■ 襄子曰:"此必是豫讓也". ■ 客人不知其是商君也.

앞의 문장은 '양자(襄子)가 말하기를, 이것은 반드시 예양일 것이다'라고 해석할 수 있는데, 이때 '시'(是)는 '예양이다'라는 술어에 대해 한정을 내려 주는 것입니다. '~이다'라는 뜻을 갖는 불완전동사라고도 할 수 있고요. 두번째 문장에서도 '시'는 '~이다'라는 뜻으로 술어를 한정 짓는 역할을 하고 있죠. '객인(客人)이 그가 상군인 줄을[其是商君] 알지 못했다[不知]'는 뜻이죠. '상군'이 술어이고, '시'는 그 말을 한정해 주고 있습니다.

다시 정리하면, '이 차'(此) 자는 '피차'(彼此), 이것과 저것이라고 해서 상대적인 의미로 쓰이지만, '시'(是)는 '시비'(是非), '이것이다, 아니다'와 같이 되기 때문에 둘 사이에는 차이가 있습니다. 거의 같이 쓰입니다마는 '시' 자는 '~이다'라는 식으로 규정을 짓는 데 많이 사용한다는 점에서도 차이가 있습니다.

원지(遠指)

다음으로 원지, 먼 데 있는 것을 가리키는 대사를 보겠습니다. 원지는 직접지시와 간접지시 두 가지가 있습니다.

직접지시 : 彼, 夫

우선 직접지시는 '저것'이라고 직접 가리키는 것을 말하죠. '피'(彼) 자가 대표적입니다. 이 '피' 자는 앞의 근지에서의 '차'(此)와 같이, 주어, 술어, 보어, 수식구에 다 쓰이는 말입니다.

'피'(彼)의 쓰임

먼저 '피'(彼)의 쓰임에 대해 보겠습니다.

■ 籍曰 : "彼可取而代也".

예문에서 '적'(籍)은 한고조 유방과 맞서 싸웠던 항우의 이름입니다. 기운이 센 것으로 유명한데요. 항우가 어렸을 때, 진시황이 거창하게 거동하는 것을 보고서 한 말이 '피가취이대야'(彼可取而代也)입니다. "저걸[彼] 내가 빼앗아서 대신 저 노릇을 해야겠다"라고 말했다고 하죠. 이럴 때, 진시황의 거창한 행차를 가리키는 '피'(彼)가 주어로 쓰이고 있습니다.

■ 知彼知己.

그다음 문장은 지금도 "지피지기면 백전백승"이라는 말로 많이 쓰죠. 저쪽을 알고 나를 알면 백 번 싸워도 백 번 이긴다는 말입니다. 이때, '피'(彼)는 객어로 쓰였죠.

■ 去彼取此.

그다음 '거피취차'는 '저것을 버리고[去彼] 이것을 취한다[取此]'는 말인데, 이때도 역시 지시대사 '피'는 객어로 쓰였습니다.

『논어』에 보면, 공자가 어떤 사람에 대해 이야기할 때 '피재, 피재'(彼哉, 彼哉)라고 이야기한 적이 있는데, 이때 '피재, 피재'는 '아이고, 저거 저거'라고 해서 경멸의 의미를 담고 있는데요. 이때는 '피'가 술어로 쓰였습니다. 이렇게 '피'는 여러 문장성분으로 쓰이는 말입니다.

'부'(夫)의 쓰임

'피' 외에 직접 지시하는 말로 '부'(夫)라고 하는 자도 있습니다. 그런데 '부'는 '피'와 달리 주어, 객어 등에는 쓰지 못하고, 명사구와 병용해서 수식구를 만드는 데 많이 쓰입니다. 예문을 보죠.

■ 子曰:"是故惡夫佞者."

예문에서 '시고'(是故)는 '이렇기 때문에'라는 뜻이고, '오'(惡)

는 미워한다는 뜻이죠. '부영자'(夫佞者)에서 '부'는 '피'와 마찬가지로 '저'라는 뜻이고, '영자'는 말 잘하는 사람을 말합니다. '이래서 내가 저 말 잘하는 것들을 싫어한다'는 뜻이죠. 이때, '부'는 '영자'라는 말과 결합해서 수식구를 이루고 있습니다.

■ 故爲之說, 以俟夫觀人風者得焉.

다음 문장을 볼까요? '고위지설'(故爲之說)은 '이에 대한 이야기를 만들다'라는 뜻입니다. '사'(俟)는 기다린다는 말입니다. '부'(夫)는 여기서도 '저'라는 의미이고요. 그다음에 오는 '관인풍자'(觀人風者)는 '사람의 풍속을 보는 사람'이라는 뜻인데, 조금 어렵죠. 사람들의 풍속을 살피는 일을 하는 사람은 지방행정관리입니다. 우리로 치면 도지사 같은 사람이라고 할까요? 이런 지방의 관리들은 그 지방 사람들의 생활과 습관, 풍속 같은 것을 보면서 정치를 해야겠죠. 그래서 '관인풍자'는 지방관리를 말합니다. '이야기를 써서'[故爲之說] '저 지방관리들'[夫觀人風者]이 알기를[得] 기다린다[俟]는 뜻이 되죠.

이 말은 당나라 때 유종원(柳宗元)이라는 사람에게서 나온 말입니다. 유종원이 어떤 지방에 갔더니 모두 가난하고 못살아서 아침저녁으로 세무 관리한테 쩔쩔 매고 있었던 거죠. 그런데 어떤 특별한 직업은 세금을 면제받았다고 하죠. 그중에 독사 잡는 일이 있습니다. 독사를 잡아서 나라에 공물로 바치는 사람에게는 세금을 면제해 주었다고 합니다. 그래서 유종원이 어느 날 뱀 잡는 사람에게 가서, "그거 재미있소?"라고 하니까, 그 뱀 잡는 사람이 눈물을 줄줄 흘리면서 자기 할아버지도 뱀 잡다가 돌아가셨고, 아버지도 뱀 잡다가 죽었다고 하는 겁니다. 자기도 뱀 잡기 시작한 지 얼마 되지 않았지만, 죽을 뻔하기를 여러 번 했다는 거죠. 그러니까 유종원이 그렇게 위험한데 왜 그 일을 하고 있냐고 묻죠. 뱀잡이는 세금이 뱀에 물려 죽는 것보다 더 지독하다고 이야기합니다. 유종원이 이런 사정을 글로 써서 지방행정하는 사람들이 알기를 바랐다는 것이 위에 예로 든 문장이죠.

'피'(彼)라고 하는 글자는 '저것'이라는 가치가 분명합니다. 그런데 이 '부'(夫)라고 하는 글자는 그렇게 가리키는 대상이 분명하지 않습니다. 말을 할 때, '저~', '그~' 식으로 말을 시작할 때 쓰기도 하는 말입니다. 꼭 뭐라고 가리키는 말이 아니죠. 그렇기 때문에 지시대사이긴 하지만 지칭하는 의미가 조금 약합니다.

또 이 '부' 자는 '부자'(夫子)라고도 쓰죠. 선생님을 일컫는 말입니다. 그런데 이 말의 처음 출발은 '그분', '그 어른' 정도로 번역할 수 있는 남자의 미칭이었습니다. '부인'(夫人)이라는 말도 마찬가지죠. '그 사람', '그이' 정도의 의미로 여자에 대한 경칭이었는데, 나중에 남의 아내를 높여 부르는 말이 되었죠.

지금까지 우리나라 사람들은 '부'(夫)를 '무릇'이라고 번역을 했습니다. 가령 '부천지자, 만물지역려'(夫天地者, 萬物之逆旅)라는 문장이 있으면, '무릇 천지라고 하는 것은 만물이 잠깐 왔다가 여관처럼 거쳐 가는 것이다'라는 식으로 옮겨 왔죠. 그런데 이 '부'는 대사입니다. 그래서 위의 문장은 '저 천지라고 하는 것은 ~' 식으로 번역을 해야 합니다. '부'는 '무릇' 같은 의미가 아니죠.

간접지시 : 其(厥), 之, 焉, 諸, 旃

계속해서 간접지시에 대한 내용을 보겠습니다. 간접지시라는 것은 말하는 사람이 이미 직접지시한 것을 다시 간접적으로 지시하는 것을 말합니다.

'기'(其)의 쓰임

간접지시어로는 '기'(其)가 대표적입니다. 인칭대사에서 삼인칭 대사로 쓰기도 하는 글자죠. 또 '궐'(厥) 자도 쓰는데, 옛날에 썼던 글자고요. 그 밖에도 '지'(之), '언'(焉), '저'(諸), '전'(旃) 같은 글자들이 있습니다. 그러나 주로 쓰는 것은 '기'(其)와 '지'(之)입니다. 두 글자도 쓰는 것이 조금 다른데, '기'(其)의 쓰임부터 하나씩 말씀을 드리겠습니다.

■ 登彼西山兮, 采其薇矣.

예문을 보겠습니다. '등'(登)은 '오른다'는 말이죠. '피서산'(彼西山)은 '저 서산'이죠. '혜'(兮)는 아무 뜻이 없는 어기사입니다.

'채'는 채취한다는 말이고, '기'(其)는 '그', '미'(薇)는 고사리입니다. '의'(矣) 역시 어기사고요. 그러니까, '저 서산에 올라서 그 고사리를 캔다'는 말인데, 이 문장에 직접지시와 간접지시가 다 나왔죠. 앞의 '피'는 직접지시죠. 지금 보이는 '저' 서산을 가리키는 말입니다. 그리고 '기'(其)는 간접지시입니다. 지금 말한 서산을 간접지시한 거죠. '그 고사리'[其薇]는 조금 전 언급한 '그 서산에 있는 고사리'라는 뜻입니다.

또 가령 어떤 사람의 이야기를 들었는데, 그 사람을 직접 보지는 못했다고 할 때, '그 사람'[其人]이라고 하면 이 역시 간접적으로 지시하는 것입니다.

그런데 이 '기'는 단독으로는 문의 성분이 되지 못하고 다른 사와 병행되어 구를 형성합니다. '내가 그곳에 간다'라고 했을 때, '아왕기'(我往其)라는 식으로는 문장이 되지 않습니다. '기'가 독립적으로 그것, 혹은 그곳이라는 지시를 나타내지 못하기 때문에 그렇습니다. 그래서 반드시 다른 사가 붙어야 합니다. 가령 '아왕기처'(我往其處), '아왕기소'(我往其所)와 같이 그다음에 명사가 와야 '기'가 구실을 제대로 할 수 있습니다. 수식형으로 쓰여야 하는 거죠. '그 가르침'[其敎], '그 말씀'[其言], '그 다음날'[其明日], '그 여러 형제'[其諸昆弟]와 같이 구를 이루어서 써야지 단독으로는 문장성분이 되지 못합니다. '피'(彼)나 '차'(此)와는 다르죠. 피나 차는 그 한 자만 가지고도 문장성분이 된다고 앞에서 말씀을 드렸죠. '저것을 버리고, 이것을 취한다'고 할 때, '거피취차'(去彼取此)는 되지만 '거기취차'(去其取此)는 안 됩니다. 그것을 보았다 할 때도 '견기'(見其)라고 할 수 없고, '그가 온다'를 '기래'(其來)라고 쓸 수도 없습니다. 주어, 술어, 객어, 다 안 된다는 말이죠.

■ 秦王恐其破璧也, 乃辭謝.

예문을 볼까요. '진왕'은 진나라 왕이고요. '공'(恐)은 '두려워하다'입니다. 뭘 두려워했냐 하면, '기파벽야', '그가 벽을 깨뜨릴까' 두려워했다는 말이죠. 여기서 '벽'(璧)은 귀한 옥입니다. 보물이죠. '사사'(辭謝)는 '사과하다'라는 의미입니다. 보물 옥을 깨뜨릴까 두려워서 마침내[乃] 사과를 했다고 합니다. 여기서 '기'(其) 자는 어떤 사람을 지칭하는 겁니다. 여기서는 '기'가 마치 주어처럼 보이기도 하지만, '파벽'과 붙어서 구를 이루고 있다고 볼 수 있습니다.

■ 子路曰 : "食其食者不避其難".

다음 문장은 공자의 제자 자로(子路)가 한 말이죠. '식기식자'(食其食者)는 '그 밥을 먹는 자'라고 할 수 있는데, 무슨 말일까요? 요새로 말하면 '그 사람의 월급을 받아 먹는다'라는 뜻입니다. 옛날로 말하면 그 사람의 녹을 받다, 즉 어떤 임금의 신하가 되었다는 말이죠. 이렇게 신하가 되면 그 임금이 환난을 당할 때 자기만 피하지 않고 희생적으로 충성을 다해야 한다는 말입니다. 이 문장에서 '기'가 두 번 나왔는데, 똑같이 임금을 지칭하는 겁니다. 이렇게 '기'를 살펴보았는데요. 앞의 예문에서처럼 '기'가 단독으로 쓰이는 것처럼 보일 때도 있습니다만, 원칙적으로 기는 단독으로 문장의 성분이 되지 못한다는 점을 기억해 두시기 바랍니다.

'궐'(厥)은 '기'(其)의 고형(古形)입니다. 옛날 상고시대, 즉 중국의 『시경』이나 『서경』 같은 책에서 '기' 대신 쓴 글자로 후대에는 쓰이지 않습니다. 옛날에는 기나 궐이 같은 말이었을 겁니다. '厥功'(그의 공), '厥罪'(그의 죄), '厥父'(그의 아버지) 같은 식으로 옛날에 썼습니다.

우리말도 시간이 흐르면서 많이 달라졌죠. 지금은 쓰지 않는 말이지만, 제가 어렸을 때는 다른 사람을 좋지 못하게 말할 때, '골자'라고 했습니다. 또 어떤 여자를 낮잡아 지칭할 때도 '골녀'라고 했고요. '궐자', '궐녀'가 변한 말들입니다. 또 '골공'이라는 말도 썼고요. 지금은 그런 말이 없어졌죠. 옛날에는 남을 좋지 않게 말할 때, '궐'이 변한 '골' 자를 붙여서 불렀습니다.

'지'(之)의 쓰임
'지'(之)는 그 성격이 '기'(其)와 같죠. 성격은 '기'와 같은데, 문장의 위치에서는 반대가 됩니다. '지'는 주로 객어에 쓰입니다. '기'는 뒤에 명사가 붙어야 하는데, 이 '지'는 앞에 동사가 붙어야 합니다. 지는 수식어로 안 돼요. '지자'(之者), '지인'(之人) 같은 말은 잘 쓰지 않습니다. 이 말들을 쓴 곳이 있기는 하지만, 특별한 경우로 일반적인 문법에는 해당하지 못합니다. '견지'(見之, 그것을 보았다), '문지'(聞之, 그것을 들었다), '지지'(知之, 그것을 안다)와 같이 객어로 주로 쓰이죠. 또 '지'(之)는 '인'(人), '사'(事), '물'(物)에다 쓰입니다. 가령 '대지'(待之) 같은 경우는 어떤 일을 기다리는 것일 수도 있고, 사람을 기다리는 것일 수도 있습니다.

객어라고 하는 것은 타동사 다음에 옵니다. 자동사에는 객어가 없습니다. 대신 보어가 있죠. 타동사는 동작하는 대상이 있는 거죠. 가령 '본다'라고 하면 '영화를 본다', '책을 본다', '친구를 본다'처럼 보는 대상이 있어야 합니다. 그래서 '아들을 가르친다'라고 하면 '교자'(敎子), '제자를 가르친다'라고 하면 '교제자'(敎弟子)라고 해야 하는데, 아들이나 제자를 쓰지 않고 그냥 '가르친다'라고 할 때 '교지'(敎之)라고 해서 '지' 자를 객어로 씁니다. '안다'라고 할 때에도, 영어를 알든 지리를 알든 해야 하는데, 그냥 막연하게 '안다'라고 써야 할 때 '지지'(知之)라고 쓰면 되는 거죠. 그러니까 타동사에 객어로 명사가 오지 않을 때는 반드시 대사인 '지'(之)가 오게 된다는 말입니다.

하지만 타동사라 하더라도 부정어일 경우에는 객어인 지가 생략됩니다. '알지 못한다'[不知], '듣지 못했다'[不聞], '청하지 않는다'[不請]와 같이 부정어일 경우에는 '지'가 들어가지 않고, 부정어가 아닐 경우에는 반드시 명사나 '지'가 들어가야 한다는 겁니다. 그런데 후대의 문장 중에는 잘못되어서 가령 '안다'라고 했을 때, '지'(知) 한 글자만을 쓰는 경우가 간혹 있습니다. 이건 잘못된 겁니다. 가령 『논어』나 『맹자』 같은 옛날 문장을 보면 반드시 '지지'(知之)라고 되어 있지 '지'(知)라고만 되어 있는 경우가 없습니다.

이렇게 '기'(其) 자와 차이가 있는 '지'(之)의 용법에 대해 말씀을 드렸는데, 이 '지'의 위치가 좀 다르게 쓰인 경우도 있습니다. 예를 들면 '부지지'(不之知)라고 쓰는 경우가 있습니다. '안다'는 '지지'(知之)라고 쓰고 '모른다'는 '부지'(不知)라고 써야 합니다. '부지'(不知)에 '지'(之)가 붙더라도 '부지지'(不知之)라고 써야 할 텐데, '지'(之)가 가운데로 들어왔죠. 이런 경우는 '지'(之)를 강조하기 위해서 순서를 바꾼 겁니다. 또 '탈지군'(奪之軍)이라고 쓰면 '그의 군대를 빼앗았다'라는 뜻인데, 여기에는 '기'(其) 자가 들어가서 '탈기군'이 되어야 하는데, '기' 대신 '지' 자가 들어갔습니다. 또 '그 사람'[之人], '그 새'[之鳥]라고 쓰는 경우가 있는데 이 경우 '지'가 수식어로 쓰인 겁니다. 이런 예외도 있다는 것을 말씀드리는 거고요. 하지만, 여기서는 지금 일반적인 내용을 강의를 하고 있는 것입니다.

'언'(焉)의 쓰임

다음으로 '언'(焉)이 대사로 쓰이는 경우를 보겠습니다. '언'은 말 끝에 쓰는 어기사입니다. 아무 의미가 없습니다. 그러나 이 글자가 동사 다음에 올 때에는 '지'(之)와 같이 대사 구실을 합니다.

■ 文王之囿, 方七十里, 芻蕘者往焉, 雉兔者往焉.

'문왕지유'에서 '유'(囿)는 우리로 치면 비원(秘苑) 같은 겁니다. 창덕궁 뒤에 비원이 있죠. 그런 걸 '유'(囿)라고 합니다. 이 '유'가 '사방 칠십 리'[方七十里]라고 하네요. '추요자'(芻蕘者)에서 '추'는 소나 말을 먹이는 풀이죠. 꼴이라고도 합니다. '요'는 땔나무입니다. 그래서 '추요자'는 꼴 베고 나무하는 사람이라는 뜻이죠. 그다음 '치토자'(雉兔者)에서 '치'는 꿩, '토'는 토끼입니다. 그럼 '치토자'는 꿩 잡고 토끼 잡는 사냥꾼을 말하겠죠. 그러니까 문왕의 정원이 사방 칠십 리나 되지만, 임금이 자기만 쓰는 게 아니라 서민들도 그곳에 왔다 갔다 할 수 있게 했다는 거죠. '왕언'(往焉)은 '거기에 간다'라는 뜻이고, 이때 '언'(焉)은 '그곳'이라는 대사로 쓰이고 있습니다. '지'(之)와 마찬가지로 쓰이는 말이죠.

'지'(之)의 합용자(合用字)

합용자라고 하는 건 두 글자를 합해서 쓰는 글자입니다. '제'(諸)는 많이 쓰는 글자죠. '제군'(諸君)이라고 할 때 쓰는 말입니다. 그런데 '제'라고 읽지 않고 '저'라고 읽는 경우가 있습니다. '지여'(之與) 혹은 '지어'(之於)를 합한 글자이기 때문에 줄여서 '저'라고 읽습니다. '지'가 '그것'이라는 뜻인데, '지'를 쓰지 않고, '저'(諸) 자를 써서 표시하는 거죠. 예문을 보면서 설명을 드리겠습니다.

■ 雖欲勿用, 山川其舍諸(之與)?

첫번째 예문은 『논어』에 있는 말입니다. 글자 그대로 새기면, '수욕물용'(雖欲勿用)은 '쓰지 않으려 한들'이라는 뜻이죠. '산천기사저'(山川其舍諸)에서 '기'(其)는 '어찌'라는 뜻이고, '사'(舍)는 여기서는 '버린다'라는 뜻입니다. '산천이 어찌 버리겠는가?'라고 새길 수 있는데, 마지막에 저(諸)는 앞서 말씀드린 대로 '지'(之)와 '여'(與)가 합쳐진 말입니다. '지'는 '그것'이고요. '여'는 의문형을 만드는 글자입니다. 가령 '사여'(舍與)라고 하면 '버리는가?'가 됩니다. '구여'(求與)라고 하면 '구하는가?'가 되고요. 그래서 이 문장에서 '사저'(舍諸)는 '사지여'(舍之與)로 '그것을 버리겠는가?'가 되죠.

■ 道在邇而求諸(之於)遠

두번째 예문을 볼까요? 이번에는 '저'(諸)가 '지어'(之於)의 뜻이죠. '길은[道] 가까운 데[邇] 있는데[在], 그것을[之] 먼 데서[於遠] 구한다[求]'라고 풀 수 있습니다. '그것[도]을 먼 데서 구하다'[求之於遠]가 '구저원'(求諸遠)이 된 겁니다.

하나 더 볼까요? '전'(旃) 자는 '지'(之)와 '언'(焉)이 합쳐진 글자입니다. '사전'(舍旃)은 '사지언'(舍之焉)과 같은 말로 '그만두어라'라는 뜻입니다. 『시경』에 나오는 말이고요. '면전'(俛旃)도 마찬가지로 '면지언'(勉之焉)과 같고, '노력하여라'라는 말입니다. '그만두다'와 '노력하다'라는 뜻인 '사지'(舍之)와 '면지'(勉之)에 어기사 '언'(焉)이 붙은 형태입니다.

부정(不定)지시

이제부터는 지시대사 가운데 부정지시에 대해 이야기하겠습니다. 우리가 보통 지시한다고 하면, '이것'이나 '저것'처럼 특정한 대상에 대해 이야기하는 겁니다. 앞에서 보았던 직접지시와 간접지시 모두 어떤 특정 개체를 지칭하는 것이었습니다. 그런데 부정지시라는 것은 그런 대상이 없거나 명확하지 않은 겁니다.

의문 부정지시 : 誰, 孰, 何, 奚, 曷, 胡, 惡, 焉

부정지시에는 대표적으로 의문 부정지시가 있습니다. 우리말로는 '누구', '무엇', '어느 것' 같은 것이 있죠. 고문에서는 '수'(誰), '숙'(孰), '하'(何), '해'(奚), '갈'(曷), '호'(胡), '오'(惡), '언'(焉) 등이 쓰입니다. 이 중에서 '수'(誰)는 주로 사람에 대한 인칭대사입니다. '숙'(孰)도 '누구'라는 뜻이죠. '하'(何)는 인칭대사는 아니고, '무엇'이라는 뜻입니다. 그다음에 나오는 '해', '갈', '호', '오', '언' 같은 글자들은 주로 부사로 쓰이는데, 대사로도 쓰이는 경우가 있습니다. 실제로 예를 들어서 보겠습니다.

'수'(誰)의 쓰임

■ 誰無父母?

'수무부모'(誰無父母)는 '누가 부모가 없으랴'라는 뜻입니다. 부모 없는 사람은 없다는 말이죠. 이때, 의문 지시대사인 '수'(誰)는 주어로 쓰였습니다. 마찬가지로 '수무형제'(誰無兄弟)라고 하면 '누가 형제가 없겠는가'라는 뜻이죠.

■ 執輿者爲誰?

그다음 문장, '집여자위수'(執輿者爲誰)에서 '여'는 수레입니다. 지금으로 말하면 자동차죠. '집여자', 문자 그대로 보면 '수레를 잡은 사람'이라는 뜻인데, 수레를 몰고 있는 사람을 말하죠. 자동차에 비유하면 핸들을 잡고 있는 사람입니다. 그 사람이 '누구냐'[誰]고 묻고 있는 문장이죠. 이때 '수'는 술어로 쓰였습니다. 앞의 문장과 이 문장에서 '수'는 모두 사람을 가리키는 말이었고요.

'숙'(孰)의 쓰임

■ 孰爲夫子?

'숙위부자'(孰爲夫子)라는 말은 『논어』에 나온 말입니다. 해석하면 '누가 선생이란 말이냐'라는 뜻입니다. 공자의 제자 자로가 공자와 함께 가다가 길을 잃고 선생님과 헤어졌습니다. 그래서 밭에서 일하는 사람을 보고 "우리 선생님이 지나가는 것을 보지 못했습니까?"라고 묻죠. 그러자 이 사람이 "숙위부자", 즉 "누가 선생이란 말이냐?"라고 말을 한 겁니다.

■ 哀公問 : "弟子孰爲好學?"

이 문장에서 '애공'(哀公)은 노나라 임금입니다. 애공이 공자에게 "당신 제자 중에서 누가[孰] 학문을 좋아합니까[好學]"라고 물은 거죠.

■ 曰 : "無季氏與有, 孰利?"

그다음 문장을 보죠. 계씨는 노나라의 신하 집안입니다. '여'(與)는 두 말을 접속해 주는 말이죠. 그러니까 '계씨가 없는 것'[無季氏]과 '있는 것'[有] 중에 '어느 것'[孰]이 유리한지[利]를 묻고 있는 질문이죠. 이럴 경우에 숙(孰)은 '누구'가 아니고 '어느 것'이라는 의미입니다. 두 가지 중에서 선택하는 거죠. 앞의

'수'(誰)는 일반적으로 '누구'라고 해서 어떤 사람을 지칭합니다만, '숙'(孰)은 '어느 것'이라는 선택형을 나타내는 경우에도 쓰인다는 점에서 차이가 있습니다.

■ 子謂子貢曰 : "女與回也, 孰愈?"

위의 예문은 공자가 제자 자공(子貢)에게 한 말이죠. "너와 안회[女與回] 중에 어느 쪽[孰]이 나은가[愈]?"라고 묻고 있습니다. 둘 중에서 하나를 선택할 때 '숙' 자를 쓰는 것을 알 수 있죠. '숙란'(孰難)은 '어느 것이 더 어려운가', '숙시'(孰是)는 '어느 것이 옳은가', '숙친'(孰親)은 '누구와 더 가까운가', '숙현'(孰賢)은 '누가 더 훌륭한가'라는 뜻이죠. '수'(誰)와 다르다는 점을 기억해 주시고요.

'하'(何)의 쓰임

■ 皐陶難禹曰 : "何爲孶孶."

'고요'(皐陶)는 사람 이름이고요. '우'(禹)는 우임금을 말합니다. '난'(難)은 여기서는 '따지다'의 의미입니다. 고요가 우에게 '하위자자'(何爲孶孶)라고 따져 묻는 겁니다. '하위자자'에서 '자자'는 부지런한 것입니다. 그러니까 "무엇이 부지런한 것인가"라고 묻고 있는 거죠. 이 경우에 '하'는 주어로 쓰였습니다.

■ 高祖曰: "吾所以有天下者, 何? 項氏之所以失天下者, 何?"

이 문장에서 '고조'(高祖)는 한나라 고조 유방입니다. 한 고조 유방은 항우와 8년 동안 전쟁을 해서 마침내 승리하고 천하를 차지했죠. 그렇게 천하를 차지하고 나서 신하들에게 묻는 말입니다. '오소이유천하자'(吾所以有天下者)는 '내가 천하를 가지게 된 이유'라는 뜻이죠. 그것이 '무엇인지'[何]를 묻는 겁니다. 그다음에는 항씨, 즉 항우가 '천하를 잃게 된 까닭'[所以失天下者]은 '무엇인지'[何]를 묻고 있죠. 이 경우에 '하'(何)는 술어로 쓰이고 있습니다.

'해'(奚)의 쓰임

■ 問臧奚事, 則挾策讀書; 問穀奚事, 則博塞以遊.

다음으로 '어찌 해'(奚)를 보겠습니다. '문장해사'(問臧奚事)에서 '장'(臧)은 '선하다'라는 뜻인데, 여기서는 고유명사로 사람 이름입니다. '해'는 '무엇', '어떤 것'이라는 뜻이고, '사'는 일입니다. '해사'라고 하면 "네가 한 일이[事] 무엇이냐[奚]?"라고 묻는 겁니다. 장(臧)이라는 사람에게 이렇게 물어본 거죠. 그런데 '해사'라고 하면 '해'가 '사'를 꾸며 주는 말이 되어서 '무슨 일'이라는 뜻이 되지만, 여기서는 내용으로 볼 때 '[네가 한] 일이 어떤 일이냐'라는 의미로 '사해'(事奚)를 거꾸로 쓴 겁니다. 이렇게 물어보니까,

장이 '협책독서'(挾策讀書)라고 대답을 하죠. '책'(策)은 나무 조각이라는 뜻으로 책을 말하죠. 글을 읽고 있었다는 말입니다. 그리고 다시 곡(穀)이라는 사람에게 같은 질문을 하자, 곡은 '박새이유'(博塞以遊)라고 대답을 했습니다. 박새는 고누를 두는 것을 말합니다. 땅에 선을 그어 놓고 말을 가지고 노는 거죠. 바둑이나 오목과 비슷한 것으로 보기도 합니다. 이런 것을 하면서 놀았다는 말이죠.

이 말은 『장자』에서 나온 말인데, 이 '장'이라는 사람도 노예고, '곡'이라는 사람도 노예입니다. 이 두 사람이 하는 일이 양을 기르는 일이에요. 그런데 밖에 나가서 양을 치다가 양이 다 도망을 가 버립니다. 그래서 주인이 "너희 놈들 뭘 하다가 양을 다 잃어버렸느냐" 하고 묻는 겁니다. 그러자 장이라는 사람은 책을 보다가 잃어버렸다고 하고, 곡이라는 사람은 고누를 두고 놀다가 잃어버렸다고 대답을 하죠. 이 이야기가 무엇을 말하냐 하면, 어떤 사람은 좋은 일을 하다가 양을 잃어버렸고, 어떤 사람은 그저 오락을 즐기다가 잃어버렸지만 잃어버린 것은 마찬가지라는 말입니다. 사람이 세상에 나와서 일생 동안 사는데 좋은 일을 하며 산 사람도 있고 옳지 못하다는 소문을 듣는 사람도 있지만 죽은 뒤에는 다 마찬가지라는 것을 비유한 이야기죠. 이 이야기에서 나온 문장입니다. 이때, '해'는 네가 한 일이 '무엇이냐'[奚]라는 대사가 되는 겁니다.

'안'(安)과 '오'(惡)의 쓰임

■ 沛公安在?

'안'(安) 자는 '편안하다'라는 뜻이죠. '안심하다'라고 할 때 쓰는 말입니다만, 이 문장에서는 '어느 곳'이라는 의미의 부정 지시 대사입니다. 해석을 하면 '패공이 어느 곳에 있느냐?'라는 의미인데, 이 경우에도, '안재'는 '재안'을 거꾸로 쓴 것입니다. 이것을 다른 표현으로 하면 '재하처'(在何處)라고 할 수도 있습니다.

■ 居惡在? 仁是也. 路惡在? 義是也.

그다음에 '오'(惡) 자를 보겠습니다. 이 글자는 '악'이라고도 읽고, '오'라고도 읽는데, '악'이라는 건 '나쁘다'라는 말이죠. '선하다' '악하다' 할 때의 악입니다. 그 밖에도 이 글자에는 '싫어한다'라는 의미도 있고, '무엇', '어디'라는 의미도 있는데, 이런 경우에는 모두 '오'로 읽습니다.

위의 예문은 『맹자』에 있는 글입니다. '거오재'(居惡在)에서 '거'는 거주하는 곳입니다. '오'는 '어디', '재'는 '있다'니까, '거오재'는 '거주하는 곳이 어디에 있느냐'라는 뜻입니다. 이때 '오'가 대사죠. 그다음 '인시야'(仁是也)는 '인이 그것이다'라는 뜻입니다. 그러니까 '우리가 사는 곳은 인'이라는 말이죠. 그다음 '로오재'(路惡在)는 '우리가 다니는 길은 어디에 있느냐'라는 뜻이죠.

'의시야'(義是也)는 '의가 그것이다'라는 뜻이고요. 또 '오'(惡)에는 부사로 '어찌'라는 뜻도 있습니다. 그래서 '오지'(惡知)라고 하면 '어찌 아는가'라는 뜻이 되죠. 하지만 여기서는 '어디에'라는 뜻의 부정 지시대사입니다.

가시(假示)

의문 지시대사라고 하는 것은 모르는 것을 묻는 겁니다. 어디인지, 무엇인지 물을 때 쓰는 말이었죠. 그런데 가시라고 하는 것은 알고는 있지만, 그것을 직접 이야기하지 않고 표현할 때 쓰는 말입니다.

'모'(某)의 쓰임

가시(假示)에는 '모'(某) 자를 주로 쓰는데요. 가령 방송을 보면 군사 기밀이라서 정확히 말하기 어려운 경우에 '비행기가 모 지역으로 날아갔다'고 말하거나, 기자는 알고 있지만 누군지 밝힐 수가 없는 경우 '모 인사의 말에 따르면'이라는 식으로 기사를 쓰기도 하죠.

■ 曰:"某在斯, 某在斯". ■ 從某至某, 廣縱六里.
『논어』에 보면 공자가 장님을 자리에 앉히고, "모재사, 모재사"(某在斯, 某在斯)라고 했다고 합니다. "아무는 여기에 있고, 아무는 여기에 있다"라고 자리에 있는 사람들을 장님에게 소개를 했다고 하죠. 그다음 문장에서 '종모지모'(從某至某)는 '아무 데에서 아무 데까지'라는 말입니다. 말하는 사람은 이 '모'에 해당하는 장소가 어딘지 알지만, 구태여 그 장소를 쓸 필요가 없을 때 이렇게 씁니다. 구체적인 명칭 대신에 '모'를 쓰는 경우입니다. 이 '모'라는 말은 장소뿐만 아니라 시간을 나타낼 때도 씁니다. '모월 모일'(某月 某日)이라는 말을 많이 쓰죠. 언제인지는 알지만, 그것을 언급할 필요가 없을 때, 쓰는 말입니다. 신문 같은 곳에서 많이 볼 수 있는 말이죠.

'혹'(或)의 쓰임

다음으로 '혹'(或)을 보죠. 이 글자는 '사람 인'(人)을 붙여서 '혹인'이라고도 쓰는데, 누구라고 꼭 이름을 기록할 필요가 없을 때, 쓰는 글자입니다. 어떤 사람이 있는데, 그 사람이 기록으로 남겨야 할 사람이면 성명을 구체적으로 쓰겠지만, 그렇지 않을 경우에는 '혹'이라고 지칭하는 거죠.

■ 或謂孔子曰 : "子奚不爲政!"

예문을 보시면, '혹위공자왈'(或謂孔子曰)이라고 했죠. 어떤 사람이 공자에게 말을 한 겁니다. 그런데 그 말을 건 사람이 유명

한 사람이 아니라서 굳이 이름을 기록할 필요가 없기 때문에 '혹'
자를 썼죠. 뭐라고 말했냐 하면, '자해불위정'(子奚不爲政), "선생
님은 어째서 정치를 하지 않으십니까?"라고 물은 겁니다.

■ 楚欲殺之, 或諫, 乃歸解揚. ■ 或中或不中.

  이 문장에서 '초욕살지'(楚欲殺之)는 '초나라에서는 그를 죽이려 했다'라는 뜻입니다. '혹간'(或諫)은 '어떤 사람이 간했다'는 뜻이죠. 죽이지 말라고 말린 겁니다. 그래서 마침내 '해양'(解揚)이라는 사람을 돌려보냈다[歸]는 말이죠. 앞의 '초욕살지'에서 '지'는 이 해양을 가리키는 말입니다. 또 '혹중혹부중'(或中或不中)이라는 말도 있죠. 점괘 같은 것을 더러는 맞히고, 더러는 맞히지 못한다고 할 때 쓰는 말입니다.

3장 _ 동사

이번 시간부터는 품사 중에서 동사를 말씀드리겠습니다. 말에 있어서 가장 핵심이 되는 것은 역시 동사 또는 형용사와 같은 술어에 해당하는 품사들이라고 하겠습니다. 동사나 형용사는 쓰는 방법도 좀 복잡합니다만 동사부터 살펴보겠습니다.

    동사에서 '동'(動)이라는 말은 '움직인다'라는 말인데, 작용한다, 활동한다, 변화한다는 것이 모두 동사의 내용이 되겠습니다. 이렇게 작용하고 변화하는 것이 단독으로 이루어지는 경우도 있지만, 다른 개체와의 관계 속에서 복잡하게 작용 변화하는 경우도 있습니다. 그래서 동사는 그 성격에 따라 크게 보통동사와 특별동사, 이렇게 두 가지로 구별할 수가 있습니다. 단독으로 작용 변화하는 것은 보통동사, 다른 사와의 관계 속에서 복합되어 작용 변화하는 것을 특별동사라고 할 수 있습니다.

보통동사

그럼 먼저 보통동사에 대해 상태사, 자동사, 타동사로 나누어 이야기해 보겠습니다.

상태사(狀態詞)

상태사라고 하는 건 개체가 있느냐 없느냐를 나타내는 말입니다. 우선 '있다'를 뜻하는 글자는 '유'(有) 하나가 있습니다. '없다'를 뜻하는 상태사는 많습니다만, 일반적으로 '무'(無)와 '무'(毋)가 많이 쓰이고, '미'(靡), '멸'(蔑), '망'(罔), '무'(亡), '말'(末), '막'(莫) 같은 글자들이 있지만 현재는 별로 쓰지 않는 글자들이 많죠. '망'(亡) 자는 '없다'는 뜻으로 쓰일 때는 '무'로 읽습니다. 이렇게 '없다'라는 뜻의 말이 많은데, 보시면 음이 거의 비슷하죠. 받침이 있고 없고 등등의 차이는 있습니다만, 모두 처음에 나오는 자음이 'ㅁ'으로 유사합니다. 이런 걸 보면 글자가 먼저 있고 말이 뒤에 생긴 것이 아니라, 말이 먼저 있고 그 말과 음이 비슷한 글자를 이 자로도 쓰고 저 자로도 쓰면서 이렇게 여러 글자들이 나왔다고 볼 수 있습니다.

있음을 나타내는 상태사 : 有

■ 師曠曰 : "有."

그럼, '있을 유'(有)부터 한 자씩 설명을 하겠습니다. 이 '유' 자는 단독 술어로 씁니다. 예문을 보시면 '사광'(師曠)이라는 사람의 말이 나오죠. '유'(有) 한 글자로 "있다"라고 이야기하고 있습니다.

■ 相如曰 : "有是."

다음 문장에서 '있다'는 '유시'(有是)라고 해서 '시'(是) 자가 붙었죠. '시'는 여기에서 객어, 즉 목적어가 됩니다. '이것이 있다'라는 의미인데, '유'는 객어가 없이도 쓰일 수가 있지만 이렇게 객어와 함께 쓰이기도 합니다.

■ 魏王問曰 : "王亦有寶乎?" 威王曰 : "無有."

다음 문장은 위나라 왕[魏王]이 제나라 위왕(威王)과 나눈 대화입니다. 위나라 왕이 제 위왕에게 '왕역유보호?'(王亦有寶乎)라고 묻죠. 이때 '역'(亦)은 '~도'라는 의미죠. '유보호'(有寶乎)는 '보물이 있는가'라는 뜻이고요. '유'(有)에 '보'(寶)라는 객어가 붙었습니다. 이렇게 객어는 동사 뒤에 나오는 것이 원칙이죠. 그러자 제 위왕이 "없습니다"[無有]라고 대답을 합니다. '없다'는 말을

'무유'(無有)라고 썼는데, 여기에 대해서는 '무'(無) 자를 설명할 때 더 구체적으로 말씀드리겠습니다. 여기서는 '유'를 단독으로 쓸 수도 있고, 객어가 올 수도 있다는 것을 말씀드렸습니다.

없음을 나타내는 상태사 : 無, 毋, 靡, 亡, 罔, 蔑, 末

- 無人 ■ 無罪 ■ 無語 ■ 無損

'없다'라는 뜻으로 가장 대표적인 글자는 '무'(無)입니다. 그런데 이 무 자는 단독으로 술어로 쓰일 수가 없고 꼭 '무유'(無有)라고 써야 합니다. 앞에서 '있다'라고 할 때는 '유'(有) 한 글자만 써도 된다고 말씀드렸죠. 하지만 '무'는 한 글자만으로 술어가 될 수 없습니다. '무유'로 쓰거나 아니면 위에 예시로 든 것처럼 반드시 그 뒤에 객어가 붙어야 합니다. '사람이 없다'[無人], '죄가 없다'[無罪], '말이 없다'[無語], '손해가 없다'[無損]라는 식이 되어야죠. 객어를 언급하지 않고 그냥 '없다'라고만 하려면 '무유'라고 하면 되고요.

- 太子得毋廢.

이제부터 설명드릴 것들은 모두 '무'(無)와 크게 다르지 않은 글자들입니다. 예로 든 문장은 '태자는 쫓겨나지 않게 됐다'라는 의미입니다. '폐'(廢)는 자리에서 쫓겨나는 것을 말하죠. 이 문장에서 '무'(毋)는 '무'(無)와 꼭 같은 글자입니다.

■ 其詳靡得而悉焉

그다음 문장에서 '상'(詳)은 상세하다는 말입니다. '미'(靡)는 '무'(無)와 마찬가지로 '없다'는 뜻이고요. '실'(悉)은 '다하다'라는 뜻입니다. 여기서는 '다 잘 안다'는 의미입니다. 가령 '상'(詳)과 '실'을 같이 써서 '상실'(詳悉)이라고 하면, '모든 것을 자세히 다 잘 알았다'라는 뜻이 됩니다. 어떤 사람이 쓴 편지에 답장을 쓸 때, '근실'(謹悉)이라고 써서 보내면, '귀하가 말씀하신 뜻을 삼가 잘 알았다'라는 뜻이 되는 거고요. 그러니까 '기상미득이실언'의 뜻을 해석해 보면, '그 자세한 내용을 얻어들어서 알게 된 것이 없다'는 의미입니다. 이때 '미'(靡) 자 역시 '무'(無)와 마찬가지입니다.

■ 十亡二三.

세번째 '십무이삼'(十亡二三)에서 '亡'은 원래 '망'이라고 읽습니다. 도망갔다든가 죽었다든가 할 때 쓰는 글자입니다. 지금도 '사망했다'라는 말을 쓰죠. 그런데 이 문장에서는 '무'라고 읽어야 하고, 의미도 '무'(無)와 같습니다. 문장은 "열에서 두셋은 없어졌다"는 뜻이죠. 동네에 여러 재난도 일어나고 질병도 생기고 해서 사람들이 많이 줄어든 겁니다.

■ 罔有攸赦

그다음 문장 '망유유사'(罔有攸赦)에서 '망'은 '무'와 같습니다. '망유'는 '무유'와 같고요. 없다는 말이죠. 그다음 '유'(攸) 자는 '~하는 것'이라는 뜻으로, '바 소'(所) 자와 같습니다. '사'(赦)는 '용서하다'라는 뜻이죠. 그러니까 '용서하는 일이 없다'라는 뜻이 됩니다. 철저하게 법으로 다스릴 것이고 한 사람도 용서하지 않겠다는 식으로 통치자가 무섭게 이야기할 때 쓰는 말이죠.

■ 蔑以加矣

'멸이가의'(蔑以加矣)에서의 '멸' 역시 '무'와 같은 글자죠. 없다는 뜻입니다. 그래서 '멸이가의'라고 하면, '그 이상 더할 수가 없다'는 의미입니다. 가령 초대를 받아서 음식을 잘 먹었단 말이죠. 이럴 때 "백만장자라도 멸이가의다"라고 하면, 이보다 더 잘 차려서 대접할 수가 없다는 말이 되는 겁니다. '멸' 대신 '무'를 써서 '무이가의'(無以加矣)라고 해도 같은 뜻입니다. 우리가 보통 남에게 업신여김 당하는 것을 '무시당한다'고 하죠. 아무것도 아닌 것으로 본단 말인데, '멸시'라고 해도 똑같은 말이죠. '경멸히 여긴다'는 뜻입니다. 이때도 '무'와 '멸'이 같은 의미로 쓰였죠.

■ 雖欲從之, 末由也已.

그다음 '수욕종지, 말유야이'(雖欲從之, 末由也已)라는 문장을 보겠습니다. '수욕종지'에서 '수'는 부사가 아니라 접속사, 즉 연사입니다. '~하여도'라는 뜻이죠. '욕종지'는 '그를[之] 따르려 하다[欲從]'라는 뜻입니다. 그러니까 '수욕종지'는 '그를 따르려 하여도'라는 뜻이 되죠. 그다음에 '말유야이'에서 '유'(由)는 경유한다는 말입니다. '말'(末) 자는 없다는 말이고요. 그러니까 이 말은 따라갈 도리가 없다는 말입니다. 이 문장은 『논어』에 나오는 말인데요. 공자의 제자 안연이 공자를 보고서 한 말입니다. '선생님이 어찌나 높으신지, 아무리 따라가려 해도 따라갈 도리가 없구나'라는 뜻이죠.

지금까지 예문을 통해 '없을 무'와 마찬가지로 '없다'는 의미로 쓰는 글자들을 알아보았습니다. 전에도 말씀드렸습니다마는, 이 글자들이 모양은 다 다르다 하더라도 말로 나올 땐 'ㅁ'음으로 시작된다는 점에서 유사하다고 할 수 있습니다. 현대 중국어에서는 없다는 말로 '무'(無)가 아니라 '메이'(沒)라는 글자를 씁니다. 그래서 '없다'라고 하면 '메이요우'(沒有)라고 하죠. 이때 '메이'라는 말도 'ㅁ' 음으로 시작하죠. 글자는 달라도 말로는 모두 같은 것이라고 할 수 있습니다.

'막'(莫)의 용법

이제부터 볼 '막'(莫) 자 역시 '없다'는 의미이지만, 지금까지 보았던 '무'(無)와 같이 쓰는 글자들과는 조금 다르게 쓰입니다. 앞에서 본 '무'를 위시한 글자들은 단순히 '없다'의 의미로 개체의 부재를 나타낸다면, '막' 자는 그냥 없다는 것이 아닙니다. 가령 '사람이 없다'라고 하면 '무인'(無人)이라고 하지 '막인'(莫人)이라는 말은 쓰지 않습니다.

이 '막' 자는 작용, 변화하는 개체의 부재를 나타냅니다. 말이 어렵죠. 가령, '무지'(無知)라고 하면 '아는 것이 없다'라는 뜻이죠. 그런데 '막지'(莫知)라고 하면 '아는 사람이 없다'라는 뜻이 됩니다. 그래서 이 '막' 자는 어느 정도 대사의 구실을 합니다. '막' 자 밑에다가 '들을 문'(聞) 자를 써서 '막문'이라고 하면 '들은 것이 없다'가 아니고 '들은 사람이 없다'는 뜻이 되죠. '올 래'(來) 자를 써서 '막래'(莫來)가 되면 '오는 사람이 없다'가 됩니다.

- ■莫知. ■莫能當. ■其計密, 世莫得聞. ■天下莫强於秦楚.
- ■莫甚. ■莫大.

예문을 보면서 더 설명을 하죠. 첫번째 '막지'는 조금 전에 설명을 드렸죠. '아는 사람이 없다'라는 뜻입니다. '아는 것'이 아니라 '아는 사람'이 없다는 거죠. '막능당'(莫能當)은 '당할 사람이 없다'는 뜻이고요.

그다음 '기계밀, 세막득문'(其計密, 世莫得聞)은 '그 계획[其計]이 비밀스러워서[密], 세상에[世] 얻어들은 사람이 없다[莫得聞]'는 뜻이죠. 그러니까 몇 사람이 비밀리에 계획을 세웠기 때문에 세상에서 그것을 아는 사람이 없다는 뜻입니다. '막'(莫) 자의 용법이 이렇게 '무'와 다릅니다.

다음 문장 '천하막강어진초'(天下莫强於秦楚)를 보죠. '막강'(莫强)은 '더 강한 사람이 없다'는 뜻이죠. 그러니까 '천하에 진이나 초나라보다 더 강한 나라는 없다'가 됩니다. '막심'(莫甚)이나 '막대'(莫大)도 마찬가지입니다. '더 심한 것이 없다', '더 큰 것이 없다'라는 뜻이 됩니다. 우리가 매일같이 쓰는 말이죠. '손해가 막심하다', '피해가 막대하다'라는 식으로요.

이것이 이 '막' 자의 원뜻인데, 나중에는 조금 다른 뜻으로 쓰이게 됩니다. '하지 말라'라는 뜻의 '물'(勿) 자처럼 쓰이게 되는 건데요. 천자문에도 이 '막' 자가 있는데 '말 막'이라고 읽습니다.

■ 孔明勸孤莫行.

예문에서 '공명'(孔明)은 사람 이름입니다. 『삼국지연의』에 나오는 제갈량이죠. '고'(孤)는 임금이 스스로를 지칭하는 1인칭 대사입니다. 임금이 자기를 지칭할 때 '고'라고 하죠. 그러니까 이 문장은 '제갈량이 나에게 권했다'는 뜻이죠. 무엇을 권했냐 하면, '막행'(莫行)이라고 합니다. '막'이 '~하지 말라'라는 뜻이니,

'가지 말라'고 권했다는 내용이죠. 앞에서 보았던 원뜻대로 하면 '다니는 사람이 없다'라는 뜻이 되지만 여기서는 '가지 말라'라는 뜻이 됩니다.

■ 打起黃鶯兒, 莫敎枝上啼.

그다음 예문은 시의 한 구절입니다. '타'(打)는 '때린다'는 말이고, '기'(起)는 '일으킨다'는 말이죠. '황앵'(黃鶯)에서 '앵'은 꾀꼬리로, '황앵'은 '누런 꾀꼬리'입니다. '아'(兒)는 '새 새끼'를 말하죠. 그러니까 '타기황앵아'(打起黃鶯兒)라고 하면 '누런 꾀꼬리 새끼를 때려서 깨우라'는 말이죠. 꾀꼬리가 가지에 앉아 있는데, 돌을 던지든지 나무로 때리든지 해서 쫓는다는 말입니다. '막교지상제'(莫敎枝上啼)에서 '막'은 '~하지 말라'라는 뜻이죠. '교'는 '~하게 한다'는 뜻이고, '지상제'는 '가지 위에서 울다'라는 뜻이죠. 전체 문장을 보면, '누런 꾀꼬리 새끼를 깨워서[쫓아서] 가지 위에서 울게 하지 말라'라는 뜻이 됩니다. 이 구절 뒤로는 '꾀꼬리 소리에 꿈을 깨면 전쟁에 나간 임을 보러 가는 꿈을 꾸지 못하게 된다'는 내용이 나옵니다. 여기서도 이 '막' 자는 '하지 말라'라는 뜻이죠.

자동사

자동, 타동의 병용

상태사에 이어 자동사에 대한 걸 말씀을 드리겠습니다. 자동사라고 하는 것은 객체가 없이 단독으로 동작을 하는 것이죠. 가령 '앉다', '서다', '죽는다' 같은 말들입니다. 이런 말들은 다른 것과 관계가 없습니다. 이에 비해 타동사라고 하면 동작의 대상이 있죠. '기다린다'라고 하면 기다리는 대상이 있어야 합니다. 사람을 기다린다고 하면 '대인'(待人)인데, 이때, '대'(待)가 타동사죠. 그런데 어떤 동사들은 문장에서의 위치에 따라 자동사도 되고 타동사도 되는 경우들이 있습니다. 예문을 보면서 말씀을 드리겠습니다.

■ 太子太丁未立而卒, 於是, 乃立太丁之弟外丙.

가령 '설 립'(立) 자 같은 경우, 어떤 사람이 자기가 '서서' 왕이 됐다고 할 때에는 자동사로 쓰이지만, 그 아들을 '세워서' 왕을 삼았다고 할 때에는 세우는 대상이 아들이 되어서 타동사가 되는 겁니다. 예문을 보시면, '설 립'(立) 자가 두번 나오는데, 이런 용례를 보여 주고 있습니다. '태자태정'(太子太丁)에서 '태자'는 왕의 후계자를 말하고, '태정'은 사람의 이름입니다. 그러니까 태자인 태정이 '서지 못하고'[未立] 죽었다[卒]는 말이죠. 왕이 되지 못하고 죽었다는 말입니다. 이때 '립'(立)은 자동사로 쓰였습니다. 그런데 이어지는 내용에서 '태정의 동생[太丁之弟] 외병(外丙)을 세웠다[立]'고 하죠. 이때 '립'(立)은 '태정의 동생 외병'이 객어가 되어서 타동사가 됩니다. 같은 글자가 자동사로도 쓰이고, 타동사로도 쓰이는 거죠.

■ 殷道復興. ■ 帝武丁卽位, 思復興殷.

이런 예는 또 있습니다. 예문에서 '은도부흥'(殷道復興)은 '은나라의 도가 다시 일어났다'라고 해석할 수 있습니다. 은나라 왕조의 문화가 중간에 쇠퇴했다가 다시 일어났다는 말이죠. 이 경우에는 '흥'(興)이 자동사입니다. 다음 문장에서 '무정'(武丁)은 임금의 이름입니다. 은나라의 임금이죠. '즉위'는 왕위로 나아갔다는 말이고요. '사부흥은'은 '은나라[殷]를 다시 흥하게 할 것을[復興] 생각했다[思]'는 말이죠. 이때 '흥'은 타동사입니다. 이렇게 같은 글자지만 하나는 자동사고 하나는 타동사죠. '흥' 뒤에 객어, 즉 목적어가 올 때는 타동이 됩니다.

■ 桓公病而亂作. ■ 蚩尤作亂, 不用天命.

예문을 더 보죠. '환공병이란작'(桓公病而亂作)에서 '환공'은 춘추시대 제나라 임금이죠. 환공이 병이 들자, 난이 일어났다[作]는 말입니다. 이때 '작'(作)은 '난'(亂)을 주어로 갖는 자동사입니다. 그런데 그다음 문장에서는 '작'이 타동사로 쓰였습니다. '치우(蚩尤)가 난을[亂] 일으켜서[作] 천명(天命)을 쓰지 않았다 [不用]'라는 뜻입니다. 이때는 '란작'이 '작란'이 되어서 '난'이 목적어가 되었죠. 치우는 옛날 무력이 막강했던 사람입니다.

그러니까 객어가 붙을 때는 타동사가 되고, 객어가 없을 때는 자동사가 되는 겁니다. 이렇게 중국 한문 글자는 같은 글자라도 위치에 따라서 자동과 타동으로 변할 수가 있습니다.

자동사와 보어

말씀드린 대로, 자동사에는 객어, 즉 목적어가 붙지 않습니다. 다만 자동사에는 위치나 시간을 나타내 주는 말인 보어가 붙습니다.

■ 貴賤在於骨法. ■ 憂喜在於容色. ■ 成敗在於決斷.

예문을 볼까요? '귀천'(貴賤)이 주어이고 '있다'라는 뜻의 '재'(在)가 자동사입니다. '어골법'(於骨法)은 '골법에'라는 뜻으로, '귀천은 골법에 있다'라는 문장입니다. 좀 미신적인 이야기입니다만, 사람이 잘살고 못살고, 잘되고 못되고 하는 것이 얼굴이 어떻게 생겼는가에 달려 있다는 말입니다. 이때 '어골법'이라는 부분이 '재'(在)에 대한 보어가 되겠습니다. 그다음 '우희재어용색'(憂喜在於容色)은 '근심하고 기뻐하는 것이 얼굴빛에 있다'는 뜻이죠. 태연을 가장하더라도 어딘가 근심하거나 기뻐하는 빛이 얼굴에 드러나게 마련이죠. 세번째 '성패재어결단'(成敗在於決斷)은 어떤 사업을 일으키고 실패하고 하는 것은 그 사람이 어떤 결단력을 가지고 있는지에 달렸다는 말이죠. 세 문장 모두 비슷한 구조로 이뤄져 있습니다. 모두 동사 '재'(在)에 보어가 붙어 있죠.

■ 百里奚居虞而虞亡, 在秦而秦霸.

이 문장에서 '백리해'(百里奚)는 사람 이름이고, '거'(居)는 '있다', '살다'라는 뜻이죠. '우'(虞)는 춘추시대의 나라 이름으로 여기서는 '거'의 보어입니다. 그러니까 '거우'는 '우에 살았다'라는 말이죠. '백리해거우이우망'은 '백리해가 우에 살았을 때에는 우가 망했다'는 뜻입니다. 다음 내용, '재진이진패'에서 '재'(在)가 동사고, 그다음에 나오는 '진'(秦)이 보어입니다. '진에 살았다'는 말이죠. 백리해가 우에 살았을 때는 우가 망했지만, 진에 살았을 때는 진나라가 '패'[霸]가 되었다고 합니다. '패'라고 하는 것은 요즘으로 말하면 맹주국이라고 할 수 있죠. 당대에 가장 강한 나라를 패라고 합니다. 그러니까 백리해라는 인물이 우에 있을 때와 진에 있을 때의 결과가 달랐다는 겁니다. 왜냐하면, 우에서는 백리해의 말을 듣지 않았고, 진나라는 백리해의 말을 잘 들었습니다. 그렇기 때문에 훌륭한 사람이 똑같이 있었지만, 한 나라는 망하고 한 나라는 패왕이 되었다는 겁니다.

이렇게 자동사를 살펴보았는데, 자동사는 별로 복잡한 게 없습니다. 다만 자동사에 보어가 붙는다는 것이 특징적이죠. 자동사에 대한 이야기는 이것으로 마치겠습니다.

타동사

상태사와 자동사에 대해 이야기를 했고, 이제 타동사까지 이야기를 하면 보통동사를 마치게 됩니다. 타동이라는 것은 복수의 개체에 대한 작용, 변화를 나타내는 것이므로 동사 다음에 객어인 명사, 대사 또는 명사구가 붙는 것을 원칙으로 합니다. 자동사는 어떤 개체가 단독으로 움직이거나 변화하는 것이라고 말씀을 드렸죠. '나무가 말라 죽었다'라고 하면 이건 자동입니다. 나무가 그냥 말라 죽는 거지 누구에 의해서 그렇게 되는 게 아니죠. 그러나 '나무를 꺾었다'라고 하면 나무를 꺾는 주체가 있어야죠. '나무하는 사람이 고목을 베었다', 이런 식이 타동입니다. 그러니까 두 개의 개체가 있어야 말이 성립되는 것이죠. 복수의 개체의 작용, 변화를 나타낸다는 것이 이런 의미입니다.

■ 待人. ■ 尊秦. ■ 知之.

'대인'(待人)은 '사람을 기다린다'는 뜻이죠. '존진'(尊秦)은 '진나라를 높인다'는 뜻이고, '지지'(知之)는 '그것을 안다'는 뜻이죠.

이때, '대', '존', '지'는 모두 타동사고, '인', '진', '지'는 객어입니다.

이렇게 타동사에는 반드시 객어가 붙어야 하는데, 타동사 앞에 '아니한다'라는 뜻의 부정사가 붙을 때는 객어가 생략되는 경우가 있습니다. 하지만 생략된다고 해서 객어가 없는 것은 물론 아닙니다. 어떤 것을 알지 못한다고 할 때, 그 대상이 있죠. 하지만 대상을 생략해도 상대방이 알아들을 수 있을 때는 객어를 생략합니다.

■ 不知. ■ 不愛. ■ 不用.

만약 어떤 글자를 모른다고 하면, '그 글자를 모른다'라고 이야기할 수도 있지만, 그냥 '모른다'(不知) 이렇게도 말할 수 있죠. 모르는 대상이 있지만 생략하는 겁니다. 그다음 '불애'(不愛)는 '사랑하지 않는다'라는 뜻으로 사랑하지 않는 대상이 있는 겁니다. 하지만 생략하고 '사랑하지 않는다'라고만 말할 수 있다는 겁니다. 그다음 '불용'(不用), '쓰지 않는다'도 마찬가지입니다. 이렇게 부정사가 붙을 때 객어가 생략되는 경우가 많습니다.

다른 품사가 타동사로 전용, 전환되는 경우

한문이라고 하는 것은 어떤 글자 자체가 특정한 품사로 규정돼 있는 것보다, 문장의 위치, 글자의 위치가 어디냐에 따라서 품사가 바뀌는 경우가 많습니다. 형용사나 명사가 타동사처럼 쓰이기도 하죠. 하나씩 보겠습니다.

■ 甚難之. ■ 漁人甚異之. ■ 季子不禮於其嫂.

'심난지'(甚難之)에서 '난'은 어렵다는 뜻이죠. 동사가 아닙니다. 두번째 문장의 '이'(異), 세번째 문장의 '예'(禮) 역시 그 자체로 동사는 아닙니다. '난'이나 '이'는 형용사고, '예'는 명사입니다. 하지만 이런 글자들이 위의 문장들에서는 모두 타동사로 쓰이게 됩니다. 첫번재 문장 '심난지'에서 '지'는 대사로, 객어입니다. '심난', '매우 어렵다'라고만 하면 '난'이 형용사가 되는데, 대사인 '지'(之)가 들어가서 '그것을 매우 어렵게 여겼다'는 뜻이 됩니다. 이럴 때, '난'은 타동사가 되는 겁니다.

'어인심이지'(漁人甚異之)에서 '어인'은 고기 잡는 사람이죠. 이때 '이'(異) 역시 대사 '지'가 붙으면서 '이상스럽게 여기다'라는 타동사가 됩니다.

그다음 '계자불례어기수'(季子不禮於其嫂)에서 '계자'는 전국시대 유세가 소진(蘇秦)의 자(字)입니다. '례'는 '예법'이라는 명사이지만, 여기서는 '예로 대우하다'라는 동사로 쓰였습니다. 그러니까 '불례어기수'는 '그 형수[其嫂]'로부터 '예로 대우받지 못했다'는 말이죠. '수'(嫂)는 형님의 아내라는 뜻입니다. 우리나라에서는 이게 잘못 되어서 동생의 아내를 보고 '제수'(弟嫂)라고 하는데, '수'라는 한문 문자 자체에는 그런 뜻이 없습니다. 꼭 형님의 아내에게만 '수'라고 그러죠. 소진이 돈도 못 벌고 곤궁한 처지가 되어서 집에 돌아오자 형수가 밥도 주지 않았다고 한 데서 나온 문장입니다.

이렇게 다른 품사가 타동사로 쓰이는 경우가 매우 많습니다만, 여기서는 몇 가지 예만 들었습니다.

이중 객어

객어의 경우에도 하나만 쓰이는 것이 아니고 둘이 쓰이는 경우가 있습니다.

■ 賜之弓矢斧鉞.

이 문장에서 동사는 '사'(賜)로 '주다'라는 뜻입니다. '지'(之)는 '그'라는 뜻이고, '궁시부월'(弓矢斧鉞)은 활[弓]과 화살[矢], 도끼[斧]와 자귀[鉞]를 말하죠. 물건들입니다. 이 문장에서 '사지'(賜之)라고 두 글자만 있으면, 술어와 객어로 문장이 끝나는데, 뒤에 '궁시부월'이 더 붙었죠. 이 '궁시부월'도 역시 객어입니다. 그래서 '그에게 활과 화살, 도끼와 자귀를 주었다'라는 문장이 됩니다. 이런 경우를 이중 객어라고 합니다.

■ 帝錫禹玄圭.

이 문장에서 '제'(帝)는 순임금을 말합니다. '석'(錫)은 '주다',

'하사하다'라는 뜻이고요. 그러니까 이 문장은 '제(帝)가 우(禹)에게 현규(玄圭)를 주었다'라는 뜻이죠. 이 문장은 '제이현규석우'(帝以玄圭錫禹)라고도 쓸 수 있지만, 고대문에서는 그렇게 쓰지 않고 '제석우현규'라고 씁니다. '현규'는 검은빛이 나는 홀(笏)이죠. 이렇게 이중 객어는 남에게 뭘 준다거나 가르친다거나 할 때 쓰는 말입니다.

■ 項梁乃教籍兵法.

이 문장이 '가르친다'[敎]라는 말이 쓰인 경우죠. 항량(項梁)이 마침내[乃] '적'(籍)에게 '병법'(兵法)을 가르쳤다고 합니다. '적'은 항량의 조카 항우를 말하죠. 이때 '적'도 객어, '병법'도 객어입니다. 이중 객어죠.

■ 堯妻之二女.

'요처지이녀'(堯妻之二女)에서는 '처'(妻) 자가 타동사가 됩니다. '아내로 주다', '아내로 삼게 하다'라는 뜻이죠. '지'는 사람으로 순임금을 가리킵니다. 요임금이 딸 둘을 순임금에게 시집보낸 이야기입니다. 여기서도 '지'와 '이녀'가 이중 객어죠. '누구로 하여금 그렇게 하게 하였다'라는 사동형 문장이죠.

■ 晉靈公飮趙盾酒醉之.

다음 문장도 사동형입니다. '진 영공'(晉靈公)은 진나라 임금이죠. '조순'(趙盾)도 사람의 이름입니다. '진영공음조순주'(晉靈公飮趙盾酒)까지를 잘못 해석하면 '진 영공이 조순의 술을 마셨다'라고 해석할 수도 있지만, 여기서 '음'(飮)은 조순에게 '마시게 하다'라는 의미의 타동사가 됩니다. '조순'과 '주'(酒)가 이중 객어죠. 이어지는 '취지'(醉之)에서 '취' 자도 '취하게 하다'라는 뜻으로, 사동형 타동사입니다. '지'가 객어로 왔죠. '조순'을 받는 대사입니다.

■ 先生之恩, 生死而肉骨也.

그다음 문장은 '선생의 은혜'[先生之恩]가 '생사'(生死)와 '육골'(肉骨)이라고 하는데, 해석이 잘 안 되죠. '생사'는 '살고 죽고'라는 뜻이고, '육골'은 '고기와 살'이라고 해석이 되는데, 이렇게 하면 이 문장은 말이 되지 않습니다. 이럴 때에는 '생'과 '육'을 타동사로 보아서, '죽은 사람[死]을 살게 하였고[生], 백골에[骨] 살을 붙여 주었다[肉]'라고 해석을 하면 됩니다. 그러니까 다 죽게 된 사람을 살려 주었다는 말을 이렇게 표현한 겁니다. 이 문장은 이중 객어가 쓰인 경우는 아닙니다만, 사동형 사례를 하나 더 보여 드리려고 말씀드렸습니다.

객어와 보어를 같이 쓰는 경우

타동사 뒤에 객어와 보어를 같이 쓰는 경우도 있습니다.

■ 破秦軍洛陽東.

예문을 보면 '파'(破)가 동사고 '진군'(秦軍)이 객어입니다. 진군을 격파했다는 말이죠. 그다음에 어디에서 격파했는지를 나타내는 보어 '낙양동'(洛陽東)이 나오죠. 낙양 동쪽에서 진군을 격파했다는 말입니다. 이렇게 '~에서'라는 의미의 보어가 들어갈 때에는 객어 다음에 들어갑니다.

■ 葬始皇驪山.

이 문장도 '동사+객어+보어'의 형태죠. '장'(葬)은 '장사 지내다'라는 뜻이고, '시황'(始皇)은 진시황을 말하죠. '여산'(驪山)은 장소를 나타내는 보어고요. 그러니까 '장시황려산'(葬始皇驪山)이라고 하면 '진시황을 여산에 장사 지냈다'는 말이죠.

이런 문장에서는 보어 앞에 전치사가 붙을 수도 있습니다. '파진군어낙양동'(破秦軍於洛陽東)이나, '장시황어여산'(葬始皇於驪山)처럼 쓰면 알기가 쉽죠. 전치사를 쓰지 않으면 이중 객어를 쓰는 경우와 비슷해 보이기도 합니다. 하지만 객어와 보어를 쓸 때는 객어가 앞에 가고 보어가 뒤에 붙는 것입니다.

특별동사

처음에 말씀드린 대로 동사는 보통동사와 특별동사가 있는데 지금까지 그 말씀드린 것은 보통동사죠. '있다', '없다'를 표시하는 상태사를 시작으로 자동사와 타동사에 대해 살펴보았고, 이제부터는 특별동사에 대한 것을 말씀드리겠습니다.

추향동사(趨向動詞)

첫째로 추향동사라는 것이 있습니다. '추향'이라고 하는 것은 방향을 가리키는 말이죠. 가령 새가 난다고 했을 때, '날아간다', '날아온다'에서 '간다', '온다'처럼 동사의 앞이나 뒤에 붙어서 동작의 방향을 나타내는 말을 추향동사라고 합니다. 추향동사에는 앞에 붙는 전치형과 뒤에 붙는 후치형이 있는데, 예문을 들어서 보겠습니다.

■ 來朝. ■ 下取履. ■ 請歸報.

'내조'(來朝)에서 '조'(朝)는 '조회를 하다'라는 뜻입니다. 추향동사 '래'(來)가 '조' 앞에 붙어서 외국 사절이 우리나라에 와서 왕에게 인사를 드렸다는 뜻이 됩니다. '와서 조회했다'는 말이죠. '내방'(來訪)이라는 말도 있죠. '와서 방문하였다'라는 뜻으로, '방'

이라는 동사 앞에 추향동사 '래'가 붙은 겁니다.

그다음 '하취리'(下取履)에서 '하취'는 '내려가서 가져오다'라는 뜻이죠. '리'는 신발이고요. '가져오다'라는 뜻의 '취' 앞에 추향동사인 '아래 하'가 붙어서 '내려가서 가져오다'라는 뜻이 되었습니다. 앞에서 장량과 황석공에 대한 일화를 말씀드린 적이 있죠. 황석공이 다리 위에서 신발을 떨어뜨리고, 장량이 내려가서 신발을 주워 왔다고 할 때 나오는 문장입니다.

'청귀보'(請歸報)에서 '청'(請) 자는 '~하겠습니다'라는 뜻입니다. '귀보'는 '돌아가서 보고하다'라는 뜻이죠. '귀' 자가 '돌아간다'는 뜻으로 전치 추향동사입니다.

■ 取雞狗馬之血來.

후치형은 방향을 나타내는 추향동사가 문장의 맨 뒤에 붙는 겁니다. 예문에서 동사가 '취'(取), '래'(來)가 추향동사입니다. '취~래'라고 하면 그 사이에 있는 대상을 '가져오라'는 말이죠. '계구마지혈'(雞狗馬之血)은 '닭과 개, 말의 피'라는 뜻이고요. 가령 '가지고 가다'라고 하려면 '취~거'(取~去), '불러오다'라고 하려면 '호~래'(呼~來)라고 하면 됩니다. 두 글자 사이에 있는 말들이 객어가 되는 거죠. 여러분들도 이렇게 말을 만들 수가 있겠죠. '『맹자』를 가져오너라'라고 하려면, '취맹자래'(取孟子來)라고 해도 되고, '가질 지'(持)를 써서 '지맹자래'(持孟子來)라고 해도 됩니다.

■ 呼河伯婦來.

'호하백부래'(呼河伯婦來)에서 '호~래'는 '~를 불러오다'라는 뜻이라고 말씀드렸죠. '하백'(河伯)은 물의 귀신입니다. 그래서 이 문장은 '물귀신의 아내[婦]를 불러오라'라는 말이 됩니다. '부를 호'(呼) 다음에 객어가 붙고, 방향을 나타내는 '래'가 맨 뒤로 가는 겁니다.

■ 誤持同舍郎金去.

다음 문장을 볼까요. '오지동사랑금거'(誤持同舍郎金去)라는 문장에서 '오'(誤)는 '잘못되었다'라는 뜻이고, '지'(持)는 '가지다'입니다. '지'와 맨 마지막 글자 '거'(去)가 함께 추향동사를 이뤄서 '가지고 가다'라는 뜻이 됩니다. 그 사이에 있는 것이 객어가 되겠죠. '동사랑'(同舍郎)은 '같은 방에서 잔 사람'이라는 뜻입니다. '금'(金)은 돈을 말하죠. 그러니까, 문장 전체를 보면 '같은 방에서 잔 사람의 돈을 잘못 가지고 갔다'라는 뜻이 됩니다.

■ 漢王遁出去.

'한왕둔출거'(漢王遁出去)는 '한왕이 도망쳐 나갔다'라는 뜻입니다. '둔'(遁)은 '도망치다'라는 뜻이죠. '둔출'이라고만 해도 '도망쳐 나갔다'라는 뜻이 되지만, '거'(去)를 더해서 방향을 제시하는 겁니다.

능원동사(能願動詞)

그다음에 능원동사라고 하는 것을 보겠습니다. 능원동사에서 '능'(能) 자는 '할 수 있다'라는 능력을 나타내는 말이고요. '원'(願)이라고 하는 것은 '희망한다', '기대한다', '원한다'라는 뜻을 나타내는 동사입니다. 그러니까 동사에다가 붙여서 '할 수 있다', '하게 되었다' 같은 표현을 하는 것을 능원동사라고 합니다.

■ 三不欺說 : 子産治鄭, 民不能欺 ; 子賤治單父, 民不忍欺 ; 西門豹治鄴, 民不敢欺.

능원동사를 설명하기 위해서 먼저 '삼불기설'(三不欺說)이라는 것을 보겠습니다. '세 가지 속이지 못하는 이야기'라는 뜻이죠. 위의 문장을 보시면, 우선 자산(子産)이 정(鄭)을 다스릴 때에는 백성들이[民] '불능기'(不能欺)했다고 합니다. '능기'에서 '능'이 지금 말씀드릴 능원동사 중 하나인데요. '능기'라는 말은 '능히 속이다'라는 말이죠. 앞에 부정어가 붙었으니, '자산이 정을 다스릴 때에는 백성이 속일 수 없었다'라는 말이죠. 그다음은 자천(子賤)이 선보(單父)라는 땅을 다스릴 때의 말입니다. '선보'의 '單'은 '단'이라고 읽는 자인데요. 여기서는 '선'이라고 읽습니다. 자천이 다스리는 땅에서는 백성들이 '불인기'(不忍欺)했다고 하죠. 우리말로 번역하면 '차마 속이지 못했다'는 뜻입니다. 마지막으로 서문표(西門豹)가 다스리던 업(鄴)에서는 백성들이 '감히 속이지 못했다'(不敢欺)고 합니다.

지금 속이지 못하는 세 가지 경우가 나왔는데, 그 세 가지 표현이 다 다릅니다. '불능기', '불인기', '불감기'인데, '속인다'[欺] 하는 글자는 다 같습니다. 능(能), 인(忍), 감(敢), 이렇게 세 글자가 다른데, 이 자들이 능원동사입니다.

'불능기'의 뜻은 자산이 워낙 지혜롭고 어떤 내용을 잘 파악하기 때문에 속이려야 속일 수가 없다는 말입니다. 통치자가 훤히 다 알고 있으니 속일 수가 없죠. 자산이 지혜로써 정치를 하기 때문에 속일 수가 없는 겁니다. 그에 비해 자천은 속이려고 하면 얼마든지 속일 수 있지만, 그 사람이 워낙 훌륭하고 착한 사람이라서 차마 속일 수가 없다는 말입니다. 마지막으로 서문표라는 사람은 무인입니다. 그래서 속일 수는 있는데, 속인 게 탄로가 나면 바로 죽을 각오를 해야 합니다. 두려워서 감히 속일 수가 없는 거죠. 이렇게 석 자를 가지고 정치하는 방법의 차이를 미묘하게 표현할 수 있습니다. 이와 같은 표현이 바로 능원동사입니다.

'능'(能)의 쓰임

능원동사 중에서 우선 '가능'을 나타내는 글자로 '능'(能) 자를 보겠습니다. '능'은 '할 수 있다'는 뜻입니다.

■ 臣能得狐白裘.

첫번째 문장 '신능득호백구'(臣能得狐白裘)에서 '호백구'는 여우 겨드랑이털을 모아서 만든 외투입니다. 당대에 제일 비싼 외투죠. 그러니까 이 문장은 '신이 호백구를 가져올 수 있습니다'라는 뜻이죠. 호백구가 궁궐 깊숙한 곳에 있는데 '그걸 훔쳐 내올 사람이 누가 있느냐' 했을 때, 어떤 사람이 이렇게 대답을 한 겁니다. 이때, '능'이 '~ 할 수 있다'는 뜻의 능원동사입니다.

■ 雖司馬穰苴不能過也.

그다음 문장도 '능'이 쓰인 문장입니다. 사마양저(司馬穰苴)는 옛날의 훌륭한 장군입니다. 이 문장은 '사마양저라 하더라도 넘어설 수 없다'는 뜻이죠. '불능과'(能過也)는 '그보다 더 나을 수 없다'는 뜻입니다. 역시 '능'이 능원동사로 쓰인 경우죠.

'득'(得)의 쓰임

다음에는 능원동사 '득'(得)이 쓰인 경우를 보겠습니다.

■ 於是, 遂得脫.

'어시'(於是)는 '이때에'의 의미죠. '수'(遂)는 '마침내'라는 뜻이고, '득탈'(得脫)은 '탈출하게 되었다'라는 뜻입니다. 이때 '득'은 '~하게 되었다'라는 것을 나타냅니다. 예컨대 '득기'(得欺)라고 하면 '속이게 되었다'라는 뜻이 되는 겁니다. '득입'(得入)이라고 하면 '들어가게 되었다', '부득입'(不得入)은 '들어가지 못하게 되었다'라는 뜻이 되죠. 그러니까 '득'은 단독으로 쓰이면 '얻는다'는 뜻이지만, 능원동사로 쓰이게 되면 뜻이 달라지는 겁니다.

■ 田橫亦得收齊.

'전횡역득수제'(田橫亦得收齊)에서도 '득'이 능원동사로 쓰였죠. '전횡'은 사람 이름입니다. '수'(收)는 '수복하다', '되찾다'의 의미입니다. '전횡도 제나라를 수복하게 되었다'라는 뜻이죠. 진시황에 의해서 모든 나라가 합병이 되었는데, 진나라가 무너지고 나서 전횡이라는 사람이 제나라를 다시 되찾았다는 말입니다.

■ 先生視可者, 得身事之.

그런데 '득'이 조금 다르게 쓰이는 경우가 있습니다. 예문을 볼까요. '선생시가자, 득신사지'(先生視可者, 得身事之)에서 '선생시가자'는 '선생이 가한 사람[可者]이라고 하면'이라는 뜻입니다. '선생이 섬길 만한 사람으로 보인다면'이라는 말이죠. 그다음 '득신사지'(得身事之)는 '꼭 몸소 섬기겠습니다'라는 뜻입니다. 이때 '득'은 '꼭 그렇게 하겠다'라는 약속을 나타내는 능원동사입니다.

'긍'(肯)의 쓰임

이어서 능원동사 '긍'(肯)에 대해서 살펴보겠습니다. 예문을 하나씩 보시죠.

■ 魯有儒生, 不肯行.

'노유유생, 불긍행'(魯有儒生, 不肯行)이라는 문장에서 '노유유생'은 '노나라에 유생이 있는데'라는 뜻이고요. '불긍행'에서 '긍'은 '긍정, 부정'이라고 할 때의 '긍' 자죠. 이때 '긍'은 '하려 한다'라는 뜻입니다. 그런데 '하려 한다'는 표현으로 '욕'(欲) 자가 있죠. '욕행'(欲行)이라고 하면, '가고 싶다', '가려 한다'라는 뜻입니다. 그런데 '긍' 자는 좀 다릅니다. '긍'은 그 위에 '불긍'(不肯)이라는 식으로 부정사가 붙습니다. 자기가 스스로 뭔가를 하고 싶다고 할 때에는 '욕' 자를 주로 쓰지만, '긍'이라고 하게 되면, 다른 사람이 압력을 가해서 뭔가를 하라고 할 때, 그걸 받아들이는 것이 '긍'입니다. 그렇게 못 하겠다고 하면 '불긍'이 되는 거죠. 누군가 말하라고 추궁할 때, 말을 하지 않으면 그게 '불긍'이죠. 그러니까 예문에서 '불긍행'이라는 것은 정복을 당해서 유생들을 잡아가려고 하니까 못 가겠다고 버티는 것을 말합니다.

■ 不肯竟學.

그다음 '불긍경학'(不肯竟學)에서 '경학'은 '끝까지 배우다'라는 뜻입니다. 그런데 '불긍'이 붙었으니까, 누군가가 공부를 하도록 시키는데, 그것을 배우려 하지 않았다는 말이죠. 이 말은 앞에서도 예를 들었던 항량과 항량의 조카 항우의 이야기에서 나온 말입니다. 항량이 조카에게 공부를 시키려 했는데, 무엇도 끝까지 하는 것이 없었다고 하죠. 이렇게 시키는 대로 하지 않는 것을 '불긍'이라고 하기도 합니다. 이때 '긍'은 '욕' 자와는 다른 표현입니다.

'인'(忍)·'가'(暇)·'황'(遑)의 쓰임

마지막으로 '인'(忍), '가'(暇), '황'(遑) 같은 글자들이 능원동사로 쓰이는 경우를 보겠습니다.

■ 不忍食其肉. ■ 不忍見.

먼저 '인'(忍) 자를 보죠. 앞에서 '차마'라고 옮기는 경우를 봤었죠. '불인식기육'(不忍食其肉)은 '차마 그 고기를 먹지 못한다'는 말입니다. 이 말은 『맹자』에 나오는 말입니다. '문기성, 불인식기육'(聞其聲, 不忍食其肉)이라고 해서 '그 소리를 들으면, 그 고기를 차마 먹지 못한다'라는 이야기죠. 소를 잡을 때 비명 소리가 나는데, 그 소리를 듣고는 고기를 먹을 수 없다는 말입니다. 그다음 '불인견'은 '차마 보지 못한다'라는 뜻이죠. '목불인견'(目不忍見)이라는 말도 있습니다.

■ 不暇救. ■ 國家內憂, 不遑外事.

'불가구'(不暇救)에서 '가'는 '휴가'라고 할 때의 '가' 자입니다. 여가, 틈의 뜻이죠. 그다음 문장의 '황'(遑)도 마찬가지입니다. 이런 글자들이 '아니 불'(不) 자와 함께 동사 앞에 붙으면, '미처 ~하지 못했다', '~할 틈이 없었다'의 뜻이 됩니다. 그래서 '불가구'는 '구할 틈이 없었다'로 해석하며 됩니다. '먹을 식'(食) 자가 붙어서 '불가식'(不暇食)이 되면 '먹을 틈이 없었다'가 되겠죠. '취불가식'(炊不暇食)이라고 하면 밥을 지었으면서도 그걸 먹을 틈이 없었다는 뜻이 되고요.

그다음 문장 '국가내우, 불황외사'(國家內憂, 不遑外事)는 '국가 안에 걱정이 있어서 대외적인 일을 미처 못 하였다'라고 해석하면 되겠죠.

원망(願望)의 뜻을 나타내는 동사

무언가를 하고 싶다는 바람을 나타내는 글자로는 '욕'(欲), '청'(請) 같은 글자들이 있습니다. 예컨대 '욕왕'(欲往)은 '가려 하였다', '욕견지'(欲見之)는 '그를 보려 하였다'라는 뜻이죠. '욕' 자는 그렇게 어렵지 않죠.

■ 請陳其說. ■ 請以劍舞. ■ 請以戰喩. ■ 王請勿疑.

그런데 '청'(請)이라는 글자는 그것이 자기에 관한 말일 때와 상대에 관한 말일 때 뜻이 좀 다릅니다. 자기에 관한 말일 때는 '~하겠습니다'라는 의미가 됩니다. 가령 '청진기설'(請陳其說)이라고 하면 '(내가) 그 이야기를 진술하겠습니다'라는 뜻이 되죠. 예문을 보죠. '청이검무'(請以劍舞)라고 하면, '칼을 가지고[以劍] 춤을 추겠습니다[請舞]'가 됩니다. '청이전유'(請以戰喩)는 '전쟁으로[以戰] 설명하겠습니다[請喩]'가 되죠. 이런 것이 내가 관계된 말을 할 때, '청'(請)이 '~하겠습니다'의 의미가 되는 경우입니다.

그런데 이 '청' 자가 대화 안에서 상대방과 관계될 때에는 '~하십시오'의 뜻이 됩니다. 마지막 예문을 보죠. '왕청물의'(王請勿疑)라고 하면 '왕께서는 의심하지 마십시오'라는 뜻이 됩니다. 만약 '왕청물행'(王請勿行)이라고 하면 '왕께서는 가지 마십시오'가 되겠죠. 이렇게 누가 중심이 되느냐에 따라 의미가 달라지는 거죠. 가령 '먹는다'라는 말 앞에 '청' 자가 있다면, 먹는 것이 자기일 경우에는 '먹겠습니다', 상대방일 경우에는 '잡수십시오'가 되는 거죠. '청' 자 쓰는 용법은 잘 기억해 두시는 것이 좋습니다.

동사구

오늘은 동사 마지막 시간으로, 동사구에 대해서 이야기를 하겠습니다. 앞에서 살펴본 것처럼 동사라고 하는 것이 '말하다'[言] '먹다'[食]와 같은 것이지만, 어떤 관계 속에서 쓰일 수가 있습니다. 가령 '먹다'라는 동사는 다른 사람과의 관계에서 '먹게 한다', '먹히다'처럼 쓰일 수가 있죠. 이런 경우에는 한 개의 글자로는 되지 않고 다른 글자가 붙어서 구를 형성하게 되는 겁니다. 그런 걸 동사구라고 그럽니다. 이 동사구의 역할 중 첫번째로 동사의 형태를 나타내는 말들을 보겠습니다.

동사의 형태를 나타내는 말들

사역형 : 使, 令, 俾

먼저 사역형을 보겠습니다. 사역형이라는 것은 자기가 동작을 하는 것이 아니고 상대방을 동작하게 만드는 거죠. 가령 '먹다'라는 동사의 사역형은 '먹게 하다'가 되겠죠. 손님이 오면 음식을 장만해서 손님에게 '먹게 하는' 거죠. 이렇게 사역형을 만드는 글자로 '사'(使), '영'(令), '비'(俾) 같은 글자가 있습니다. 세 글자 모두 '~하게 한다'는 뜻의 글자인데, '비'(俾)는 『시경』이나 『서경』 같은 데에 사용하던 옛날 형태의 글자입니다.

■ 項王不使之國.

예문을 보겠습니다. '항왕불사지국'에서 '항왕'은 항우죠. '불'은 부정사이고, 여기서 동사는 '지'(之)입니다. '가다'라는 뜻이죠. '지국'(之國)이라고 하면 '나라에 간다'는 건데, 여기서는 고향으로 돌아간다는 말이죠. 그래서 '불지국'이라고 하면 '나라(고향)에 가지 않는다'인데, 여기에 '사'(使) 자가 들어가면, '나라에 가게 하지 않았다'는 말이 됩니다. 할 일이 다 끝나서 본국으로 돌아가려고 했더니 항왕이 돌아가지 말고 가만히 있으라고 한 것이죠. 부정사를 빼고 '사지국'(使之國)이라고만 하면 '나라로 가게 했다'는 뜻이 되죠. 이렇게 사동형을 나타내는 '사' 자가 붙어서 동사구가 되는 겁니다.

■ 使收債.

'사수채'(使收債)도 마찬가지입니다. '채'(債)는 빚입니다. '수'는 거둬들이는 것이니, '수채'라고만 하면 빚을 거둬들이는 겁니다. 이럴 때는 '수'가 단순한 동사로 쓰였죠. 그런데 '사'(使)가 붙으면, 누군가를 대신 보내서 빚을 거둬들이게 했다는 말이 됩니다. '아들을 보내서 돈을 받아오게 했다'라는 문장은 '견기자사수금래'(遣其子使受金來)라고 쓸 수 있겠죠. '사' 자가 이렇게 쓰입니다.

■ 廉頗之仇, 多與使者金, 令毁之.

다음으로 '영'(令) 자가 쓰인 문장을 보겠습니다. '염파'(廉頗)는 전국시대 장수의 이름이죠. '구'(仇)는 원수입니다. 적이죠. 전국시대에는 적이나 원수가 많았겠죠. '다여'(多與)는 '많이 주었다'라는 뜻이고, '사자'(使者)는 '심부름하는 사람'이죠. 염파의 원수가 심부름하는 사람에게 돈[金]을 많이 주었다는 말입니다. 돈을 많이 주어서, '영훼지'(令毁之)했다고 하네요. '훼'(毁)는 '헐어 버리다'라고 할 때 쓰는 말이죠. 현대에는 '명예훼손'이라고 할 때 쓰는 말이죠. 그러니까 중상(中傷)을 하는 것을 말합니다. 남을 헐뜯거나 해서 명예를 훼손하는 것을 말하죠. 그런데 '영' 자가 붙어서 '사자(使者)에게 염파를 중상하게 하였다'는 말이 되죠. 역시 사역형의 문장이 되겠습니다.

■ 俾暴虐于百姓.

이 문장은 '백성에게 포학하게 굴도록 하였다'라는 말입니다. 상나라 마지막 왕인 주(紂)가 죄를 짓고 도망쳐 온 자들에게 벼슬을 주어 '백성들을 못살게 하도록 하였다'는 말입니다.

수동형 : 見, 被, 爲

다음에는 수동형이 있습니다. 자기가 하고 싶어서 하는 것이 아니라 다른 사람의 강압이나 압력에 의해서 어쩔 수 없이 하거나 당하는 것이 수동형이죠. 한문에서는 동사 앞에 '견'(見), '피'(被), '위'(爲) 자를 붙여서 씁니다. 가령 '죽임을 당했다'는 '피살'(被殺)이라고 하죠. 두 글자가 하나의 동사구가 되는 겁니다. 예문을 더 보죠.

■ 曰:"嫗子何爲見殺?"

'구'(嫗)는 나이 많은 부인을 말합니다. 요즘으로 치면, '할머니'나 '아주머니'가 되죠. '구자'(嫗子)는 '아주머니의 아들' 정도로 옮기면 되겠죠. '하위'(何爲)는 '어찌하여'라는 뜻이고, '견살'(見殺)은 '죽임을 당하다'라는 말입니다. '견' 자가 들어가서 피동형 문장이 되었죠. 앞에서 보았던 '피살'과 같은 말입니다. 우리 말에는 '죽임을 당하다'를 뜻하는 말이 없죠. '살해당하다'라고 말할 수밖에 없습니다.

■ 忠無不報, 信不見疑.

그다음 '충무불보, 신불견의'(忠無不報, 信不見疑)에서 '충무불보'는 '사람이 충성스럽게 하면 보답을 받지 않는 일이 없다'라는 뜻입니다. 남에게 충성을 다하면 반드시 보응이 오게 마련이라는 거죠. '신불견의'는 '미덥게 행동하면 의심을 받지 않는다'는 말이죠. '견의'(見疑)는 수동형으로 '의심을 받다'라는 뜻입니다. 여기서 '불'(不) 자 대신 '이'(而)가 들어가면, '미덥게 행동했는데도 의심을 받는다'라는 뜻이죠. 세상에서는 그럴 수도 있죠.

■ 屈原曰:"前大王見欺於張儀".

다음 문장은 전국시대 초나라의 이름난 충신 굴원(屈原)의 말입니다. 굴원이 말하기를 '전 임금이[前大王] 장의(張儀)에게 속임을 당했다[見欺]'라고 합니다. '견기'(見欺)에서 '기'는 '속이다'였죠. '견기'가 되면서 '속임을 당하다'라는 말이 되었습니다.

■ 信而見疑, 忠而被謗.

다음 문장을 보죠. 앞에서 '신이견의'(信而見疑)라는 말이 나왔죠. '미덥게 행동했지만 의심을 받는다'는 말이었습니다. 그다음 문장 '충이피방'(忠而被謗)은 '충성스러웠지만 비방을 당했다'는 뜻이죠. '피방'(被謗)은 중상모략을 당했다는 말입니다.

■ 胥之父兄爲僇於楚.

'서'(胥)는 사람 이름으로 고유명사입니다. '륙'(僇)은 우리나라에서는 '륙'(戮)이라고 더 많이 쓰는데요. 이 글자는 법에 의해서 처형당하는 것을 나타낼 때 쓰는 글자입니다. 이 문장은 '서의 부형(父兄)이 초나라에서 처형을 받았다'라는 말입니다. 이 문장에서는 '륙'(僇) 앞에 '위'(爲)가 붙어서 '처형당하다'라는 수동형 동사구가 되었습니다.

동사의 관계를 나타내는 말들

다음으로 동사의 관계를 나타내는 말들을 보겠습니다. 다른 사람과의 관계라든가, 시간 혹은 공간적으로 어떤 관계를 표시하는 것을 '동사의 관계'라고 합니다. 동사의 관계를 나타내는 동사구를 만드는 말로는 '이'(以), '여'(與), '위'(爲), '종'(從), '유'(由) 등이 있는데, 실제로 많이 쓰이는 말들이라서 잘 알아 두시면 좋습니다.

'이'(以)의 쓰임

먼저 '이'(以) 자의 쓰임부터 살펴보겠습니다.

■ 應侯以聞秦王. ■ 堯以爲聖.

첫번째 예문을 보면, '문'(聞)이라고 하면 '듣는다'는 뜻인데, 이 말이 '들려주다'의 의미로도 쓰입니다. 그러니까 하나의 주체가 '듣는 것'에서 끝나는 게 아니라, 두 사람 사이에서 벌어지는 일을 나타내는 말입니다. '응후(應侯)가 진왕(秦王)에게 들려주었다'라는 말은 곧 '진왕에게 보고했다'는 뜻이 됩니다. 문제는 '이'(以) 자죠. '이'는 전치사로 '~을', '~으로'라는 뜻입니다.

가령, '이아위형'(以我爲兄)이라고 하면 '나를[以我] 형이라고 한다'는 말이고요. '이서여인'(以書與人)이라고 하면 '책을[以書]

남에게 주었다'라는 뜻이죠. 이렇게 '이'(以) 자가 전치사로 쓰이면 그다음에 명사가 와야 하죠. 그런데 명사가 생략되고 동사가 바로 들어오는 경우가 있습니다. 위의 예문과 같은 경우죠. '응후이문진왕'(應侯以聞秦王)에서 '이문'은 '[그것을] 보고하였다'입니다. 보고의 대상이 된 어떤 사실이 생략된 겁니다.

그다음 문장 '요이위성'(堯以爲聖)도 '이' 뒤에 '그를'이라는 말이 생략되었다고 볼 수 있습니다. 뜻은 '요임금이 [그를] 성인이라고 하였다'라고 풀 수 있습니다.

'여'(與)의 쓰임

다음으로 '여'(與) 자를 보겠습니다.

■ 堯使九男與處.

'요사구남여처'(堯使九男與處)라는 문장은 '요는[堯] 아홉 아들에게[九男] 그와 함께 거처[與處]하도록 했다[使]'는 말입니다. 여기서 '여'(與)는 '그와'라는 뜻입니다. 역시 전치사 뒤에 오는 명사나 대사가 생략된 형태죠. 아홉 아들이 '[그와] 함께[與]' 살도록[處] 했다는 말입니다.

■ 項羽卽日留沛公與飮.

다음 문장도 마찬가지입니다. '즉일'(卽日)은 '바로 그날'이라는 뜻이고, '류'(留)는 머무르게 하다라는 뜻입니다. '패공'(沛公)은 한고조 유방이죠. 유방을 머물게 하고 '여음', '[그와] 함께 술을 마시다'입니다. '여' 뒤에 '패공'이라는 말이 생략된 형태입니다. '[그]와 함께 놀았다'라고 하면 '여유'(與遊), '[그와] 함께 이야기하였다'는 '여언'(與言), '[그와] 함께 책을 읽었다'라고 하면 '여독서'(與讀書)처럼 표현하면 되겠습니다.

'위'(爲)의 쓰임

다음으로 '위'(爲)가 어떻게 쓰이는지를 보겠습니다.

■ 漢王爲發喪, 哭之而去.

'한왕위발상'(漢王爲發喪)에서 '위' 뒤에는 '항우'가 생략되어 있습니다. 한왕 유방과 항우가 싸우다가 항우가 전쟁에서 죽자, 한왕이 '[그를] 위해서[爲]' 발상을 했다는 내용이죠. '발상'은 초상이 났다는 것을 발표하는 것입니다. 발상을 하고 나서는 '곡지이거'(哭之而去), 즉 '슬피 울고서 떠났다'는 말이죠.

■ 爲言得釋.

그다음 '위언득석'(爲言得釋)에서 '위언'은 '~를 위하여 말하다'라는 뜻입니다. 말을 해서 체포된 사람을 석방하도록 했다는 겁니다.

'종'(從)과 '유'(由)의 쓰임

'종'(從)과 '유'(由)는 동사 앞에 붙어서 '~를 경유해서' 혹은 '어디에서'의 뜻을 갖는 동사구를 만듭니다. 예문을 보죠.

- 其所從來遠矣. - 然後百姓由寧.

'소종래'(所從來)는 어디에서 왔는지, 그 온 곳을 말하는 거죠. 그러니까 '기소종래원의'(其所從來遠矣)라고 하면, '그 온 곳이 멀다'는 뜻입니다. 가령 북방 시베리아 먼 데서 날아온 철새를 보고, '기소종래원의'라고 쓸 수 있겠지요. 다음 문장에서 '녕'(寧)은 '편하다'라는 뜻입니다. '유'(由)는 '~를 경유해서'의 의미인데, 역시 뒤에 '그'가 생략되었다고 보아서 '그로 인하여'라는 뜻을 갖습니다. '연후에 백성들이 [그로 인하여] 편안하였다'라는 뜻이 됩니다.

지금까지 살펴본 것처럼, 동사 앞에 어떤 글자가 붙어서 사역형이나 피동형, 혹은 관계를 나타내는 동사로 변화시킬 때, 이런 것을 동사구라고 합니다. 이상으로 동사에 대한 설명을 마치겠습니다.

4장 _ 형용사

지난 시간까지 동사에 관한 걸 끝냈고요. 이번 시간에는 형용사를 말씀드리겠습니다. 형용사라고 하면 가령 우리말에서는 '푸르다', '희다', '가볍다', '무겁다' 같은 말들이죠. 형용사는 기본적으로 명사를 꾸며 주는 역할을 합니다. '푸른 하늘', '깊은 물' 하는 식으로 수식하는 말로 쓰이는데, 이럴 때는 그렇게 문제될 것이 없습니다. 하지만 형용사가 '하늘이 푸르다', '물이 깊다' 하는 식으로 술어로 쓰이는 경우도 있는데, 오늘 강의에서는 주로 이렇게 술어로 쓰이는 경우를 중심으로 보려고 합니다.

    형용사라는 것은 사물 혹은 사건에 대한 판단이나 평가를 나타내는 말입니다. 형용사의 대부분이 이에 속하는데요. 형용사도 그 표현하는 성격의 차이에 따라서 '보통형용사'와 '특별형용사'로 나닙니다.

보통형용사

보통형용사라고 하는 것은 일반적인 판단 평가입니다. 가령 '푸르다'라고 하면 누가 보든지 '푸르다'라고 할 수 있습니다. '높다', '낮다' 하는 것도 일반적인 수준에서 높고 낮은 것을 이야기할 수 있죠. 이런 것을 일반적인 판단 평가라고 그럽니다. 이런 보통형용사는 일반적인 문장과 마찬가지로 '주어+술어'의 구조에서 술어의 위치에 옵니다.

- 山高. ■ 水深. ■ 柳綠. ■ 花紅. ■ 我老. ■ 婦好. ■ 事急.
- 性險.

위의 예문들을 볼까요? '산이 높다'[山高], '물이 깊다'[水深], '버들이 푸르다'[柳綠], '꽃이 붉다'[花紅], '나는 늙었다'[我老], '아내가 예쁘다'[婦好], '일이 급하다'[事急], '성미가 나쁘다'[性險]. 모두 일반적인 문장과 마찬가지로 '주어+술어'로 이뤄져 있죠. 이런 형태의 형용사를 보통형용사라고 합니다.

- 不善. ■ 未可.

앞에서 술어성분을 말씀드린 적이 있습니다. 술어에는 동사가 올 수도 있고 형용사가 올 수도 있는데요. 이 술어에 부정사나 어기사가 붙을 수 있다는 말씀을 앞에서 드렸었죠. 부정사는 술어 앞에 붙습니다. 예문을 보면, '불선'(不善)은 '좋지 않다', '미가'(未可)는 '옳지 아니하다'라는 뜻인데, '불'과 '미'라는 부정사가 앞에 붙었죠.

■ 久矣. ■ 難矣哉.

어기사는 뒤에 붙습니다. '구'(久)는 '오래되다'라는 뜻인데, 어기사 '의'(矣)가 붙었습니다. '오래되었다', '오래로다' 정도로 해석할 수 있겠습니다. '난의재'(難矣哉)는 '어려울 것이다' 정도의 의미고요.

이렇게 형용사가 술어로 쓰일 때 부정사는 앞에 오고 어기사는 뒤에 붙는 형태로 쓰이는 것이 원칙입니다. 그리고 원칙적으로 형용사에 객어는 붙지 않습니다. 하지만 '많다', '적다'라고 할 때에는 예외적으로 객어가 붙습니다.

■ 張良多病.

예문은 '장량은 병이 많다'라는 뜻인데, '병이 많다'라고 하면 '병다'(病多)라고 하지 않고 '다병'(多病)이라고 합니다. '병'이 '다'라는 형용사에 목적어처럼 붙은 겁니다. '돈이 많다'라고 할 때에도 '금다'(金多)라고 하지 않고 '다금'(多金)이라고 합니다.

■ 周勃重厚少文.

다음 문장 '주발중후소문'(周勃重厚少文)에서 '주발'(周勃)은 사람 이름입니다. '중후'(重厚)는 '무겁고 후하다'라는 뜻으로, 인격이 무게가 있고 말이나 행동을 함부로 하지 않는 것을 말하죠. 그런데 '소문'(少文)하다고 하네요. 여기서 '문'(文)이라는 것은 교양입니다. 그러니까 사람이 중후한데, 교양이나 세련된 맛이 적다는 것이죠. 이때에도 '적다'라는 의미의 '소'(少) 다음에 객어인 '문'(文)이 왔습니다. 사람이 말이 적다고 할 때에도 '언소'(言少)라고 하면 안 되고, '소언'(少言)이라고 해야 하는 겁니다.

'다'(多), '소'(少)는 형용사 중에서도 동사로서의 특징을 가지고 있는 말들이라고 하겠고요. '많게 가졌다', '적게 가졌다'라는 뜻을 담고 있다고 볼 수 있죠. 이 말들을 빼고는 보통형용사에서 이렇게 객어가 붙는 경우는 없습니다. 가령 '쇠는 무겁다'라고 할 때, '철중'(鐵重)이라고 해야지, '중철'(重鐵)이라고 해서는 안 됩니다. 이렇게 되면 '무거운 쇠'라는 뜻이 되죠.

특별형용사

보통형용사는 사물에 대한 일반적인 판단 평가를 나타내는 것이기 때문에 특별히 어려울 것이 없습니다. 하지만 지금부터 살펴볼 특별형용사는 잘 보아 둘 필요가 있습니다. 특별형용사라는 건 말하는 사람의 주관적인 판단을 강력히 나타내는 것입니다. 무슨 말이냐 하면 일반적인 평가라고 하는 거는 붉은 걸 보고 '붉다', 늙은 사람을 보고 '늙었다', 젊은 사람을 보고 '젊다'라고 하는 것이죠. 하지만 '어렵다', '쉽다' 같은 경우는 말하는 사람의 주관적인 판단에 따라서 결정이 되죠. 어떤 사람에게는 쉬운 일도 어떤 사람에게 매우 어려울 수가 있습니다. 어른이 10kg짜리 물건을 드는 것은 그렇게 어려운 일이 아니지만, 어린아이에게는 어려운 일일 수도 있죠. 이와 같이 말하는 사람에 따라 판단 평가가 다른 것을 특별형용사라고 합니다.

특별형용사로 쓰이는 글자들

가령 '가'(可), '난'(難), '이'(易), '족'(足), '당'(當), '의'(宜) 같은 글자들이 모두 특별형용사에 해당됩니다. '가'(可)는 '옳다', '된다'라는 뜻이고, '난'(難)은 '어렵다', '이'(易)는 '쉽다', '족'(足)은 '충분하다', '당'(當)과 '의'(宜)는 '마땅하다', '적합하다'의 뜻입니다.

보통형용사로 쓰이는 경우

특별형용사는 문장을 쓰는 방법도 다른데, 먼저 이 글자들이 보통형용사로 쓰이는 문장을 보겠습니다.

■ 往見可也. ■ 此甚不可.

첫번째 문장 '왕견가야'(往見可也)는 '가 보는 것'[往見]이 '가하다'라는 뜻이죠. 가 보는 것이 옳다는 말입니다. 이 경우 '가'(可)는 술어로 쓰였죠. 다음 문장 '차심불가'(此甚不可)는 '이것은[此] 매우[甚] 옳지 않다[不可]'라는 뜻이죠. 이 경우에도 '불가'라는 형용사가 술어로 쓰였습니다. '가하다'[可], '불가하다'[不可] 같은 식으로 단순하게 쓰일 때는 보통형용사와 다를 게 없죠.

■ 公孫杵臼曰:"立孤與死, 孰難?" 曰:"立孤難".

'공손저구'(公孫杵臼)는 사람 이름으로 고유명사입니다. 공손저구라는 사람이 '고아를 세우는 일'[立孤]과 '죽는 일'[死] 중에 어느 것이[孰] 어려운지[難]를 묻고 있는 겁니다. 자기가 모시던 주군이 적들에게 죽었는데, 그 고아를 잘 피신시키고 키워서 주군의 뒤를 잇게 하는 것과 그 적들과 싸워 죽는 것 중에 어떤 것이 더 어려운지를 묻고 있는 거죠. 상대는 '고아를 세우는 일'이 더 어렵다고 대답을 하죠. 이 경우에도 형용사인 '어려울 난'(難)자가 술어로 쓰였습니다.

■ 曰:"此一拳足矣". ■ 曰:"其不至固宜".

'차일권족의'(此一拳足矣)에서 '족'(足) 자도 특별형용사로도 쓰이는 글자지만, 여기서는 술어로 쓰였죠. 상대방을 때려 눕혀야 하는데 무기를 무얼 쓰겠냐고 물으니까 '이 주먹 하나[此一拳]면 충분하다[足矣]'라고 대답을 하는 겁니다. 다음 문장 '기부지고의'(其不至固宜)는 '그가[其] 오지 않는 것이[不至] 본시[固] 마땅하다[宜]'라는 뜻이죠. 이 경우 '의'(宜) 자가 '마땅하다'라는 뜻의 형용사로 술어로 쓰였죠.

이렇게 '가하다', '불가하다', '어렵다', '쉽다', '충분하다', '마땅하다' 같은 형용사들이 술어로 쓰이는 경우는 보통형용사와 다를 것이 없죠. 부자연스러운 것이 없습니다. 가령 '산이 푸르다', '마음이 좋다' 같은 문장과 마찬가지죠.

특별형용사의 특징

그러나 특별형용사는 형용사 다음에 그 판단 평가의 대상인 행위를 나타내는 동사를 붙일 수 있는 것이 특징입니다.

■可食. ■可殺. ■當見其心. ■足以解憂. ■可擊.

가령 '가'(可) 뒤에 '먹을 식'(食) 자가 붙으면 '먹는 것이 가하다' 즉 '먹어도 된다'라는 뜻이 되죠. '가살'(可殺)이라고 하면 '그놈을 살려 둬야 하느냐, 죽여야 하느냐'라고 할 때, '죽여도 된다'라는 뜻이 되고요. 이렇게 특별형용사는 동사 앞에 붙는다는 것이 보통형용사와 다른 점입니다. '당'(當) 자도 마찬가지죠. 가령 '당견기심'(當見其心)이라고 하면, '그 사람의 마음을 보아야 마땅하다'라는 뜻이죠. 이때 '당'(當) 자가 동사인 '견'(見) 앞에 붙어서 '~하는 것이 마땅하다'라는 뜻으로 쓰였죠.

'족이해우'(足以解憂)에서 '족'(足)은 충분하다는 뜻입니다. '이해우'(以解憂)는 '그것으로써[以] 근심을[憂] 푼다[解]'는 뜻이고요. 가령 친구가 연락도 없고 죽었는지 살았는지 전혀 몰랐는데, 다른 나라에서 잘 살고 있다는 소식을 들었을 때 하는 말입니다. 그 소식으로 근심을 풀기에 충분했다는 말이죠. 이때도 이 '충분하다'[足]라는 형용사가 주어 다음에 술어로 쓰이는 것이 아니라 어떤 행위 앞에 붙어 있죠. 이런 경우를 특별형용사라고 하는 겁니다. 어떤 행위가 가치를 판단하고 평가하는 대상이 되는 거죠.

그런데 가령 '가격'(可擊), 즉 '공격하는 것이 가하다'라는 문장이 있다고 하면, 과거에는 이때 '가'를 부사로 해석을 해서, '가히 공격한다'라는 식으로 풀었는데, 이건 말이 안 됩니다. '가'(可)는 어디까지나 형용사입니다. 또 특별형용사를 능원동사로 다루어 오기도 했습니다. 능원동사는 앞서 동사 강의에서 살펴본 적이 있었죠. '능'(能), '인'(忍), '감'(敢), '득'(得) 같은 동사들이 있었습니다. 역시 이보다는 특별형용사로 다루어야만 그 말뜻을 분명히 나타낼 수가 있습니다.

우리나라 말로 표현하면 '그래야 된다', '먹어야 된다'는 식으로 동사가 앞에 오고 '된다'라는 말이 뒤에 옵니다만, 한문에서는

'된다'가 앞에 오고, '그렇게 하다', '먹는다' 같은 동사가 뒤에 오는 거죠. 역시 한문이 외국어이기 때문에 우리와 표현 방법이 다르죠. 예문을 좀더 보겠습니다.

■ 荀息曰: "吾不可負先君". ■ 對曰: "君不可以言利若是".

처음 문장에서 '순식'(荀息)은 사람 이름입니다. '부선군'(負先君)에서 '부'(負)는 여기서는 저버린다는 뜻이고, '선군'(先君)은 이전 임금을 말하죠. 그러니까, '그전 임금을 배신해서는 안 된다[不可]'는 뜻이죠. 다음 문장은 '그대는[君] 이와 같이[若是] 이익을[利] 말해서는[言] 안 된다[不可以]'라고 해석할 수 있습니다.

■ 曰: "吾可以下報智伯矣".

이 문장에서 '오가이'(吾可以)는 '나는 이것으로써 ~을 할 수 있다'라는 뜻이죠. '지백'(智伯)은 사람 이름이고요. '하보지백의'(下報智伯矣)는 '내려가서 지백에게 보답한다'라는 뜻이 됩니다. 이 사람이 다른 사람과 세력을 다투다가 죽습니다. 그리고 죽어서도 여러 가지 모욕을 당하죠. 그러자 예양(豫讓)이라는 사람이 자기가 섬기던 주군(지백)의 원수를 갚으려고 나서죠. 하지만 원수를 갚지 못하고 나중에는 잡혀서 죽는데, 죽기 전에 원수에게 저고리를 벗어 달라고 하죠. 그 저고리를 칼로 베고 나서 하는 말이 이 말입니다. 저승에 내려가서 지백에게 보고할 만한 일을 했다는 겁니다.

■ 安民可與行義, 而危民易與爲非.

'어려울 난'(難), '쉬울 이'(易) 같은 글자도 특별형용사로 쓰이죠. 이 구절에서 '안민'(安民)은 평화로운 때의 백성을 말합니다. 이런 백성과는 함께[與] 의를 행하기에[行義] '가'(可)합니다. 좋은 일을 할 수가 있죠. 하지만, '위민'(危民), 즉 '위태로울 때의 백성'과는 함께[與] 나쁜 짓을 하기가[爲非] 쉽죠[易]. 이 문장에서 '가'(可)와 '이'(易)가 각각 '행의'와 '위비'를 판단하고 평가하는 특별형용사로 쓰였습니다.

■ 時難得而易失耳.

이 문장은 '때'[時], 즉 기회라고 하는 것은 '얻기는 어렵고[難得], 잃어버리기는 쉽다[易失]'는 말이죠. 역시 '난'(難)과 '이'(易)가 '얻는다'[得], '잃는다'[失]라는 동사 앞에 쓰였습니다.

■ 籍曰: "劒, 一人敵, 不足學".

'족'(足)은 앞에서도 보았듯이 '충분하다'라는 뜻이죠. '적'(籍)은 항우를 말합니다. 항우가 말하기를 '검'(劒), 즉 검술이라는 것은 '한 사람을 상대하는 것'[一人敵]이기 때문에 '배우기에 부족하다'[不足學]라고 이야기하고 있습니다. 수천 명을 상대로 해서 싸울 때는 검술 같은 것으로는 안 된다는 말이죠. 그래서 검술 따위는 배울 만한 가치가 없다고 이야기를 하고 있는 겁니다.

- 紂大悅曰:"此一物, 足以釋西伯".

이 문장에서 '주'(紂)는 나쁜 임금으로 유명한 사람이죠. '서백'(西伯)은 주나라의 기틀을 마련한 주 문왕으로 아주 훌륭한 사람으로 유명합니다. 그런데 주(紂) 임금이 서백을 잡아서 가뒀습니다. 그러자 서백의 석방을 위해서 노력하는 사람들이 미인을 한 명 주(紂)에게 바치죠. 위 문장은 주가 이 미녀를 보고서 크게 좋아하면서 하는 말입니다. '차일물'(此一物)은 '이 물건 하나'라는 뜻으로 미녀를 말하죠. 이 미녀가 '서백을 석방하는 데[釋] 충분하다[足]'라고 이야기하고 있습니다. 이런 것이 특별형용사의 용법입니다.

5장 _ 부사

이제부터는 부사에 대해서 말씀을 드리겠습니다. 부사로 쓰이는 글자들이 너무나 많지만, 부사가 문장에서 쓰일 때의 형태는 우리말과 별로 다를 게 없습니다. 그래서 익히는 데 그렇게 어려운 점은 없습니다. 우리말에서 부사를 쓸 때 가령 '매우 빠르다'라는 식으로 부사가 앞에 오고 '빠르다'라는 형용사, 혹은 동사가 뒤에 오는 식으로 쓰이죠. 한문에서도 마찬가지로 부사가 앞에 오고 동사나 형용사가 뒤에 오는 식으로 쓰입니다. 정리하면 '원칙적으로 술어 앞에서 서술에 관한 한정을 나타내는 말'을 부사라고 할 수 있습니다. 어떤 물건이 '작다'고 하더라도 어느 정도로 작다고 표현할 수가 있겠죠. '매우 작다'거나, '약간 작다'라고 할 수 있습니다. 이렇게 술어를 한정해 주는 말이 부사입니다.

그런데 부사가 때로는 주어 앞에 쓰이는 경우도 있습니다. 주어는 주로 명사나 명사구가 올 텐데, 부사가 명사나 명사구 앞

에 쓰이는 것이죠. 이런 부사를 '특별부사'라고 하고, 앞서 말씀
드린 것과 같은 술어 앞에 오는 부사는 '보통부사'라고 합니다.

특별부사

지정에 관한 것 : 蓋, 凡, 唯(獨), 顧

우선 특별부사 중에서도 '지정에 관한 것'을 살펴보겠습니다.
주어를 한정 지어 주는 것을 말합니다. 예로 든 글자들 중에
'개'(蓋)는 '대체로'라는 뜻입니다. 가령 '개성인치세'(蓋聖人治世)
라고 하면, '대체로 성인이 세상을 다스릴 때에'라는 뜻이 되죠.
이때 '개'는 '성인'이라는 주어 앞에 와서 '대체로', '포괄적으로'의
뜻을 갖습니다. 그다음 '범'(凡)은 '모든'이라는 뜻이죠. '범천하지
인'(凡天下之人)이라고 하면, '모든 천하 사람'이라는 뜻으로, '천
하 사람'이라는 명사의 한계를 지어 주는 거죠. '범사개연'(凡事
蓋然)이라고 하면, '모든 일이 다 그렇다'라는 뜻이죠. 이럴 때도,
'사'(事) 앞에 '범'이 오죠.

'유'(唯)나 '독'(獨)은 '다만', '오직'이라는 뜻이죠. '유아독
존'(唯我獨尊)이라고 하면, '오직 나만이 가장 높다'라는 뜻이죠.
마지막으로 '고'(顧)는 술어로 쓸 때는 '돌아보다'라는 뜻의 동사

지만, 부사로 쓰이는 경우도 있습니다. 별로 많이 쓰이지는 않습니다만, 가령 '고이부지전이'(顧而父知田耳)라는 용례가 있습니다. '이'(而)는 '너'라는 뜻으로, '이부'(而父)는 '너의 아버지'가 되겠죠. '지전이'(知田耳)는 '밭을 안다'는 뜻이죠. '밭일에 대해서', 혹은 '밭이 어디 있는지' 안다는 의미입니다. 맨 앞의 '고'(顧)는 여기서는 '~만이'라는 뜻입니다. 그러니까 문장을 해석해 보면 다른 사람은 밭에 대해 알지 못하고 '너의 아버지만이 밭에 대해서 안다'라는 뜻이 되겠죠. 이때 '고'라는 부사가 '이부'라는 명사 앞에서 명사의 의미를 한정해 주는 역할을 하고 있는 겁니다.

규정에 관한 것

규정에 관한 부사는 시간을 규정하는 말들로, 하나의 구로서 부사의 역할을 하는 겁니다. 예를 들어서 말씀드리죠.

■ 是日, 是時, 今者, 頃者, 於是, 由是, 由此

예로 든 말들은 '이날'[是日], '이때'[是時], '지금'[今者], '요즘'[頃者], '이때에 있어서'[於是], '이 때문에'[由是], '이와 같이'[由此]의 뜻이죠. 그런데 이런 말들이 엄밀하게 말해서 부사에 해당되느냐라고 문제를 삼을 수도 있습니다만, 이런 글자들의 쓰임새가 부사에 해당된다고 보아서 '특별부사'라는 이름을 붙여서 설명을 드리고 있습니다.

보통부사

부사는 앞에서도 말씀드린 것처럼 쓰이는 글자가 많습니다. 문장을 읽다가 무슨 말인지 모르겠고 좀 이상하다고 여겨질 때에는 그것이 부사같이 보이지 않더라도 혹시 부사가 아닌가 하고 한 번 생각해 볼 필요가 있습니다. 그래서 사전을 찾아보거나 해서 그것이 부사로도 쓰인다는 것을 발견하고 대입해 보면, 문장이 어떤 뜻인지 판단을 내릴 수 있는 경우가 있습니다. 어쨌든 부사는 정도나 감정적인 표현 등 매우 많고 복잡하다는 점을 기억해 두시고요. 그렇기 때문에 접속부사, 판단부사, 표상부사, 상태부사, 부정부사, 의문부사, 이렇게 여섯 가지 정도로 나누어서 설명하도록 하겠습니다.

접속부사

접속부사는 술어를 접속하는 구실을 하는 부사입니다. 앞에 술어가 있고, 또 그다음에 술어가 있을 때 그 두 술어를 연결시키는 일을 하는 것을 접속사라고 하는데요. 부사로서 그런 접속사의 구실을 하는 것이 접속부사라고 하겠습니다.

'즉'(卽)과 '즉'(則)의 차이

대표적인 접속부사로 '卽'과 '則'이 있는데, 이 자들은 모두 '즉'이라고 읽고, 우리말로 하면 다 '곧'이라고 옮길 수 있는데요. 쓰임은 조금 다릅니다. 예문을 보겠습니다.

■ 其季父項梁, 梁父卽楚將項燕.

'기계부항량'(其季父項梁)은 '그 막냇삼촌은 항량이다'라는 뜻이죠. '계부'는 막냇삼촌을 뜻하고, 항량(項梁)은 유명한 항우의 삼촌이죠. 그다음 구절은 '항량의 아버지는 바로[卽] 초나라 장군 항연이다'라는 뜻이죠. 항우의 가계에 대해서 이야기를 하고 있는 문장입니다. 항우의 삼촌이 항량이라는 사람인데, 그 사람의 아버지가 초나라의 유명한 장군인 항연이라는 뜻입니다. 항량보다는 항연이 사람들에게 더 잘 알려져 있기 때문에 뒤의 문장이 더 강조되고 있는 거죠. 여기서 '즉'(卽) 자는 '바로', '곧'이라는 뜻의 부사이면서 동시에 접속사의 구실을 하고 있는 겁니다. 앞의 문장에서 '항량'(項梁)이 술어이고, 그다음 문장에서는 '초장항연'(楚將項燕)이 술어죠. '즉'(卽)이 이 두 개의 술어를 접속시키는 역할을 하고 있는 겁니다.

■ 秦人諺曰 : "力則任鄙, 智則樗里".

그다음 '즉'(則)은 '즉'(即)과 우리말로 음과 뜻이 같지만 성격이 좀 다릅니다. 문장을 보죠. '언'(諺)은 '속담'을 말합니다. '진인언왈'(秦人諺曰)은 '진나라 속담에 이르기를'이라는 뜻이죠. 그다음 이어지는 문장이 바로 그 속담입니다. '역즉임비, 지즉저리'(力則任鄙, 智則樗里)에서 '임비'와 '저리'는 사람 이름입니다. 우리말로 옮기면, '힘으로는 임비요, 지혜로는 저리다'라고 할 수 있습니다. 힘이 제일 센 사람이 임비고, 제일 지혜로운 사람은 저리라는 뜻이죠. '항량의 아버지가 바로[即] 항량이다'라고 할 때와 다르죠. 하지만 이 경우에도 두 개의 문장을 이어 주는 접속부사에 해당되겠습니다.

그 밖의 접속부사 : 乃, 輒, 遂, 爰, 因

계속해서 접속부사로 쓰이는 글자들을 더 보겠습니다. '내'(乃), '첩'(輒), '수'(遂), '원'(爰), '인'(因) 등이 있는데, 예문을 들어서 각각의 쓰임을 살펴보겠습니다.

■ 曰 : "夫人所以貴者, 乃此男也".

'내'(乃) 자도 접속부사에 해당되는 것입니다. 예문에서 '부인'(夫人)은 지금 쓰는 말과 같죠. 남의 아내에 대한 높임말입니다. '소이'는 '~하게 된 까닭'이죠. 그러니까 '부인소이귀자'는 '부인이 귀자(貴者), 즉 귀하게 된 것이 무엇 때문인지'라는 뜻이죠. 무엇 때문이냐 하면, 다른 게 아니라 '바로[乃] 이 아들[此男] 때문'이라는 거죠. 당신이 그 아들을 하나 낳았기 때문에 귀한 자리에 올라간 것이라는 말입니다. 이때, '내'(乃)는 '바로'라는 뜻을 가지면서 앞의 문장과 뒤의 문장을 연결시켜 주는 접속부사인 겁니다.

■ 或走或格, 格者輒死.

그다음에 '첩'(輒) 자를 보죠. 옛날에는 이 글자를 읽을 때, '문득'이라고 읽었습니다. '첩사'(輒死)라고 하면 '문득 죽었다'는 식으로 풀었는데, 그 말 뜻을 알기가 쉽지 않죠. 지금도 이해할 수 있는 말로 써야 하겠습니다. 지금 말로는 '툭하면', '~하면 곧', '~할 때마다 번번이'라는 뜻이죠. 예문을 보죠. '혹주혹격'(或走或格)에서 '혹'은 '더러는'이라고 번역합니다. 이런 경우가 있고, 저런 경우가 있다는 식으로 따로따로 구별해서 이야기할 때 이런 식으로 말하죠. '주'(走)는 '달아나다', '격'(格)은 '부딪히다', '부딪혀서 싸우다'의 의미로, '혹주혹격'은 '더러는 달아나고, 더러는 싸운다'는 뜻이죠. 그런데 '격자첩사'(格者輒死), 즉 '부딪히는 사람은 번번이 죽는다'는 뜻이죠. 맞서 싸우는 사람은 한 명의 예외도 없이 영락없이 죽는다는 말입니다. '첩'(輒)은 이런 경우에 쓰는 말입니다.

■ 楚挑戰三合, 樓煩輒射殺之.

다음 문장도 보죠. '초도전삼합'(楚挑戰三合)은 '초나라가 세 차례나 도전하였다'는 뜻입니다. '도전'은 싸움을 걸어 오는 거죠. '누번첩사살지'(樓煩輒射殺之)에서 '누번'은 장군의 이름입니다. 이 누번이라는 장군이 초나라가 싸움을 걸어 올 때마다 '번번이'[輒] 적을 쏘아 죽였다는 말이죠. 이때도 '첩'은 활을 발사할 때마다 어김없이 명중한다는 말이죠. '문득'이라고 해석해서는 의미를 알 수가 없습니다.

■ 韓信因自立爲王.

'수'(遂), '원'(爰), '인'(因)은 모두 비슷한 뜻의 접속부사입니다. '수'(遂)는 '드디어 수'라고 해서 '드디어'라고 해석이 되는데, '인하여', '그대로'의 뜻입니다. '원'(爰)이나 '인'(因)도 마찬가지로 '인하여', '그대로'의 뜻입니다. 비슷하기 때문에 예문을 하나만 들어 보겠습니다.

'한신'(韓信)은 사람 이름이죠. 문장을 해석하면 '한신이 그대로[因] 자기가 서서[自立] 왕이 되었다[爲王]'라는 뜻입니다. 이 문장 앞에는 어떤 땅을 점령했다는 문장이 나오겠죠. 그렇게 땅을 점령한 다음에 '그대로' 스스로 그 자리에서 왕이 되었다는 말입니다. 여기서 '인'(因)은 접속부사입니다.

가령 '시장에 가서 무엇을 샀다'라는 문장 뒤에 '그 자리에서 그대로 먹었다'라고 할 때, 이 글자들을 씁니다. '수식지'(遂食之), '원식지'(爰食之), '인식지'(因食之)가 모두 '그대로 그 자리에서 먹었다'는 뜻입니다. '땅을 점령했다', '시장에서 음식을 샀다'라는 술어를 '그대로 그 자리에 서서 왕이 되다', '그대로 그 자리에서 먹다'라는 술어와 연결하는 접속부사입니다.

이렇게 접속부사를 몇 가지 다루었는데요. 이외에도 많이 있지만 여기서 설명을 마치기로 하고요. 다음으로 판단부사에 대해 이야기하겠습니다.

판단부사

판단부사는 평가하는 것이죠. 가령 '이건 정말 틀림없다'라고 하면 이때 '정말'이 판단부사입니다. '아마도 아닐 것이다'라고 할 때 '아마도'가 판단부사고요. 판단부사는 추단(推斷), 확신, 감사, 희망 같은 것을 나타내는 것을 말합니다. 추단은 추측해서 결정을 내리는 것이죠.

판단부사의 예시 ① : 信, 誠, 良, 眞

판단부사에는 '신'(信), '성'(誠), '량'(良), '진'(眞) 같은 글자들이 있는데 모두 비슷한 뜻이죠. 모두 형용사로도 쓰이는 글자들로, '신'(信)은 '미덥다', '성'(誠)은 '성실하다', '량'(良)은 '착하다',

'진'(眞)은 '참되다'라는 뜻을 가지고 있죠. 그런데 이 글자들이 부사로 쓰일 때는 공통적으로 '정말로', '진실로', '틀림없이', '꼭'이라는 뜻입니다. 가령 '신유'(信有)라고 하면, '정말로 있다'라는 뜻이 되고, '성시'(誠是)라고 하면 '정말로 옳다'라는 의미가 됩니다. 예문을 보죠.

■ 諸將以爲趙氏子良已死.

'제장'(諸將)은 '여러 장군들'이라는 뜻이고, '이위'(以爲)는 '~라고 생각하다'라는 뜻이죠. 여러 장군들이 조씨의 아들[趙氏子]이 '틀림없이'[良] 이미 죽었을 것[已死]이라고 생각했다는 겁니다. '량'(良)이 부사로 쓰였죠.

■ 子眞是耶.

그다음 '자진시야'(子眞是耶)는 '자네가[子] 정말[眞] 그 사람인가[是耶]'라고 해석합니다. 가령 선대부터 내려오는 이야기에 여기서 훌륭한 사람을 만날 거라고 했단 말이죠. 그런데 정말로 그런 사람을 만난 겁니다. 그럴 때, '자네가 정말 그 사람인가'라고 묻는 거죠. '진'(眞)이 판단부사로 '정말'이라는 뜻으로 쓰였죠.

판단부사의 예시 ② : 必, 果, 謹, 敬, 幸, 辱

필(必)은 '반드시', '틀림없이'라는 뜻이죠. '필래'(必來)라고 하면

'반드시 온다'라는 뜻이 됩니다. '필불래'(必不來)는 '반드시 오지 않는다'라는 뜻이고요. '과'(果)는 '과연', '틀림없이'라는 뜻이죠. 이 역시 판단부사입니다.

그다음 '겸사'라는 게 있죠. 상대방을 존경하는 뜻을 나타내거나 자신을 낮추어서 말하는 것인데, '근'(謹)과 '경'(敬)이 그런 데 쓰는 부사입니다. 우리말에도 그런 식으로 쓰이는 부사가 없는 것은 아닙니다만, 우리는 대개 동사를 변화시켜서 사용을 하는데, 한문에서는 부사로 표현을 합니다. '근'(謹)이나 '경'(敬)은 모두 '삼가' 혹은 '공경히'의 뜻이죠. 그래서 '근문'(謹問), '경문'(敬問)이라고 하면 '삼가 묻겠습니다', 혹은 '말씀 좀 묻겠습니다' 식으로 경어로 해석을 합니다. 이렇게 부사가 들어가서 경어체 문장이 됩니다.

'행'(幸)과 '욕'(辱)은 상대방의 행위에 대해서 경의를 나타내는 말입니다. 가령 어떤 사람이 우리 집을 찾아왔다고 할 때, '행래'(幸來)라고 하면, '다행히도[幸] 저를 방문해 주셨습니다'라는 뜻이죠. 상대방이 나에게 오는 것이 무척 다행스럽다고 하면서 상대방에 대한 경의를 표하는 말이고요. '욕'(辱)은 '욕되다'라는 뜻인데, 나를 낮춰서 상대를 높이는 글자입니다. 가령, 상대방의 편지를 '욕서'(辱書)라고 표현을 합니다. '욕된 편지'라는 뜻인데, 상대방과 같이 훌륭하고 높은 지위에 있는 사람이 내게 편지를 줬다는 그 자체가 욕된 노릇이라는 뜻으로 '욕' 자를 씁니다. 우리로서는 잘 이해가 안 되는 표현인데, 한문에서는 이렇게 표현한다는 것을 기억해 두시구요.

■ 敬諾. ■ 大王亦幸赦臣.

예문을 보고 넘어갈까요? '경낙'(敬諾)은 '공경히 허락하겠습니다'라는 뜻이죠. 상대방의 어떤 요구가 있었는데, 거기에 대해 그렇게 하겠다고 대답을 하는 거죠. 그다음 문장 '대왕역행사신'(大王亦幸赦臣)은 '대왕께서도 다행히[幸] 신(臣)을 놓아 주셨습니다[赦]'라는 뜻이죠. 이럴 때에 '행'(幸)은 상대방에게 경의를 표하는 말입니다. 우리나라에서 보면 부사의 형태가 좀 어색하게 느껴질 수 있지만, 이런 식의 부사가 중국에서는 상당히 많이 쓰이고 있습니다.

표상부사

부사 가운데 세번째로 표상부사에 대해서 알아보겠습니다. 표상부사는 술어의 내용에 대해서 그 범위나 정도를 한정해 주는 것을 말합니다. 우선 범위를 한정해 주는 말들을 볼 텐데요. 범위를 나타내는 말은 또 '병행', '전체', '개별', '단독', '자신'의 의미를 갖는 말들로 나눌 수 있습니다.

범위를 나타내는 표상부사

① 병행 : 亦, 且, 尙

우선 병행의 의미를 갖는 경우를 보겠습니다. '역'(亦), '차'(且), '상'(尙)은 모두 병행의 의미를 갖는 글자들인데요. 가령 '이것도 있고, 저것도 있다'라고 할 때, '~도'라고 하는 것이 병행입니다. 예문을 보면서 설명을 하겠습니다.

■ 丹朱之不肖, 舜之子亦不肖.

'단주지불초, 순지자역불초'(丹朱之不肖, 舜之子亦不肖)에서 '단주'(丹朱)는 요임금의 아들입니다. '불초'(不肖)는 못났다는 말이죠. 요의 아들 단주가 못났는데, 순의 아들도[亦] 못났다고 합니다. 요나 순은 모두 최고의 성인이라고 일컬어지는 분들인데, 그 훌륭한 사람들의 아들이 모두 다 못났다는 말이죠. 이때 '역'(亦) 자가 '~도'라는 병행의 의미를 가진 부사입니다.

■ 將軍有功亦誅, 無功亦誅.

문장을 하나 더 보죠. '장군유공역주, 무공역주'(將軍有功亦誅, 無功亦誅)에서 '주'(誅)는 사형을 당한다는 말이죠. 그러니까, 장군은 '공이 있어도'[有功亦] 죽고, '공이 없어도'[無功亦] 죽는다는 말입니다. 그를 미워하는 사람들이 있어서, 전쟁에서 공을 세우고 돌아오면 '저놈 정말로 실력이 있다'라고 해서 죽이고, 공을 세우지 못하면 그걸 핑계 삼아서 죽인다는 말이죠. 이런 데에도 '역'(亦) 자를 씁니다.

지금 '역'(亦)을 해석하면서 '~도'라고 해석을 했는데, 과거에는 우리나라에서 이렇게 해석을 하지 않았어요. '장군은 공이 있어도 또한 죽고, 공이 없어도 또한 죽는다'라고 해서 '또한'이라는 말로 해석을 했는데, 이 말이 아무 의미가 없죠. '공이 있어도 죽고, 공이 없어도 죽는다' 이렇게 하면 됩니다.

■ 樊噲曰 : "臣死且不避, 巵酒安足辭".

다음으로 '차'(且)를 보죠. '번쾌'(樊噲)는 사람 이름이고요. '신사차불피'(臣死且不避)는 '나는 죽음도 피하지 않는다'라는 뜻입니다. 그다음 '치주안족사'(巵酒安足辭)는 '한 잔 술 따위를 사양하겠는가'라는 뜻이죠. 여기서도 '차'(且)가 '~도'라는 의미로 쓰였습니다.

■ 其次尙有冉季. ■ 口尙乳臭.

'기차상유염계'(其次尙有冉季)는 '그다음에 또[尙] 염계가 있다'라는 뜻이죠. '상'(尙)은 '구상유취'(口尙乳臭)라는 말에도 쓰이죠. '입에서[口] 아직도[尙] 젖내가[乳] 난다[臭]'는 뜻으로, '상'(尙)이 '아직도'라는 의미로 쓰였습니다. 이런 것들이 병행의 의미를 갖는 부사들이죠.

② 전체 : 皆, 悉, 畢, 咸, 盡

다음으로 범위를 나타내는 부사 중에 전체에 해당하는 경우들을 보겠습니다. 전체라는 것은 '모두', '다 함께'의 의미를 갖는 부사들로 '개'(皆), '실'(悉), '필'(畢), '함'(咸), '진'(盡) 같은 글자들이 있습니다. 이 중에 '개'(皆)는 부사로밖에 쓰지 않는 글자지만, 나머지는 모두 동사로도 쓰는 글자들이죠.

■ 吳中賢大夫, 皆出項梁下.

첫번째 예문을 보죠. '오중현대부'(吳中賢大夫)는 오나라의 훌륭한 대부들이라는 말이죠. 오나라는 지금의 양자강 지역입니다. 이들이 '모두[皆] 항량 밑에[項梁下] 나왔다[出]'고 하죠. '항량 밑에 나왔다'는 말은 '항량보다 못하다'라는 말입니다. 이때 '개'가 '모두'를 뜻하는 부사죠.

■ 師畢渡孟津.

다음 예문 '사필도맹진'(師畢渡孟津)에서 '사'(師)는 군대입니다. 지금도 부대의 단위로 '사단'이라는 말을 쓰죠. '사'는 많은 대중이라는 의미도 있고, 물론 '스승'이라는 뜻도 있습니다. '맹진'(孟津)은 물을 건너는 나루터를 의미합니다. 그러니까 '군대가[師] 다[畢] 맹진을[孟津] 건너왔다[渡]'는 의미입니다. 도하작전을 다 끝마쳤다는 말이죠. 이럴 때 '필'(畢) 자를 씁니다.

■ 田宅財物盡與弟.

다음 문장에서 '전택재물'(田宅財物)은 토지와 집, 재산을 말하죠. 이것들을 모두[盡] 동생에게[弟] 주었다[與]는 말입니다. 이때 '진'[盡]은 '모두'를 뜻하는 부사입니다.

이 밖에도 '전체'를 의미하는 부사들이 많이 있습니다. '병'(幷), '전'(全), '구'(具), '일체'(一切) 같은 글자들도 '전체'를 의미하는 말들이죠. 가령 '일체불문'(一切不問)이라고 하면, 모든 것을 묻지 않았다, 다시 말해 '하나도 묻지 않았다'는 말이죠. 문제될 것이 많지만, 들춰서 문제 삼지 않았다는 말입니다. '병'(幷), '전'(全), '구'(具)도 마찬가지입니다.

③ 개별 : 或

표상부사 중에 범위를 나타내는 말들을 살펴보고 있는데요. 이번에는 개별적인 것을 따로 지적하는 말로 '혹'(或) 자를 보겠습니다. 앞에서 '혹주혹격, 격자첩사'(或走或格, 格者輒死)라는 예문을 살펴본 적이 있습니다. 이때 '혹'(或) 자를 썼습니다. '혹주혹격'을 '더러는 달아나고, 더러는 부딪히는 사람도 있었다'라고 해석을 했었죠. 이때 '혹'이 개별적인 것을 지시하는 부사였습니다. 비슷한 문장으로 '혹동혹서'(或東或西)라는 말도 있죠. '더러는 동쪽으로 가고, 더러는 서쪽으로 갔다'는 말입니다.

■ 周厲王無道, 諸侯或叛去.

위의 예문을 볼까요? '주려왕무도'(周厲王無道)는 주나라의 려왕이 무도했다는 말이죠. 그러자 제후들이 '혹반거'(或叛去)했다고 하죠. 더러는 배반하고 떠났다는 말입니다. 여러 사람이 있는데, 어떤 사람이 개별적인 행위를 하는 것을 나타낼 때 '혹' 자를 쓰는 거죠. 그러니까 어떤 사람은 계속해서 섬기는데, 누군가는 배반하고 떠났다는 말이죠.

■ 子孫或在中國, 或在夷狄. ■ 或中或不中

'자손혹재중국, 혹재이적'(子孫或在中國, 或在夷狄)이라는 말은 '자손들이 더러는 중국에 있기도 하고, 더러는 이적에 있기도 하다'라는 뜻이죠. '이적'은 이민족을 말합니다. 이렇게 '어떤 사람은 이렇고, 어떤 사람은 이렇다'라는 식으로 따로따로 말할 때 '혹' 자를 씁니다.

'혹중혹부중'(或中或不中)이라는 말은 앞에서도 나왔었죠. 여러 상황에서 쓰일 수 있는 말입니다. 가령 활을 쏜다고 하면, '어떤 때는 맞히고, 어떤 때는 못 맞혔다'라는 의미가 됩니다. 점을 친다고 해도 마찬가지죠. 점괘가 맞기도 하고 맞지 않기도 하는 것을 말하죠. "점을 쳐 봐야 혹중혹부중인데, 큰일을 결정할 때 그런 것으로 결정해서 되겠냐"라고 할 때도 쓸 수 있는 말이죠. 또 어떤 사람이 어떤 때는 사리에 맞는 말을 하기도 하지만 어떤 때는 터무니없는 소리를 할 때 '혹중혹부중'이라는 말을 쓰기도 합니다.

④ 단독 : 特, 直, 徒, 但, 唯

다음으로는 '단독'의 의미를 갖는 부사들을 보겠습니다. '특'(特), '직'(直), '도'(徒), '단'(但), '유'(唯) 같은 글자들이 해당됩니다. 우리말로 하면 '다만', '오직' 같은 뜻이 되죠.

■ 博士雖七十人, 特備員, 不用.

예문을 볼까요. '박사수칠십인'(博士雖七十人)은 '박사가 70명이라고 하더라도'의 뜻입니다. '박사'는 전문적인 지식을 가진 학자를 말하죠. '수'(雖)는 접속형 부사이고요. 그다음 문장에 '단독'의 의미를 갖는 부사인 '특'(特)이 나오죠. '특비원'(特備員)은 '인원수를 채웠을 뿐'이라는 뜻이죠. 그래서 '불용'(不用), 쓰지 못한다고 합니다. '특'은 '~했을 뿐이다'라는 의미를 갖습니다.

■ 直不百步耳, 是亦走也.

그다음 '직불백보이, 시역주야'(直不百步耳, 是亦走也)에서 '직'(直)도 '~했을 뿐'이라는 의미입니다. '직불백보이'는 '백보를 하지 않았을 뿐'이라는 뜻이고, '시역주야'는 '이것 역시 달아난 것이다'라는 뜻이죠. 『맹자』에 나오는 '오십보백보' 이야기의 한 구절이죠. 상대하고 전투를 막 하려고 하는데, 적이 무서워 달아나는 사람이 있습니다. 그중 어떤 사람은 줄달음을 쳐서 100보를 달아났고, 어떤 사람은 50보쯤 도망을 갔다는 말이죠. 그런데 50보 달아난 사람이 100보 달아난 사람 보고 '비겁한 자'라고 욕을 하면 되겠냐는 거죠. 이렇게 맹자가 묻자 왕이 대답한 문장이 바로 이 예문입니다. 100보를 가지 않았다 뿐[直]이지 그것 역시 도망간 거라는 말이죠. '곧을 직'(直)이 부사로 쓰인 경우입니다. '도'(徒), '단'(但), '유'(唯) 모두 같은 뜻으로 쓰이는 글자고요.

관련해서 한 가지 보충 설명을 드리자면, '비도'(非徒), '부도'(不徒), '불특'(不特)이라고 쓰면 '~뿐 아니라'라는 뜻이 됩니다. 예컨대 '부도무익, 이우해지'(不徒無益, 而又害之)라는 문장은 '이익이 없을 뿐만 아니라, 마침내 손해가 된다'라는 뜻이 됩니다.

⑤ 자신 : 身, 躬, 親

범위에 관한 부사 중에 마지막으로 자기 자신을 나타내는 말들을 보겠습니다. '신'(身), '궁'(躬), '친'(親) 같은 말들인데요. '신'(身)이 부사로 쓰인 경우를 예문으로 보겠습니다.

■ 乃遣其子宋襄相齊, 身送之.

'내견기자송양상제'(乃遣其子宋襄相齊)는 '곧[乃] 그 아들[其子] 송양(宋襄)을 보내[遣] 제나라를 도와주게 했다[相齊]'는 말이고요. 이어지는 '신송지'(身送之)는 '직접 그를 전송하였다'라는 뜻이죠. 아들을 보내면서 그 자신이 직접[身] 전송했다는 말입니다. '궁'(躬)이나 '친'(親) 자도 마찬가지 뜻으로 쓰입니다. '궁경'(躬耕)이라고 하면 '직접 농사짓는다'라는 뜻이고, '친견'(親見)은 '직접 보았다'라는 뜻이죠. 이 글자들이 모두 명사로도 쓰이는 단어들이지만, 이렇게 부사로 쓰이는 경우도 있습니다.

정도를 나타내는 표상부사

표상부사 중 두번째로 정도를 나타내는 글자들을 보겠습니다. '심'(甚), '태'(太), '이'(已), '이'(以), '최'(最), '절'(絶), '극'(極), '지'(至) 같은 글자들인데요. '가장', '지극히', '매우', '심히' 같은 뜻을 가진 글자들입니다. 가령 '심대'(甚大)라고 하면 '매우 크다'라는 뜻이고, '태조'(太早)는 '너무 이르다'라는 뜻이죠. '늦을 만'(晚) 자를 써서 '태만'(太晚)이라고 하면 '너무 늦다'는 뜻이고요. '이'(已) 뒤에 '심'(甚)을 써서 '이심'이라고 하면 '너무 심하다'라는 뜻이 됩니다. '최고'(最高)는 '가장 높다', '절가'(絶佳)는 '매우 좋다'라는 뜻이죠. '풍경절가'(風景絶佳)라고 하면, '풍경이 매우 좋다'고 해석할 수 있죠. 이런 글자들은 지금 우리 국어에서도 모두 쓰는 글자들입니다. 그렇게 어려운 게 아니죠. 이외에도 '증'(曾), '수'(殊), '태'(殆), '파'(頗), '차'(差) 같은 글자들도 정도를 나타내는 부사로 쓰이는데, 이 글자들은 예문을 통해 살펴보겠습니다.

■ 上曾不寤.

'상증불오'(上曾不寤)에서 '증'(曾)이 표상부사에 해당됩니다. '증'은 일반적으로는 '일찍이'라는 뜻으로 과거의 어떤 시점을 나타내는 글자입니다만, 여기서는 '조금도'라는 뜻으로 정도를 나타내는 부사입니다. 문장은 '임금은[上] 조금도[曾] 깨닫지 못하였다[不寤]'라는 뜻이 되고요.

■ 曰 : "間者, 老臣殊不欲食".

'간자, 노신수불욕식'(間者, 老臣殊不欲食)에서는 '수'(殊)가 정도를 나타내는 말이죠. '별로', '그다지'라는 뜻입니다. '간자'(間者)는 요즘이라는 뜻이고요. 문장을 해석해 보면, '요즘 노신은 (저는) 별로[殊] 먹고 싶지가 않습니다[不欲食]'라는 뜻이죠. 다시 말해 요즘 식욕이 별로 없다는 말입니다. '수'(殊)는 형용사로 쓸 때는 '다르다', '특수하다'라는 뜻인데, 여기서는 '특수하다'라는 의미를 가지고 와서 '별로'라는 뜻으로 쓰인 겁니다.

■ 然後, 不死之藥殆得也

그다음 "연후, 불사지약태득야"(然後, 不死之藥殆得也). '불사지약'(不死之藥)은 불사약을 말하죠. 옛날부터 중국 사람들이 이상으로 여기고 희망하는 것이었는데요. 이런 약을 '얻을 수 있다'[得也]고 하는 거죠. '태'(殆)는 여기서는 '아마', '거의', '상당히 가까운'의 뜻입니다. 그러니까 '이후에[然後] 아마도[殆] 불사약을 얻게 될 것입니다'라는 뜻이 되겠죠. 얻게 될 가능성에 제법 접근했다는 뜻입니다.

■ 墾田減少, 穀價頗貴.

'간전감소, 곡가파귀'(墾田減少, 穀價頗貴)에서 '간전'(墾田)은 개간한 농토라는 말이죠. 농토가 줄어서[減少], 곡식의 가격[穀價]이 '상당히[頗] 비싸다[貴]'라는 뜻이죠. 이때 '파'(頗)는 '상당히'라는 뜻이 됩니다.

■ 吳公, 差强人意.

마지막 문장을 보죠. '오공, 차강인의'(吳公, 差强人意)에서 '차'(差)는 형용사로 쓰일 때는 '차이', '서로 다른 점' 등을 나타내는 말이지만, 부사로 쓸 때에는 '어느 정도'라는 뜻이 됩니다. 그래서 '차강인의'는 '어느 정도[差] 사람의 뜻을[人意] 강하게 한다[强]'고 해석할 수 있습니다.[*]

---

[*] 보통부사에 대한 강의 중 상태부사, 부정부사, 의문부사에 대한 내용은 유실되어 수록하지 못했습니다.

6장 _ 개사

한정어로도 사용하고 보어로도 사용하는 개사

지난 시간에는 한정어로만 사용하는 보어인 '위'(爲)나 '여'(與) 같은 글자를 살펴보았습니다.* 이 글자들은 한정어로는 쓰이지만 동사 다음에 와서 시간이나 장소 등을 나타내는 보어로는 쓰이지 않았죠. 가령 '수위지불류'(水爲之不流)라는 문장은 '물이 그 때문에 흐르지 않았다'라는 뜻인데, 이 문장을 '수불류위지'(水不流爲之)라고는 쓰지 않는다고 말씀을 드렸습니다. 이번 시간에는 보어에도 쓰고 한정어에도 쓰는 개사를 설명하겠습니다.

한정어와 보어에 다 쓰이는 개사는 많이 있습니다마는 대표

---

* 임창순 선생님의 '한문강좌' 중 개사에 대한 포괄적인 설명과 '한정어로는 사용하지만 보어로는 사용하지 않는 개사'에 대한 설명 부분이 유실되어 이 책에 수록하지 못했습니다.

적인 것이 '어'(於), '이'(以), '자'(自)와 같은 글자들입니다. 이런 글자들은 앞 시간에 보았던 '위'(爲)나 '여'(與)와 마찬가지로 한문책에서는 어디서나 볼 수 있는 글자들입니다. 하지만 단독으로 무슨 뜻을 가지지는 못합니다.

개사 '어'(於)의 쓰임

먼저 '어'(於)는 동작의 시점이나 지점을 나타낼 때 주로 씁니다. '우'(于)와 '호'(乎) 역시 '어'와 같이 쓰이는 글자들입니다. 그래서 '어'가 들어갈 자리에 '우'나 '호' 자가 들어가는 경우가 있습니다. 하지만 '우'나 '호'는 한정어로는 쓰지 않고 보어로만 쓰인다는 것을 기억해 두시기 바랍니다.

한정어로 쓰이는 경우

먼저 '어'(於)가 한정으로 쓰이는 예를 보겠습니다.

■ 趙衰, 舅犯, 乃於桑下, 謀行.

이 문장의 '조최'(趙衰)에서 '衰'는 원래 '쇠'라고 읽지만, 여기서는 '최'라고 읽습니다. 사람 이름이고요. 그다음에 '구범'(舅犯)도 역시 사람 이름인데, 임금의 외숙[舅]이기 때문에 '외숙인 범'이라고 해서 '구범'이라고 불렀다고도 합니다. 예문은 조최와 구범이라는 사람이 '마침내[乃] 뽕나무 아래에서[於桑下] 출발할 것을 모의하였다[謀行]'라는 말이죠. 이때 '어'(於)가 '~에서'라는 뜻의 전치사, 즉 개사입니다. 이럴 때 개사가 한정어로 쓰인 것인데요. 이걸 거꾸로 해서 '모행어상하'(謀行於桑下)라고 해도 의미는 비슷해 보입니다. '출발할 것을 뽕나무 아래에서 모의하였다'라고 해석할 수 있겠죠. 이때 '어상하'는 보어구가 되는 거고요.

그런데, 이 두 문장은 다른 점이 있습니다. 앞의 한정어로 쓰인 문장은 그 사람들이 출발한 것을 이미 아는데, 그 모의를 어디서 했느냐가 중요한 겁니다. 그럴 때, '어상하'가 한정어로 앞에 오는 거죠. 뽕나무 밑에서 모의를 했든 포도나무 밑에서 모의를 했든 그건 문제가 아니고, 모의한 것 자체가 중요할 때는 '모행'을 앞에다 쓰고 '어상하'를 보어로 쓰는 겁니다. 이렇게 두 문장이 구별이 되고요.

■ 於湖, 有天子祠, 於下邽, 有天神.

다음 문장에서 '호'(湖)와 '하규'(下邽)는 모두 땅의 이름입니다. '호에는[於湖] 천자의 사당이[天子祠] 있고[有], 하규에는[於下邽] 천신의 사당[天神]이 있다[有]'라는 뜻이죠. '어호'와 '어하규' 모두 개사 뒤에 땅이름이 온 것으로, 한정어로 쓰이고 있죠. 역시 '어'(於)가 '~에'라는 장소를 나타내는 개사로 쓰였고요.

■ 子於是日, 哭則不歌.

다음 문장 '자어시일, 곡즉불가'(子於是日, 哭則不歌)는 『논어』에 있는 말로 많이 보셨을 겁니다. 여기서 '자'(子)는 공자(孔子)를 말합니다. '시일'(是日)은 '이날'이라고 해석할 수 있는데, '같은 날'이라는 말입니다. 문장을 해석하면 '공자는 그날, 곡을 하고 노래는 하지 않았다'라고 해석할 수 있는데요. 이날 가령 친구가 죽었단 말이죠. 그래서 조문을 갔다 온 겁니다. 지금은 문상을 가면 향을 피우고 절을 하거나 하는 것이 보통이지만, 옛날에는 손님이 오면 상주가 "아이고, 아이고" 하고 곡을 했습니다. 손님도 고인과 친한 사람이라면 소리를 내서 곡을 했죠. '곡'은 소리를 내서 우는 것을 말하고요. 이렇게 조문을 다녀왔으면 그 슬픈 마음이 아직 머릿속에 남아 있지 않겠습니까? 그러니까 그날 연회를 벌이고 노래를 하는 등 즐거운 일을 하지 않았다는 말입니다. 슬픈 감정이 없어지지 않았는데, 그날 노래를 하는 것은 감정이 허락하지 않는다는 의미이기도 하고요. 이때도 역시 '어시일'(於是日)이 때를 나타내는 개사구로, 한정어로 쓰인 경우가 되겠습니다.

보어로 쓰이는 경우

다음으로 '어'(於)가 보어로 오는 경우를 보겠습니다. 이 경우에 보어구는 술어 뒤에 옵니다.

■ 爲小門於大門之側.

예문을 볼까요. '위소문'(爲小門)은 '작은 문을 만들었다'라는 뜻이죠. 이 작은 문을 '어디에' 만들었냐 하는, 그 장소를 나타내는 구가 보어구가 됩니다. 가령 '집을 지었다'는 하나의 문장이죠. 그런데 '산 밑에다 집을 지었다'라고 하면 '산 밑에다'는 보어구가 되는 겁니다. 하지만 우리말과 한문의 위치가 다르죠. 우리는 '큰 문 옆에 작은 문을 만들었다'라고 하지만, 한문은 '작은 문을 만들었다, 큰 문 옆에'라는 순서가 되는 겁니다. 물론 '어대문지측위소문'(於大門之側爲小門)과 같이 문장을 바꾸어도 됩니다.

■ 龐涓死於此樹之下.

'방연'(龐涓)은 사람 이름입니다. 방연이 죽는데[死] 어디에서 죽느냐 하면 '이 나무 아래에서'[於此樹之下] 죽는다는 거죠. 방연은 장군인데요. 이 장군이 쳐들어오는 곳에 나무를 허옇게 깎아서 세워 놓고 거기에 이 문장을 써 놓은 것이죠. 결국 여기서 전쟁을 해서 방연이 죽습니다. '방연이 죽었다'라고 하면 '주어+술어'가 되죠. 이 뒤에 '어차수지하'라는 보어가 붙는 겁니다.

■ 平原君曰:"先生處勝之門, 幾年於此矣?"

평원군(平原君)은 전국시대 공자(公子)입니다. 지금 말로 하면 왕자죠. 이 사람이 많은 문객을 거느리고 있었는데요. 이 문장은 어떤 문객을 보고 하는 말입니다. '선생처승지문'(先生處勝之門)이라고 할 때, '승'(勝)은 평원군의 이름입니다. 평원군이 자기 자신을 가리키는 말이죠. 그러니까, '선생이 저의 집에 와 있다'라는 말입니다. 다음 '기년'(幾年)은 '몇 년'이라는 뜻이고, '어차'(於此)는 '지금까지'라는 뜻입니다. 여기서 '어'(於)는 '~까지'라는 뜻의 개사로 쓰였고요. 전체 문장은 '선생께서 제 집에 오신 것이 지금까지 몇 해나 되었습니까?'라고 묻는 말입니다.

■ 自吾三世, 居是鄕, 積於今, 六十歲矣.

이 문장의 '어'도 마찬가지로 '~까지'의 뜻으로 '어금'(於今)이라고 하면 '지금까지'라는 뜻이 됩니다. '내가 3대째 이 고장에 와서 산 이래로, 지금까지 쌓인 세월이 60년이다'라는 뜻입니다. 우리 집이 할아버지, 아버지, 나까지 3대가 이 고장에서 살고 있는데, 지금까지 그 세월을 다 합하면 60년이 된다는 말이죠. 이렇게 시간이 관련된 말이 '어'라는 개사 뒤에 오면 '~까지'라는 뜻을 갖습니다.

■ 民以爲拯己於水火之中.

그다음 문장을 보겠습니다. '민이위증기'(民以爲拯己)에서 '이위'(以爲)는 '생각하다'라는 뜻을 갖습니다. 이 말에 대해서는 다시 설명을 드릴 기회가 있을 거고요. '증' 자는 '건져 주다', '구제하다'라는 뜻입니다. '기'(己)는 '자기'를 말하죠. '백성들이 자신들을 구제한다고 생각했다'라는 뜻이죠. 뒤에 나오는 '어수화지중'(於水火之中)이 없어도 문장이 이루어집니다. 가령 폭군에 의해서 고통을 받고 있었는데, 옆 나라의 훌륭한 왕이 쳐들어오는 것과 같은 상황에서 쓰이는 문장입니다. 백성들이 그 훌륭한 임금이 자신들을 구제해 준다고 생각한다는 거죠. 여기까지도 문장이 되는데, 뒤에 '어수화지중'이라는 보어가 붙었죠. '물과 불 속에서' 구제해 준다는 말이죠. 이때 '어'는 '~에서', '~로부터'라는 뜻을 갖습니다.

■ 謂獄中語, 新得之於史公云.

이 문장에서 '위'(謂)는 '이르기를'이라는 뜻이고, '옥중어'(獄中語)는 '감옥에서 한 이야기'를 말하죠. '신득지'(新得之)는 새로 얻었다는 말이고요. 그러니까 감옥에서 다른 사람이 모르는 새로운 이야기가 나왔는데, 이 이야기는 '사공운'(史公云), 즉 '사공이 한 이야기'에서 얻은 것[得]이라는 말입니다. 이때, '어'(於)도 '~에서'라는 뜻을 갖죠. '어'가 '~에서', '~로부터'의 의미로 쓰이는 경우입니다.

■ 荊國有餘於地, 而不足於民.

'어'(於)가 '~하기에', '~하기에는', '~로는' 같이 쓰일 때도 있습니다. 예문에서 '형국'(荊國)은 전국시대의 초(楚)나라를 말합니다. 초나라가 바로 '형'이라는 지방에 나라를 새로 만들고 '초'라는 이름을 썼기 때문에 '형'이라고도 부릅니다. 이 문장은 형국, 즉 초나라의 경제적인 사정을 말하는 문장입니다. '어지'(於地)는 '땅으로는'이라는 뜻이고요. '유여'(有餘)는 '남아난다'라는 뜻이죠. 하지만 '어민'(於民), 즉 '백성의 측면에서는' '부족'(不足)하다는 겁니다. 광활한 토지를 가지고 있는데, 그 토지에 농사짓고 사는 주민 수가 적다는 말이죠. 가령 '재주로는 지나치고, 덕으로는 부족하다'라고 쓸 때는 '유여어재, 이부족어덕'(有餘於才, 而不足於德)이라고 쓰면 되겠죠. '지유여, 이민부족'(地有餘, 而民不足) 식으로 문장을 뒤집어서 개사를 쓰지 않을 수도 있습니다.

■ 今寇重我寡, 難於持久.

다음 문장을 보죠. '구'(寇)는 전쟁을 하는 상대방, 즉 적을 말합니다. 지금[今] 적은 많고[寇重] 우리 편은 적습니다[我寡]. 그러니까 '오랫동안 버티기에[於持久] 어렵다[難]'는 말이죠. 이렇게 '~하기에'라고 할 때에 '어' 자를 씁니다.

■ 美於徐公. ■ 苛政猛於虎.

다음으로, '어' 자를 '~보다'라고 쓰는 경우가 있습니다. '미어서공'(美於徐公)은 '얼굴이 서공보다 잘났다'는 뜻이죠. 여기서

'미' 자는 '잘생겼다'는 의미입니다. 가령 '갑보다 을이 낫다'라고 쓴다면, '갑승어을'(甲勝於乙)이라고 쓰면 되겠지요. 이때 '낫다'는 '승'(勝)이고, '어'(於)는 '~보다'라는 뜻이죠. 그다음 문장 '가정맹어호'(苛政猛於虎)는 '가혹한 정치[苛政]가 호랑이보다[於虎] 무섭다[猛]'는 뜻이죠. '맹'(猛) 자는 무섭다는 뜻입니다.

■ 叫囂乎東西, 隳突乎南北.

마지막으로 '어'(於) 대신 '호'(乎)가 들어간 경우를 보겠습니다. '호'는 보어로만 쓰인다고 앞에서 말씀을 드렸습니다. 예문을 보죠. '규효'(叫囂)나 '휴돌'(隳突) 같은 글자들은 좀 어렵죠. '규효'에서 '규'는 고함을 지른다는 말이고, '효'는 시끄럽다는 말입니다. 소리를 질러서 시끄러운 것을 말하죠. '휴돌'은 무언가를 쫓아다니면서 왔다 갔다 내닫는 것을 말합니다. 두 말 다 '동사'죠. 이 동사 밑에 '호동서'(乎東西), '호남북'(乎南北)이라는 보어가 붙어 있습니다. 동서로 시끄럽게 고함을 지르고, 남북으로 사람들이 내닫는 것을 표현한 말이죠.

개사 '이'(以)의 쓰임

'이'(以) 자 역시 '어'(於) 못지않게 많이 쓰이는 글자입니다. 다른 개사와 마찬가지로 명사 또는 명사구 앞에 붙어서 개사구를 형성하며, 술어를 한정하거나 보어로 쓰이죠.

한정어로 쓰이는 경우

① 수단·이유를 나타내는 경우

'이'(以)는 주로 수단을 나타냅니다. 가령 '손으로', '말로', '글로'…, 이런 의미를 나타낼 때 쓰는데, 우리말에서는 '명사+로' 형태이지만, 한문에서는 '~로'를 뜻하는 '이'(以)가 앞에 오는 거죠. 이런 경우를 예문을 통해 살펴보겠습니다.

■ 陳子以時子之言告孟子.

'진자'(陳子), '시자'(時子), '맹자'(孟子), 이렇게 세 사람이 나오죠. 진자가 '시자의 말로'[以時子之言] 맹자에게 고했다는 말이죠. 진자와 시자가 앉아서 주고받은 말을 그대로 맹자에게 전했다는 말을 하고 있는 겁니다. 이때 '이시자지언'이라는 개사구가 한정어로 쓰였고요.

■ 以德服人者, 中心悅而誠服也.

다음 문장을 보죠. '이덕복인자'(以德服人者)는 '덕으로[以德] 사람을[人] 복종시키는[服] 사람[者]'이라는 뜻이죠. 여기서 덕은 감화력을 말하죠. 감화력으로 사람을 복종시키면, 그 사람은 '중심열이성복야'(中心悅而誠服也)한다는 겁니다. '중심열'은 '마음속으로 기뻐하는 것'이고, '성복'은 '정성으로 복종하는 것'이죠. 이와 반대로 '이력복인자'(以力服人者), 즉 힘으로 사람을 복종시키는 사람에게는 무력이 무서워서 복종하는 것처럼 보이지만 마음속으로는 복종하지 않겠죠.

■ 吾以捕蛇獨存. ■ 諸侯以此益疏.

'오이포사독존'(吾以捕蛇獨存)은 '나는[吾] 뱀 잡는 것으로[以捕蛇] 혼자[獨] 살아남았다[存]'라는 뜻입니다. 세금이 과중해서 사람들이 모두 죽거나 흩어졌는데, 나 혼자만 뱀을 잡아 공물로 바치면서 살아남았다는 말이죠. 다음 예문 '제후이차익소'(諸侯以此益疏)는 '제후들이[諸侯] 이 때문에[以此] 차츰 멀어졌다[益疏]'라는 뜻입니다.

이렇게 '이'(以) 자가 수단이나 이유를 말할 때 쓰이고 있습니다. '~을 가지고', '~ 때문에'의 의미인데요. 그럼, 이 '이' 자를 가지고 말을 만들 수 있겠죠. 가령 '말[言] 때문에 죄를 얻었다'라고 쓰고 싶다면, '이언득죄'(以言得罪)라고 쓰면 되겠죠. 이런 식으로 활용할 수가 있습니다.

② '~와 함께'의 의미를 갖는 경우

'이'(以) 자는 '여'(與) 자와 같은 뜻으로 쓰이는 경우가 있습니다. '~로', '~ 때문에'라는 뜻뿐만 아니라 '~와 함께'라는 뜻으로 쓰이는 경우도 있다는 겁니다. 옛날 문장 가운데 이런 경우가 있는데, 우리가 옛 문장을 읽는 것도 문법을 배우는 이유니까 기억해 두시면 좋겠죠.

■ 滔滔者天下皆是, 而誰以易之.

예문을 보겠습니다. '도도자천하개시'(滔滔者天下皆是)에서 '도도'는 물이 세차게 흘러 내려가는 모양을 말합니다. '도도하게 흘러가는 것은 천하가 다 이렇다'는 말이죠. '이수이역지'(而誰以易之)는 '그런데[而] 누구와 함께[誰以] 그것을 바꾸겠다는[易之] 것이냐'라는 말입니다. 여기서 '역'(易)은 '바꾸다', '바로잡다', '고치다'라는 뜻이고요. 이 말은 『논어』에 나오는 말이죠. 공자가 세상을 바로잡아 보겠다고 여러 나라를 돌아다녔지만, 다 마음대로 되지 않았습니다. 그런 공자를 어떤 사람이 평하는 말이죠. '수이역지'(誰以易之)는 '수여역지'(誰與易之)와 같은 말입니다.

■ 陛下起布衣, 以此屬取天下.

다음 문장을 보죠. '폐하기포의'(陛下起布衣)에서 '폐하'(陛下)는 황제에 대한 경칭입니다. 지금은 많이 쓰지 않는 말인데, 일정 시대에 일본 임금을 말할 때 많이 썼습니다. '포의'(布衣)는 베옷을 말합니다. 벼슬을 하면 비단옷을 입지만, 서민들은 베옷을 입었죠. '기포의'(起布衣)는 '포의에서 일어났다'라는 뜻으로, 평민에서 임금이 되었다는 말입니다. '이차속취천하'(以此屬取天下)에서 '이차속'은 '이 사람들과[此屬] 함께[以]'라는 뜻이고, '취천하'(取天下)는 '천하를 얻다'라는 말이죠.

③ 날짜를 나타내는 경우
'이'(以)는 '어'(於)와 마찬가지로 날짜를 나타낼 때도 씁니다. 예문을 보죠.

■ 文以五月五日生.

예문은 '문'(文)이라는 사람이 '5월 5일에'[以五月五日] 태어났다는 말이죠. 이 문이라는 사람은 맹상군(孟嘗君)이라는 이름으로 잘 알려진 전국시대 제나라의 공자 전문(田文)을 말합니다. 공자는 지금의 왕자나 마찬가지죠. 이 사람이 5월 5일에 출생을 했는데, 중국 사람들은 숫자도 음양에 속한다고 보았습니다. 짝수는 음, 홀수는 양에 속하는데 그중에서도 5라고 하는 수를 가장 왕성한 양의 수라고 보았거든요. 그러니까 5월 5일은 양월 양일로 양이 지나친 날인 겁니다. 이렇게 양이 지나친 날에 태어난 사람은 나중에 임금을 쫓아내고 스스로 임금이 될 가능성이 있다고 생각을 합니다.

그래서 그 아버지가 전문을 내다 버려서 죽게 하라고 했는데, 어머니가 몰래 키우죠. 어느 정도 자라자 아이를 아버지 앞에

데리고 갔습니다. 아버지는 내가 내다 버리라고 했는데 지금까지 기르고 있냐고 했겠죠. 그러자 그 아이가 "어째서 저를 죽이려고 하십니까?"라고 묻습니다. 아버지의 대답은 '5월 5일에 낳은 아이는 키가 문설주를 넘게 되면 그 아비에게 불리한 일을 한다'는 것이었죠. 그러자 아이가 "사람의 운명을 하늘에서 받습니까? 문설주에서 받습니까? 만일 하늘에서 받는 것이라면 나를 죽인다고 해도 아버지의 불행은 면할 수가 없는 것이고, 만일 문설주에서 받는다고 하면 문설주를 더 높이면 될 것이 아닙니까"라고 말을 했다고 하죠. 이 말을 듣고 지혜가 있는 것을 알아서 그대로 길렀다는 이야기가 있습니다. 지금 이 문장이 그 고사에서 나온 것이고요. 여러분도 혹 생일이 음력 5월 5일이라고 하더라도 그렇게 나쁘다고 생각하실 필요는 없을 듯합니다.

■ 以賢則去疾不足, 以順則公子堅長.

또 어떤 경우에는 '이'(以)가 '~으로는'의 의미로 쓰이는 경우도 있습니다. '이현즉거질부족'(以賢則去疾不足)에서 '거질'은 사람의 이름입니다. '이현'(以賢)은 '훌륭함으로는'이라는 뜻이죠. 이런 면에서 거질이 부족하다는 말입니다. 그다음 '이순즉공자견장'(以順則公子堅長)에서 '공자 견'도 사람을 가리키죠. '이순'(以順)은 '연령순으로는'이라는 뜻입니다. 그러니까 '연령순으로는 공자 견이 연장자[長]'라는 말이죠. 이 문장은 임금의 후계자를 세우는 문제를 말하고 있습니다. 임금의 후계자로 거질과 공자 견 중에서 정해야 하는 거죠. 임금의 후계자를 세울 때 첫째 원칙은 연령 순이죠. 그런데 맏아들이 못나서 나라 일을 맡아 나갈 수 없을 경우에는 누가 더 훌륭한지를 놓고 결정을 해야겠죠. 지금 이 문장에서 '현'이 훌륭함, '순'이 연령의 순서를 말하는 겁니다. 그런데 거질이 훌륭함에서 부족하고 공자 견이 연령이 더 높으면, 공자 견이 후계자가 되어야겠죠. 이렇게 공자 견이 후계자가 되어야 한다는 것을 강조하기 위해서 하는 말입니다.

보어로 쓰이는 경우

지금까지 개사인 '이'(以) 자의 쓰임을 보았는데요. 모두 한정어로 쓰이는 경우였죠. 보어로 쓰이는 경우도 알아보겠습니다.

■ 湯擧, 任以國政.

'탕거'(湯擧)에서 '탕'은 은나라를 세운 탕 임금을 말합니다. '거'는 민간에 있는 사람을 등용하는 것이고요. 그다음 '임이국정'(任以國政)에서 '임'은 맡겼다는 말입니다. 무엇을 맡겼냐 하면, '이국정' 즉 나라의 정치를 맡겼다는 것이죠. '이국정'이 보어로 들어온 것이고요. 만약 이 문장에서 '이국정'을 한정어로 쓴다면, 문장은 '이국정임지'(以國政任之)라고 쓸 수 있습니다. '지'(之)라고 하는 대사가 하나 들어가야 하죠.

■ 樹吾墓以檟.

그다음 문장, '수오묘이가'(樹吾墓以檟)에서 '나무 수'(樹) 자는 동사로는 '심는다'라는 뜻이 됩니다. 보통 '나무를 심는다'고 할 때는 '식목'(植木)이라고 해서 '식'(植) 자를 씁니다마는, '수' 자를 쓰는 경우도 있습니다. '오묘'(吾墓)는 '나의 무덤'이죠. 나의 무덤에 나무를 심는데, '이가'(以檟), 즉 자작나무[檟]를 심으라는 말입니다. 여기서 '이가'는 보어가 되지요. 역시 한정으로 하면 '이가수오묘'(以檟樹吾墓)라고 쓰면 됩니다.

'이'(以)와 같은 용법으로 쓰는 개사들(用, 持)

지금까지 '이'(以)의 용례를 몇 가지로 나누어서 설명을 드렸습니다. 한정어와 보어로 쓰이는 경우들을 말씀드렸는데요. 끝으로 '이' 자와 같은 용법으로 쓰이는 '용'(用)과 '지'(持)를 보겠습니다. '용'과 '지'는 한정에만 쓰이고 보어로는 쓰이지 못한다는 것을 기억해 두시고요.

■ 以末致財, 用本守之.

'이말'(以末)은 '말(末)을 가지고'라는 뜻입니다. '치재'(致財)는 '재물을 오게 한다'는 뜻이고요. '말'(末)은 '말리'(末利)라고 해서 장사하는 것, 즉 상업을 말합니다. 옛날에는 농업이 '본'(本)이었고, 장사는 '말'(末)이었습니다. 농악을 하거나 하면 깃발에 '농자천하지대본'(農者天下之大本)이라고 썼죠. 그러니까 근본적인 직업은 농사고 장사는 그저 물건을 가져다가 팔고 사들이고 하면서 말단의 이익을 얻는 것뿐이라는 인식이 있었던 겁니다. 그래서 '용본수지'(用本守之)는 '근본으로[用本] 그것을 지킨다[守之]'는 뜻으로, '말'(末)로 돈을 벌고 농사를 지어서 그것을 지킨다는 말입니다. 이때 '용'(用)은 '이'(以)와 같은 뜻입니다.

■ 乃使使持衣與豫讓.

다음 예문, '내사사지의여예양'(乃使使持衣與豫讓)에서 '내'(乃)는 '곧', '마침내'의 뜻이고요. '사사'(使使)에서 앞의 '사'는 '~를 시키다'라는 뜻의 동사이고, 뒤의 '사'는 '심부름하는 사람'이라는 뜻의 명사입니다. '지'(持)는 '이'(以)나 '용'(用)과 같은 뜻입니다. '지의'(持衣)라고 하면, '옷을'이라는 뜻이죠. '지의여예양'(持衣與豫讓)은 '옷을 예양에게 주었다'라는 말이죠. 예양은 앞에서도 나왔는데, 자기가 섬겼던 주군의 원수를 갚기 위해서 여러 번 조양자라는 사람을 암살하려고 하죠. 하지만 암살을 하지 못하고 나중에 잡히니까, 조양자에게 당신 옷이라도 벗어 주면 내가 칼로 한번 옷을 치고 죽었으면 좋겠다고 합니다. 그러니까 조양자가 겉옷을 벗어서 '사람을 시켜'[使使] 예양에게 가져다주게 하죠. 이때 나온 문장입니다.

이렇게 '용'(用)이나 '지'(持)와 같은 글자들도 개사로 '이'(以)

자와 같이 쓰이는데, 다만 보어로는 쓰지 못한다는 점 다시 한 번 기억해 주세요. 앞에서 본 문장처럼 '수오묘이가'(樹吾墓以檟)라고 쓸 수는 있지만, '수오묘용가'(樹吾墓用檟)라고는 쓸 수 없다는 말입니다.

개사 '자'(自)의 쓰임

'자'(自) 자가 개사로 쓰이는 경우를 보겠습니다. 한문에서 '자'(自)는 부사로는 '스스로'라는 뜻이 됩니다만, '~에서', '~부터'의 의미를 가지는 개사, 즉 전치사로 쓰이는 경우도 있습니다. 가령 '자차'(自此)라고 하면 '지금부터'라는 뜻이고, '자금이왕'(自今以往)이라고 하면 '지금부터 이후로'라는 뜻이 됩니다. '어'(於)와 마찬가지로 개사구를 형성해서 한정어나 보어로 쓰입니다. 한정어로 쓰일 때는 부사와 같은 역할을 하는 거고요. '종'(從)과 '유'(由) 같은 글자도 개사로 '자'와 같은 의미로 쓰이는 글자들인데, '자'는 한정어로도 쓰이고 보어로도 쓰이지만, '종'이나 '유'는 보어에는 쓰이지 못합니다. 가령 '깊은 골짜기에서 나왔다'라고 하면, '자유곡출'(自幽谷出)이라고도 쓰고, '출자유곡'(出自幽谷)이라고도 쓸 수 있지만, '종'이나 '유'는 그럴 수가 없다는 말이죠.

■ 蓋王瑞自太王興.

먼저 한정으로 쓰이는 예를 들겠습니다. 이 문장에서 '개'(蓋)는 부사입니다만, 우리말로는 쓰이는 예가 없습니다. 보통 '대체로'라고 번역이 되지만, 우리가 한문을 우리말로 옮길 때, 글자 하나하나를 꼭 번역하지는 않아도 됩니다. 그다음 '왕서'(王瑞)는 '왕이 될 징조'를 말하죠. '서'(瑞)는 상서롭다는 말인데, 여기서는 상서로운 징조를 말하죠. 이렇게 왕이 될 징조가, '태왕 때부터[自太王] 시작되었다[興]'는 말입니다. 태왕은 사람을 가리키는 고유명사고요. 개사구가 동사 앞에 왔으니 한정어로 쓰인 경우죠. 그럼, 이 문장에서 개사구를 보어로 할 경우에는 어떻게 되죠? '개왕서흥자태왕'(蓋王瑞興自太王)이라고 하면 되겠죠. 이렇게 한정어와 보어로 쓰이는 경우가 다 되는 겁니다.

■ 自檜以下無譏焉.

그다음 문장은 예문이 조금 어렵습니다. '자회이하무기언'(自檜以下無譏焉)에서 '회'(檜)는 나라 이름입니다. '기'(譏)는 '평하다'라는 뜻이고요. 이 문장은 각 나라의 음악을 감상하는 것에서 나오는 문장인데요. 각 나라의 음악에 대해서 듣고 죽 평을 하는데, 회나라 음악 이후부터는 평할 필요가 없다고 이야기를 하는 겁니다. 그전의 음악들에 대해서는 평화로운 음악이라든가, 정서에 해롭다든가 하는 평가를 했는데, 회나라 음악 이후로는 평을 하지 않겠다는 말입니다. 이때도 '자'는 '~부터'라는 의미의 개사로 쓰인 거고요.

■ 秦質子歸自趙.

다음으로 '자'가 보어로 쓰이는 예입니다. 예문에서 '질자'(質子)는 인질로 잡혀간 아들을 말합니다. 진나라에서 조나라로 왕실의 아들을 인질로 보낸 거죠. 그런데 이 아들이 '조나라에서[自趙] 돌아왔습니다[歸]'. 이 문장도 한정어 문장으로 바꿀 수가 있겠죠. '진질자자조귀'(秦質子自趙歸)라고 하면 됩니다.

■ 楚之先祖, 出自帝顓頊高陽.

다음 문장에서 '초지선조'(楚之先祖)는 초나라의 선조를 말하죠. 초나라의 선조가 '임금인 전욱과 고양으로부터[自帝顓頊高陽] 나왔다[出]'는 말입니다. 전욱(顓頊)과 고양(高陽)은 모두 옛날 임금[帝]의 이름으로 고유명사입니다. 이때 '자'(自)는 '~로부터'라는 말입니다. 그럼, 비슷한 문장을 만들어 볼 수 있겠죠. 가령 '동대문으로부터 나왔다'는 문장은 '출자동대문'(出自東大門)이라고 쓸 수 있습니다.

■ 自上古以來 ■ 自五伯以來 ■ 自關以西

그다음에 경로를 나타내는 경우에도 '자'(自) 자를 씁니다.

어디로 해서, 어떤 과정을 거쳐 왔는가 하는 '경로'를 나타낼 때, '자'를 개사로 쓰는 겁니다. 예문을 하나씩 보죠. 지금 예로 든 것들은 사실 문장이 아니라 구라고 할 수 있는데요. 먼저 '자상고이래'(自上古以來)에서 '상고'는 고대를 가리키는 말이죠. 그러니까 '고대 이후'라는 뜻인데, 한문에서 '상고이래'와 같이 쓰는 경우에는 앞에 반드시 개사가 붙습니다. 마찬가지로 '자오패이래'(自五伯以來)는 우리말로 '오패 이후로'라는 뜻이고, '자관이서'(自關以西)는 '관문에서 서쪽으로'라는 뜻입니다. 중국에는 함곡관이라는 큰 관문이 있죠. 이 말은 함곡관 서쪽, 즉 지금의 섬서성 지방을 가리키는 말입니다.

개사 '종'(從)과 '유'(由)의 쓰임

지금까지 '자'(自) 자가 개사로 어떻게 쓰이는지를 살펴보았는데, '종'(從)과 '유'(由)도 같은 의미로 쓰인다고 말씀을 드렸죠. 이 글자들이 개사로 쓰이는 경우도 살펴보겠습니다.

■ 舜從匿空出來.

'순종닉공출래'(舜從匿空出來)라는 말은 '순(舜)이 닉공에서[從匿空] 나왔다[出來]'라는 뜻이죠. '종'(從)이 '~에서'라는 의미로 쓰였습니다. 순은 순임금을 가리키고, '닉공'은 '숨겨 놓은 구멍'이라는 뜻인데, 이 문장에는 배경이 되는 이야기가 있습니다. 순의 동생은 순을 늘 죽이려고 했는데요. 하루는 우물이 지저분하니 우물로 내려가서 좀 치우라고 하고는 순이 우물에 들어가 있는 동안 우물을 메워 버렸습니다. 그런데 순은 동생이 그렇게 하리라는 것을 미리 알고 우물 아래에 옆으로 구멍을 뚫어 놓았다가 그 구멍으로 빠져나왔다고 하죠. 예문은 이 이야기를 하고 있는 겁니다. 그런데 앞에서 '자'는 한정어나 보어 둘 다 쓸 수 있지만, '종'이나 '유'는 한정어로만 쓸 수 있다고 했죠. 그래서 '순출래자닉공'(舜出來自匿空)이라고 쓸 수는 있지만, '순출래종닉공'(舜出來從匿空)이라고 쓸 수는 없다는 것을 다시 한 번 말씀드립니다.

■ 張儀嘗從楚相飮.

그다음 문장을 보죠. '장의상종초상음'(張儀嘗從楚相飮)은 '장의가 과거에[嘗] 초나라 대신과 함께[從楚相] 술을 마셨다[飮]'라는 뜻입니다. '~로부터'의 의미로 쓰인 것은 아니지만, 역시 '종'(從)이 개사로 쓰이는 경우고요.

■ 政由羽出, 號爲霸王.

'유'(由)가 개사로 쓰인 경우도 보겠습니다. '정유우출'(政由羽出)에서 '우'(羽)는 항우를 말합니다. '정치는[政] 항우에게서[由

羽] 나왔다[出]'는 뜻이고, '호위패왕'(號爲霸王)은 '그래서 패왕이라고 불렀다'라는 말이죠. 초한시대에 항우가 세력을 떨치던 때에는 의제(義帝)라는 임금도 있었지만, 모든 명령이 항우에게서 나왔죠. 그런 상황을 이야기한 말입니다. '패왕'은 '으뜸이 되는 왕'이라는 뜻이죠.

■ 夫禮由外入, 樂自內出.

다음 문장 '부례유외입, 악자내출'(夫禮由外入, 樂自內出)은 '예는 바깥에서[由外] 들어가는 것이고, 음악[樂]은 안으로부터[自內] 나오는 것이다'라는 뜻입니다. '유'(由)와 '자'(自)가 함께 쓰인 문장입니다. 둘 다 같은 의미이고요.

■ 禍自怨起, 而福由德興.

다음 '화자원기, 이복유덕흥'(禍自怨起, 而福由德興)은 해석이 어렵지 않죠. '화(禍)는 원한으로부터[自怨] 일어나고[起], 복(福)은 덕으로부터[由德] 일어난다[興]'라는 말입니다. 남에게 원한을 사면 나에게 화가 닥치게 되고, 덕을 쌓으면 나에게 복으로 돌아온다는 말입니다.

이렇게 개사로 쓰이는 글자들을 살펴보았습니다. 앞에서 보았던 '어'(於), '자'(自), '이'(以)는 개사가 아닌 다른 사로는 별로 쓰이지가 않습니다. 다만, '이'(以)는 『논어』 같은 곳에서 동사처럼 쓰이는 예가 있지만, 엄밀하게 보면 그 아래에 들어갈 글자가 생략된 것이지, '이'(以) 자 만으로 완전한 동사로는 잘 쓰이지 않습니다. 그리고 이 글자들은 한정과 보어로 다 쓰인다는 말씀도 드렸고요. 그리고 또 '위'(爲), '여'(與), '종'(從), '유'(由), '지'(持) 같은 글자들도 개사로 쓰이는 경우를 살펴보았는데, 이 글자들은 동사로 쓰는 것이 원칙인 글자들입니다. 개사로 쓰는 것은 방계로 쓰는 것이라고 할 수 있습니다. 그렇기 때문에 이 글자들은 한정어로는 쓰지만 보어로까지는 쓰지 못하는 것입니다. 한정어와 보어로 다 쓰이는 개사들은 다른 품사로 잘 쓰지 않는 글자들이라는 말이 되겠습니다.

객어의 생략

마지막으로 개사의 객어가 생략되는 경우를 보겠습니다. 개사에는 객어가 들어갑니다. 가령 '동쪽에서'[自東]라고 하면 '동'(東)이, '손으로'[以手]라고 하면 '수'(手)가 객어가 되는 겁니다. 이렇게 개사가 쓰일 때에는 '개사+객어' 형식으로 명사구를 이루는 것이 원칙인데요. 그러나 문맥으로 보아서 객어 없이도 의미가 통할 때에는 이를 생략하기도 합니다.

以爲不可 → 以□爲不可
不足與謀 → 不足與□謀
百姓由寧 → 百姓由□寧

가령 첫번째 문장 '이위불가'(以爲不可)는 '[그것을] 불가하다고 말했다'라는 뜻인데, '이'(以) 뒤에 '그것' 혹은 '이것'이라는 글자가 생략된 것으로 보아야 합니다. 나머지도 마찬가지죠. '부족여모'(不足與謀)는 '함께 모의하기가 부족하다'라는 뜻인데, 화자들이 알고 있는 어떤 사람을 가리키는 말이 개사 '여'(與) 뒤에 생략되어 있는 겁니다. 어떤 중대한 문제가 있는데, 그건 '그 사람'과 상의할 것이 아니라는 말이겠죠.

그다음 '백성유녕'(百姓由寧)도 백성이 조금 전에 이야기한 '어떤 일로 인해서'[由] 편안하다[寧]는 말이죠. 혼란스러운 상황이었는데, 어떤 사람이 정치를 잘해서 안정이 된 것 같은 상황을 말하는 문장입니다. 이때도 객어가 생략되어 있는 것이고요. 그러니까 이 말이 나오기 직전에 어떤 대상이 논의된 상황에서 그 대상을 가리키는 말이 생략될 수가 있다는 것을 기억해 두시기 바랍니다.

7장 _ 연사

이번 시간부터는 연사(連詞)에 대해서 배워 보겠습니다. 접속사를 한문에서는 연사라고 하는데요. 두 개 또는 그 이상의 사나 구를 연접하여 문을 형성하는 것을 말합니다. 가령 우리말로는 '동쪽과 서쪽', '단 것과 쓴 것' 같은 말에서 '와'나 '과'가 연사가 되는 거죠. 명사와 명사, 명사구와 명사구, 동사와 동사, 동사구와 동사구 등을 연접하는 말입니다.

병렬연사

연사 중에서 병렬연사(竝列連詞)는 말 그대로 나란히 열거하는 것입니다. 'a와 b', 혹은 'a와 b와 c와 d' 식으로 연결할 때 쓰는 것이 병렬연사가 되겠습니다. 이 경우 동등한 사나 구를 연결합니다. 명사는 명사와, 동사구는 동사구와 나란히 연결하는 거죠.

명사와 명사구를 연결하는 병렬연사 : 與, 及, 暨, 若, 如

'여'(與), '급'(及), '기'(暨), '약'(若), '여'(如) 같은 글자들이 병렬연사로 쓰이는 글자들입니다. '여'(與)는 개사에서도 많이 나왔는데, '~와 ~'이라고 할 때도 이 글자를 쓰죠. '급'(及)은 우리말로는 '및'의 의미입니다. 우리말에서 '성격과 의의'라고 쓸 것을 '성격 및 의의'라고 쓰기도 하죠. 그다음 '기'(暨)는 좀 복잡합니다만, '급'(及) 자와 꼭 같은 글자입니다. 고대의 한문에서는 '급' 자를 쓰지 않고 이 글자를 썼습니다. 또 '약'(若)이나 '여'(如) 자도 병렬연사로 쓰입니다. '아버지와 아들'이라고 하면, '부여자'(父如子)라고 쓸 수 있습니다.

■ 堯乃賜舜絺衣與琴.

예문을 보겠습니다. 첫번째 문장은 요임금이 순에게 '치의'(絺衣)와 '금'(琴)을 주었다[賜]는 말이죠. '치의'는 갈포로 만든 옷입니다. 여기서는 갈포에 수를 놓은, 귀한 사람이 입는 옷을 말하고요. '금'은 거문고죠. '치의'와 '금'은 둘 다 물건의 이름으로 같은 격의 말들입니다. 이 두 개의 말을 '여'(與)라는 병렬연사가 이어주고 있습니다.

■ 夏帝卜殺之與去之與止之.

다음 문장에서 '하제'(夏帝)는 하나라의 임금입니다. 하나라는 중국의 맨 처음에 있던 왕조의 이름이죠. '복'(卜)은 술어로 점을 쳤다는 말인데, 어떤 내용으로 점을 쳤는지가 뒤에 이어지죠. '살지'(殺之), '거지'(去之), '지지'(止之), 다시 말해 '그를 죽인다', '그를 추방한다', '그에게 벌을 주는 것을 멈춘다', 이 세 가지 선택지를 놓고 점을 친 겁니다. 어떤 사람이 죄를 지었는데, 그 문제를 어떻게 처리할지를 점을 쳐서 물은 거죠. 이때 '살지', '거지', '지지'가 동등한 격의 동사구로 역시 연사인 '여'(與)로 나란히 열거되고 있습니다.

■ 凡子厚名氏與仕與年暨行己之大方, 有退之之誌若祭文在.

다음 예문은 좀 긴데요. 우선 '자후'(子厚)와 '퇴지'(退之)는 사람 이름으로 고유명사입니다. 자후는 당나라 때 유명한 문학의 대가인 유종원(柳宗元)의 자고요. 퇴지는 역시 당대 문학의 대가인 한유(韓愈)의 자입니다. 이 두 사람이 친구인데요. 유종원이 한유보다 먼저 죽습니다. 그래서 한유가 유종원의 무덤에 묻는 묘지(墓誌)를 썼습니다. 죽은 사람의 행적을 글로 짓고 돌에 새겨서 땅속에 묻는 것을 묘지라고 합니다. 이 문장은 그와 관련된 문장인데요.

맨 처음 글자 '범'(凡)은 '모든'이라는 뜻이죠. '범자후명씨여

사여년기행기지대방'(凡子厚名氏與仕與年暨行己之大方)까지는 자후, 즉 유종원의 모든 '명씨'와 '사'와 '년'과 '행기지대방'이라는 뜻이죠. '명씨'는 성과 이름, '사'는 벼슬을 한 이력, '년'은 언제 태어나고 죽었는지, '행기지대방'은 그 사람이 생활한 처세의 가장 중요한 것이라는 말입니다. 이 말들이 '여'(與)와 '기'(暨)라는 연사로 이어져 있습니다. 이어지는 구절 '유퇴지지지약제문재'(有退之之誌若祭文在)는 앞에서 말한 유종원에 관한 일들이 퇴지가 지은 묘지[誌]와 제문(祭文)에 있다는 말입니다. 사람이 죽으면 제문도 짓고 거기에 죽은 사람의 행적을 서술합니다. 인격이나 덕망 같은 것들도 서술하는데, 유종원에 대한 것들이 모두 한유가 지은 글들에 담겨 있다는 말이죠.

이 말은 유종원의 문집 서문에 있는 글입니다. 서문을 지으면서, 유종원의 경력이라든가 인품 같은 것에 대해서는 한유가 묘지와 제문을 지은 데 다 있기 때문에 서문에서 유종원의 인품이나 행적에 대해 상세한 내용을 쓰지는 않겠다는 뜻으로 쓴 문장입니다.

■ 曰:"*存亡在子與高及丞相耳*".

다음 문장에서 '존망'(存亡)은 존재하느냐 망하느냐의 문제라는 말이죠. 재(在)는 '있다'라는 말이고요. '자'(子)는 '그대'라는 뜻이고, '고'(高)는 조고(趙高)라는 사람으로 진시황 때의 환관이었죠. '승상'(丞相)은 당시 승상이었던 이사(李斯)입니다. '자'와 '고'와 '승상'이 모두 사람을 가리키는 말이죠. 이 말은 조고가 한 말인데요. 그러니까 잘되고 못되는 것이 당신과 조고 자신, 그리고 승상 이사에게 달려 있다는 말입니다. '자'와 '고'와 '승상' 사이에 '여'(與)와 '급'(及)이 연사로 쓰였죠.

형용사 등을 연결하는 병렬연사 : 且

이렇게 여(與), 급(及), 기(曁), 약(若), 여(如) 같은 연사들을 살펴보았는데, 이 말들은 주로 명사나 명사구를 연결할 때 많이 쓰는 말들이고, 형용사 같은 말들을 연결할 때에는 이 글자들 외에 '차'(且) 자를 씁니다.

■ 君子有酒, 旨且多.

'군자유주'(君子有酒)는 '군자가 술을 가지고 있다'는 말이죠. 이 말은 곧 술자리를 마련해서 손님을 초대한 것을 의미합니다. 그런데 그 술이 '맛이 있고[旨] 풍성하다[多]'라는 말입니다. 두 개의 형용사를 연사 '차'(且)를 이용해 나란히 연결하고 있죠.

■ 王不行, 示趙弱且怯也.

다음 문장에서 '왕불행'(王不行)은 '왕이 가지 않는다'라는 말이죠. 그렇게 왕이 가지 않는다면, '시조약차겁야'(示趙弱且怯也), '조나라[趙]가 약하고 비겁하다는 것[弱且怯]을 보이는[示] 일'이라는 것이죠. 이렇게 형용사를 연결할 때 '여' 자를 쓰지 않고 '차'를 쓰는 경우가 있습니다.

접속연사

지금까지 같은 격의 말들을 나열하는 병렬연사를 보았습니다. 다음으로는 접속연사(接續連詞)를 보겠습니다.

접속연사 '이'(而)의 쓰임

접속연사에서 가장 많이 쓰이는 글자는 '이'(而)입니다. 이 글자는 우리말로는 하나로 이야기할 수가 없습니다. '하고', '하여도', '하면서' 등 여러 가지로 해석할 수 있는 말이죠. 예문을 보겠습니다.

■ 美而艷. ■ 美而有勇力. ■ 美而無子.

이 예문 세 가지('美而艷', '美而有勇力', '美而無子')는 모두 '미'(美) 뒤에 연사 '이'(而)가 오고 다른 말이 붙은 문장인데요.

'미'는 '예쁘다', '아름답다'라는 말이죠. 첫번째 문장에서 '염'(艷)이라는 말은 '요염'(妖艷), '염문'(艷聞) 같은 말에 쓰이는 말입니다. 글자 자체는 '화려하다'라는 뜻이 있습니다. 그러니까 '미이염'(美而艷)이라고 하면 '예쁘고 화려하다'는 뜻이죠. 두 말이 크게 다르지 않죠. 이때 '이'는 '~하고'라는 의미로 쓰였습니다. 다음 문장 '미이유용력'(美而有勇力)에서도 '이'(而)는 '~하고'의 뜻인데요. '얼굴이 잘생기고 용력이 있다'라는 뜻이죠. 그다음 문장 '미이무자'(美而無子)는 '얼굴은 잘생겼지만 아들이 없다'라는 뜻으로, 이때 '이'는 '~하지만', '~하는데'의 의미로 쓰였습니다. 이렇게 '이' 자가 여러 의미로 쓰일 수가 있고요.

■ 楚人爲小門於大門之側, 而延晏子.

다음 문장에서 '초인위소문어대문지측'(楚人爲小門於大門之側)은 '초나라 사람들이 큰 문 옆에 작은 문을 만들었다'라는 말입니다. '어'(於)가 개사죠. 그런데 이 문을 왜 만들었을까요. 그다음 이어지는 구절에서 '연'(延)은 '맞이하다'라는 의미이고, '안자'(晏子)는 고유명사로 사람을 가리키죠. 안자가 초나라에 외교 사절로 왔는데, 큰 문 옆에 작은 문을 만들어 놓고 "이리로 들어가십시오"라고 한 거죠. 안자가 키가 작거든요. 그래서 당신은 대문으로 들어갈 것 없이 이 작은 문으로 들어가라고 좀 모욕을 주려고 한 일입니다. 이때 '이'(而)는 '만들어 놓고, ~' 식으로 두 문장을 접속해 주는 연사로 쓰이고 있는 겁니다.

■ 毛遂按劍歷階而上, 謂平原君曰 : "從之利害, 兩言而決耳. 今日出而言從. 日中不決, 何也".

그다음 문장은 좀 깁니다. 앞에서부터 보죠. '모수'(毛遂)는 사람 이름입니다. '안'(按) 자는 손에 들었다는 말로, '안검'(按劍)이라고 하면 칼을 들었다는 말이죠. '력계'(歷階)는 '계단을 밟았다'는 말이고, '상'(上)은 올랐다는 말입니다. 계단을 밟은 것과 올라가는 것이 연사 '이'(而)로 접속되어 있습니다. '계단을 밟아서 올라갔다'는 말이 되겠죠. 그렇게 올라가서 평원군(平原君)에게 말을 한 거죠. 이때 평원군이 외국에 전권대사로 나가 있는 상황인데, 그 수행원인 모수가 평원군에게 어떤 말을 하려고 칼을 들고 계단을 올라간 겁니다. 그 뒤로 말한 내용이 이어지죠.

'종지이해'(從之利害)에서 '종'(從)은 '합종연횡'이라고 할 때, 합종을 말하는 것입니다. 합종이라고 하는 것은 다른 나라들이 동맹을 맺어서 진(秦)에 대항하자는 것인데, 당시에는 '합종'이라고 다 쓰지 않고 '종' 하나만으로 쓰기도 합니다.

그러니까 지금 합종책을 따르는 것이 우리나라에 이로우냐 해로우냐 하는 것은 '두 마디 말만 하면, 결정될 것인데[兩言而決耳], 지금 해가 뜨고 나서 합종에 대해 이야기를 하면서[今日出而言從] 해가 한가운데 오도록 결정을 하지 못하는 것은[日中不

決] 무슨 까닭입니까[何也]'라고 묻고 있는 겁니다. 지금 조(趙)나라 평원군과 초(楚)나라의 임금이 같이 앉아서 합종 문제를 이야기하고 있는데 해결이 나지 않는 상황이죠. 그러니까 평원군의 수행원인 모수가 쫓아 올라가서 이런 말을 하는 거죠. '양언이결의'(兩言而決耳), '금일출이언종'(今日出而言從)에 '이'(而)가 쓰였죠. '~로서', '~하고 나서' 등 여러 의미로 쓰이고 있습니다.

■ 一日而行千里, 朝而往, 暮而歸.

'일일이행천리'(一日而行千里)에도 '이'(而) 자가 쓰였는데요. 이때 '이' 자는 술어의 성격을 갖습니다. '하루 동안 걸어서 천리를 갔다'라는 뜻이 됩니다. 그다음에 '조이왕, 모이귀'(朝而往, 暮而歸)에서 '이'는 '~가 되어서'라는 뜻이죠. '아침이 되어서 가고, 해가 저물면 돌아왔다'는 의미입니다.

■ 斯人也, 而有斯疾也.

그다음 '사인야, 이유사질야'(斯人也, 而有斯疾也)는 『논어』에 나오는 말로 공자가 한 말입니다. 공자에게 훌륭한 제자가 있었는데, 그가 불치의 병에 걸렸습니다. 그래서 문병을 가서 '이렇게 훌륭한 사람으로서 이런 병에 걸리다니'라고 안타까워하는 장면이죠. 명사 밑에 쓰여서 함축미를 주는 표현으로 '이'(而) 자를 쓴 겁니다. 앞의 사람에 대해 '이렇게 훌륭한 사람이'라는 의미를 함축하고 있는 표현인 거죠.

■ 大閹之亂, 縉紳而能不易其志者, 有幾人歟?

다음 문장도 비슷합니다. '대엄지란'(大閹之亂)은 명나라 때 환관이 벌인 난리입니다. '진신'(縉紳)은 벼슬아치라는 뜻이죠. '진신' 뒤에 연사인 '이'(而)가 붙어서 '벼슬아치로서', '사대부로서'라는 뜻이 되는 거죠. 벼슬아치면서 '그 뜻을[其志] 바꾸지 않을 수 있었던[能不易] 사람[者]이 몇 사람이나[幾人] 있었던가[有]'라는 의미입니다.

관계연사

순차연접 : 乃, 遂, 而, 然後

관계연사(關係連詞)는 두 개의 술어를 연접하는 것을 말합니다. 앞에서는 주로 사나 구를 연접하는 것을 살펴보았다면 여기서는 술어와 술어를 연접하는 것을 볼 텐데요. 첫번째로 순서대로 자연스럽게 연접되는 순차연접을 보겠습니다. 가령 우리말로 '밥을 먹어서 배가 부르다', '문밖으로 나가서 길을 걷는다'와 같은 문장을 순차연접이라고 할 수 있습니다.

순차연접에는 주로 '내'(乃), '수'(遂), '이'(而), '연후'(然後) 같은 연사들이 쓰입니다. 한 가지 일 다음에 또 다른 일이 순차적으로 이어질 때 이런 글자들을 쓰는 거죠. 이 중에서 '내'(乃)나 '수'(遂) 같은 글자들은 부사처럼 보이기도 합니다마는, 이것 역시 접속사, 즉 연사입니다. 앞에 어떤 일이 있고 난 다음에 '내'나 '수'가 쓰이지 맨 처음에 나오는 일이 없기 때문입니다.

■ 侯生視公子色終不變, 乃謝客就車.

　예문을 보겠습니다. '후생'(侯生)은 사람 이름이죠. '후생시공자색종불변'(侯生視公子色終不變)은 '후생이 공자(公子)의 얼굴색[色]이 끝까지[終] 변하지 않은 것을[不變] 보았다[視]'는 말입니다. 이런 일이 있고 나서, '곧[乃] 손님에게 인사를 하고[謝客] 수레에 나아갔다[就車]'라는 말입니다. '수레에 나아갔다'는 수레를 타고 출발했다는 말이고요. 그러니까 후생이라는 사람이 공자의 태도를 주시하고 있었는데, 그 얼굴빛이 변하지 않는 것을 보고 안심이 되어서 떠났다는 말이죠. '내'(乃)는 여기서 '그러고 나서'의 뜻입니다.

■ 寒然後爲之衣, 飢然後爲之食

　'연후'(然後)가 들어 있는 예문을 보겠습니다. '한연후'(寒然後)는 '추워진 뒤에', '기연후'(飢然後)는 '굶주린 뒤에'라는 뜻이죠. '위지의'(爲之衣)는 '옷을 해 입히다', '위지식'(爲之食)은 '음식을 마련해 먹인다'는 뜻이고요. 그러니까 백성들이 춥게 되니 옷을 해 입히고, 배고파하니 음식을 마련해 먹였다는 말이죠. 한유(韓愈)의 「원도」(原道)라는 글 가운데에서 나온 문장입니다.

인과관계 : 故

다음으로 '그러므로', '그러니까' 같은 인과관계의 의미를 가진 연사를 보겠습니다. 원인이 있고 그 결과로 어떤 것이 나타날 때의 문장이고요. 이럴 때는 '고'(故) 자를 씁니다.

■ 項氏封於項, 故姓項氏.

'항씨봉어항'(項氏封於項)에서 '항씨'는 항우의 선조죠. '항씨가 항이라는 땅에 봉해졌다'라는 뜻이고요. '고성항씨'(故姓項氏)는 '그래서 항씨라고 성을 정하였다'라는 말입니다. 여기서 '성'(姓)은 동사로 쓰였고요. 그러니까 '항씨'라는 집안이 어떻게 '항'이라는 성을 쓰게 되었는지를 설명하는 말이죠. 사마천의 『사기』에 나오는 문장입니다. 이때 '고'(故)가 연사였고요.

조건관계 : 則, 卽, 斯, 此

다음으로 볼 것은 조건관계입니다. 조건관계는 '~하면'이라는 뜻이죠. '즉'(則), '즉'(卽), '사'(斯), '차'(此) 같은 글자들이 쓰입니다. 예문을 보죠.

■ 奕之爲數, 小數也. 不專心致志, 則不得也.

'혁지위수'(奕之爲數)에서 '혁'은 요즘은 보기 힘든 글자인데, '바둑 혁'입니다. 보통 바둑이라고 하면 '기원'(棋院)이라고 할 때 '기'(棋) 자만 있는 줄 알지만, 이 '혁' 자가 옛날에는 바둑을 뜻하는 글자였습니다. '수'는 기술이라는 뜻입니다. '혁지위수'라고 하면 '바둑이라는 기술'이라는 뜻이고, 이어지는 '소수야'(小數也)는 작은 기술이라는 뜻이 됩니다. 바둑이라는 것이 대단치 않은 거라는 말이죠. 이 문장은 『맹자』에 나오는 문장인데, 요즘에는 바둑도 예술에 속한다고 할 정도지만 맹자는 바둑을 그렇게 크게 평가하지 않았습니다. 하지만 이런 바둑에서도 '부전심치지'(不專心致志), 즉 '마음을 집중하고 생각을 거기다가 전부 쏟지 않는다면', 안 된다[不得]는 겁니다. 이때 '즉'(則) 자가 들어갑니다.

■ 思則得, 不思則不得.

'사즉득'(思則得)은 '생각하면 곧 얻는다'입니다. 자기가 연구

하면 알게 된다는 말이죠. 그다음 '불사즉부득'(不思則不得)은 '생각하지 아니하면 얻지 못한다'는 뜻이죠. '불사부득'이라고 해도 되지만, '즉'(則)이 들어가야 합니다.

■ 欲勿予, 即患秦兵之來.

다음으로 '즉'(即) 자는 앞의 '즉'(則)과 음이 같고 역시 조건관계의 연사로 쓰입니다. 예문을 보죠. '욕물여'(欲勿予)에서 '여'(予)는 '준다'는 뜻입니다. '욕물여'는 '주지 않으려 한다'는 말이고요. '즉환진병지래'(即患秦兵之來)는 '그렇게 하면[即] 진나라 군대가 오는 것이[秦兵之來] 걱정된다[患]'는 말입니다. '즉'은 '그걸 구실로 해서'라고 해석을 할 수도 있고요. 무언가 보물이 있는데, 다른 나라에 주자니 그것만 빼앗기고 말까 걱정이 되고, 안 주자니 진나라 군대가 쳐들어올까 걱정이 되는 상황인 겁니다.

■ 我欲仁, 斯仁至矣.

'아욕인, 사인지의'(我欲仁, 斯仁至矣)에서 '사'(斯)가 연사입니다. '아욕인'은 '내가 인을 하려고 하면'이라는 뜻이고, '인지의'(仁至矣)는 '인이 온다는 말이죠'. 이 두 문장이 연사 '사'(斯)로 연결되어, '내가 인을 하려고 하면, 곧 인이 온다'는 문장이 되는 겁니다. 인이라는 것이 그렇게 어려운 것이 아니라는 말이지요. 이때 '사'(斯)는 '즉'(即)과 같은 의미입니다.

■ 有德, 此有人, 有人, 此有土, 有土, 此有財.

다음은 '차'(此) 자가 들어간 문장을 보겠습니다. '유덕, 차유인'(有德, 此有人)은 '덕이 있으면 곧 사람이 있다'라는 뜻입니다. 무슨 말인가 하면, 정치하는 사람, 즉 임금이 덕이 있고 감화력이 있으면 사람이 그 밑으로 모여든다는 말입니다. 이게 중국 전국시대 이야기인데, 이 시대에는 훌륭한 임금이 있다고 하면 다른 나라의 백성들이 그리로 모여들죠. 이어지는 문장도 마찬가지입니다. '유인, 차유토'(有人, 此有土)는 '사람이 있으면 곧 땅이 있다', '유토, 차유재'(有土, 此有財)는 '땅이 있으면 재물이 있다'는 뜻이죠. 임금이 훌륭해서 사람들이 몰려들면 거기에서 토지가 생겨나고, 그 땅에서 생산을 하는 겁니다. '재'(財)가 있다는 것은 토지에서 노력할 때 나오는 생산품이 있다는 말이죠. 이 문장들에서 '차'(此) 자가 모두 '곧'이라는 뜻의 연사입니다. 이 말은 『대학』(大學)에 있는 말입니다.

전절연사 : 而, 顧, 抑, 然, 然而

다음으로 전절연사(轉折連詞)를 보겠습니다. '전절'은 돌아가고[轉] 꺾인다[折]는 말이죠. 자연스럽게 연결되는 것이 아니라는 말입니다. 가령 '밥을 먹어서 배가 부르다'라고 하면 자연스럽다고 할 수 있죠. 그런데 '밥을 먹어도 배가 안 부르다'라고 하면 자연스러운 것이 아니죠. 이런 것을 전절이라고 합니다. 다시 말해 연접하는 상황이 자연스럽지 못하고, 뜻밖이라든가 또는 반대되는 상황으로 전개될 때 쓰는 연사가 전절연사입니다.

전절연사에는 여러 가지가 있는데, 전절의 상태가 비교적 가벼울 때에는 '이'(而), '고'(顧), '억'(抑) 등이 쓰이고, 전절하는 정도가 무겁다고 생각될 때는 '연'(然), '연이'(然而) 등의 연사를 씁니다. 예문을 보겠습니다.

■ 今者薄暮, 擧網得魚, 巨口細鱗, 狀如松江之鱸, 顧安所得酒乎?

'금자박모'(今者薄暮)에서 '금자'는 '지금'이라는 뜻이고, '박모'는 '옅은 저녁'이라는 뜻으로 어스름한 저녁, 황혼녘을 말합니다. '거망득어'(擧網得魚)는 '그물을 들고 고기를 잡는다'는 뜻이고요. 그렇게 잡은 물고기의 모습이 '입이 크고[巨口] 비늘이 가늘어서[細鱗] 그 모습이 송강에서 나오는 농어와 같다[狀如松江之鱸]'고 하고 있죠. 이 문장은 소동파(蘇東坡)의 「후적벽부」(後赤壁賦)에 나오는 말입니다. 달도 밝고 좋은 친구도 옆에 있는데, 먹을 것도 없고 술도 없습니다. 그런 상황인데, 친구가 초저녁에 잡아 놓은 송강의 농어 같은 물고기가 있다고 이야기를 하고 있는 겁니다. 그렇게 먹을 것은 구할 수 있는데, 문제는 술 나올 데가 없다는 거죠.

이어지는 문장 '고안소득주호'(顧安所得酒乎)가 그 말입니다. 이때 '고'(顧)가 전절연사죠. '다만'이라는 뜻입니다. 안주는 있는데, '다만[顧] 술을 어디서[安所] 구할 수 있겠는가?'라는 말이죠.

■ 曹操比于袁紹, 則名微而衆寡, 然操遂能克紹, 以弱爲强者, 非惟天時, 抑亦人謀也.

다음 예문을 보죠. '조조비우원소'(曹操比于袁紹)에서 조조와 원소는 『삼국지연의』에 나오는 인물들이죠. '비'(比)는 비교한다는 말이고, '우'(于)는 개사로 '~에'라는 뜻입니다. '우'는 '어'(於)와 마찬가지라고 앞의 개사 강의에서 말씀드렸죠. '비우'(比于), '비어'(比於)는 '~에 비하여'라고 해석할 수 있습니다. 그러니까 '조조비우원소'라고 하면, '원소에 비하여 조조는'이라고 해석할 수 있겠죠. 조조는 신진 세력이고 원소는 옛날부터 권력을 가지고 있던 세력입니다. 그렇기 때문에 조조를 원소에 비교하자면, '명미'(名微)하고 '중과'(衆寡)하다는 말이죠. 명망도 미미하고, 그 무리[衆], 즉 군대도 적다는 겁니다. '그러나'[然] 조조는[操] 마침내[遂] 원소와[紹] 싸워서 이길 수 있었다고 합니다[能克]. 이때 '연'(然)이 전절연사입니다.

그다음 이어지는 '이약위강자'(以弱爲强者)는 '약한 것을 가지고 강한 것을 만들었다'라는 말입니다. 처음에는 원소에 비해 조조가 약했지만, 지금 전쟁을 해서 원소를 이기고 약한 것을 가지고 강한 것을 만든 것이죠. 이렇게 된 것은 '비유천시'(非惟天時), 즉 천시 때문만은 아니라고 합니다. 천시(天時)는 자연의 조건을 말하는데, '그것뿐만 아니라 인간의 계책을 통해서도 그렇게 했다'[抑亦人謀也]는 말입니다. 이때 '억'(抑)도 앞의 것이 아니라는 의미의 전절연사입니다.

■ 環而攻之, 必有得天時者矣, 然而不勝者, 是天時不如地利也.

'환이공지'(環而攻之)에서 '환'(環)은 손가락에 끼는 반지 같은 것을 말하죠. 동사로는 '포위하다'라는 뜻입니다. '환이공지'는 포위해서 공격한다는 말인데, 여기서는 성을 포위해 공격하는 겁니다. '필유득천시자의'(必有得天時者矣)는 '반드시 천시를 얻을 때가 있을 것이다'라는 말이죠. 요새도 결혼을 한다거나 중요한 일이 있을 때는 택일을 하죠. 자기의 운명에 따라서 좋은 날이 있고 나쁜 날이 있다는 생각은 옛날부터 있어 왔고, 그것이 전쟁을 하는 데도 쓰였습니다. 성을 포위 공격을 하면 몇 달씩 걸릴 수도 있을 텐데, 그중에 운이 좋은 날을 얻을 수 있을 것이라는 말입니다. '연이불승자'(然而不勝者)는 '그런데도 이기지 못한다'는 뜻이죠. '연이'(然而)라는 전절연사가 쓰였고요. 이렇게 천시를 얻었는데도 이기지 못하는 이유가 다음에 나오죠. '시천시불여지리야'(是天時不如地利也), 즉 운수가 좋다고 하는 날 공격하더라도 그것이 지리적인 유리함만 못하다는 말입니다. 아무리 운이 좋아도 지리적으로 튼튼한 성을 공격해서 이기기는 어렵다는 말이죠. 이 문장에서 전절연사 '연이'가 쓰였는데 전절의 상태가 무겁다는 것을 나타내고 있습니다.

선택연사 : 抑, 其, 將, 且

이제 선택연사(選擇連詞)를 보겠습니다. 선택연사는 '이거냐 저거냐', '흑이냐 백이냐'처럼 두 가지 중에서 하나를 택하는 것을 나타내는 연사입니다. '억'(抑), '기'(其), '장'(將), '차'(且) 같은 글자들이 이런 경우에 쓰입니다.

■ 請問黃帝天耶, 抑人耶?

예문을 보죠. '청문'(請問)은 '묻겠습니다'라는 뜻이죠. 묻는 내용이 다음에 나오는 '황제천야, 억인야'(黃帝天耶, 抑人耶)입니다. '황제(黃帝)가 하늘입니까 아니면[抑] 사람입니까?'라는 뜻이죠. 우리나라도 '단군이 신이냐, 사람이냐', 이런 말을 할 수가 있겠죠. 황제는 우리의 단군처럼 중국에서 가장 옛날의 임금이라고 하는데요. 이 사람이 신인지 사람인지를 묻는 질문이라고 할 수 있습니다. 이때 '아니면'이라는 연사가 '억'(抑)입니다.

■ 誠愛趙乎? 其尊齊乎?

이 문장에서는 '기'(其) 자가 쓰였는데요. 글자는 다르지만 '억'(抑)과 뜻은 마찬가지입니다. '성애조호'에서 '성'(誠)은 '정말로'라는 뜻이죠. '애조호'(愛趙乎)는 '조나라를 사랑해서인가', '존제호'(尊齊乎)는 '제나라를 높이기 위해서인가'라는 뜻이죠. 누군가 어떤 일을 일으켰는데, 그 사람에게 이 일을 벌인 것이 '조나라를 사랑해서인지, 아니면[其] 제나라를 높이기 위해서인지'를 묻는 문장입니다.

■ 王以天下爲秦乎? 且尊齊乎?

다음 문장도 비슷하죠. '왕(王)은 천하 사람이[以天下] 진을 위한다고 생각하십니까[爲秦乎]? 아니면[且] 제나라를 높이려 한다고 생각하십니까[尊齊乎]?'라는 뜻으로, 이번에는 '차'(且) 자가 선택연사로 쓰였습니다.

■ 人受命於天乎? 將受命於戶耶?

마지막 예문은 앞에서 보았던 맹상군 이야기에서 나오는 문장입니다. 문설주보다 크면 아비를 해친다고 버려졌다는 말씀을 드렸었죠. '인수명어천호'(人受命於天乎)는 '사람의 운명을 하늘에서[於天] 받는가'라는 말이고, '장수명어호야'(將受命於戶耶)는 '아니면[將] 문설주에서 운명을 받는가'라는 말입니다. 이때 '장'(將)도 앞의 '억'(抑), '기'(其), '차'(且)와 마찬가지의 의미를 갖습니다.

모두연사

모두연사(冒頭連詞)를 보겠습니다. '모'(冒)는 머리에 쓴단 말이죠. 그러니까 '모두연사'는 머리에 얹힌 연사라는 말입니다. 보통 연사라고 하면 대체로 앞의 말이 있고, 그다음에 연사가 중간에 나오고 뒤의 말이 이어지는 형식이죠. 하지만 모두연사는 연사가 먼저 나오고 그다음에 두 개의 술어가 포개져 있는 겁니다.

일반연사 → 술어 + 연사 + 술어
모두연사 → 연사 + 술어 + 술어

양보관계 : 雖, 縱

모두연사 중에서 첫번째로 양보관계를 뜻하는 연사들을 보겠습니다. 양보하는 뜻을 나타내는 모두연사로는 '수'(雖)와 '종'(縱)

자를 씁니다. 우리나라에서는 주로 부사로 쓰는 글자들로 '비록'이라고 해석을 하는데요. 우리말에서도 '비록'이라는 말을 쓸 때는 반드시 뒤에 '~라도'라는 말이 나옵니다. 가령 '비록 가난할지라도 지조를 잃지 않았다'라고 할 때, '비록 ~라도' 식으로 쓰이면서 두 개의 술어를 연결하고 있죠. 이런 식으로 한문에서도 술어와 술어 앞에서 연사로 쓰이는 겁니다.

■ 相如雖駑, 獨畏廉將軍哉?

예문을 보시겠습니다. '상여'(相如)는 사람 이름입니다. 인상여(藺相如)라는 사람인데, 말하는 사람이 자기 이름으로 스스로를 말하고 있는 겁니다. '수노'(雖駑)에서 '노'(駑)는 '재주가 없다', '못났다'라는 말입니다. 걸음도 잘 못 걷고 못생긴 말을 '노마'(駑馬)라고 하죠. '수노'라고 했으니까, '내(상여)가 비록 못났다 할지라도'라는 의미가 됩니다. '독외염장군재'(獨畏廉將軍哉)에서 '독'은 '다만'이라는 뜻이고, '염장군'은 염파(廉頗)라는 인물을 말합니다. 해석하면 '염장군쯤을 두려워하겠는가'라는 뜻이 됩니다. 인상여는 다른 나라 임금 앞에 가서 그 임금을 꼼짝 못 하게 했던 사람이거든요. 그러니까 '내가 그런 사람인데, 염장군쯤을 두려워하겠는가'라고 이야기를 하고 있는 거죠. 문장 전체를 보면, '수'(雖)는 '못났다'와 '염장군을 두려워하다'라는 두 술어 앞에 붙어서 두 문장을 연결시켜 주고 있는 겁니다.

■ 吾縱生無益於人, 吾可以死害於人乎?

다음은 모두연사 '종'(縱)이 쓰인 문장입니다. 이 글자는 동사로 쓰일 때에는 '놓아주다'의 의미인데, 여기서는 '수'(雖)와 똑같은 의미로 씁니다. '오종생무익어인'(吾縱生無益於人)은 '내가[吾] 비록[縱] 살아서[生] 다른 사람에게[於人] 도움이 된 일이 없다[無益]고 해도'라는 뜻이죠. '오가이사해어인호'(吾可以死害於人乎)는 '내가 죽는 것으로 사람들에게 해롭게 해서야 되겠는가'라는 뜻입니다. 비록 살아서 세상에 도움이 된 일이 없다고 하더라도 죽을 때는 남에게 피해를 끼치지 않고 당당하게 죽겠다는 뜻입니다. 이때 '종'(縱) 자가 '무익어인'(無益於人)과 '해어인'(害於人)이라는 두 개의 술어구를 연결하는 연사로 쓰였습니다.

가설(假設) : 若, 苟, 如, 使

모두연사에는 가설, 가정하는 말들도 있습니다. '약'(若), '구'(苟), '여'(如), '사'(使) 같은 글자들인데요. 모두 '만일', '가령'의 뜻을 갖습니다.

■ 君年四十九, 位爲州牧, 而當有厄, 厄若得過, 可年至七十, 致位公輔.

예문을 보죠. 요새도 사주를 보거나 관상을 보거나 하는 일이 있죠. 이 문장도 관상과 관련된 말인데요. 관상을 보는 사람이 어떤 사람에게 운명을 일러 주는 이야기입니다. '군'(君)은 '당신'이라는 말이죠. '연사십구'(年四十九)는 나이가 마흔아홉이 되었다는 말입니다. 그리고 그 지위[位]가 주목(州牧)이 되었다고 하네요. 주목은 지금으로 치면 도지사입니다. 그다음 '이당유액'(而當有厄)에서 '이'(而)는 접속사죠. '당유액'은 액이 있을 거라는 말입니다. 마흔아홉에 도지사라는 상당히 높은 지위에 올랐지만, 올해 어려운 일을 만나게 될 거라고 예측을 하고 있는 겁니다. 그다음 '액약득과'(厄若得過)는 '액이 만약[若] 지나게 된다면'이라는 뜻이죠. 그렇게만 된다면 '가년지칠십, 치위공보'(可年至七十, 致位公輔) 하게 된다고 합니다. '가년지칠십'은 '나이가 칠십에 이를 수 있다'는 뜻이고, '치위공보'는 '그 지위가 공보에 이를 것이다'라는 말인데, '공보'는 옛날 중국의 대신 중에 삼공(三公)과 삼보(三輔)를 말합니다. 지금으로 치면 국무총리에 해당하는 높은 지위라고 할 수 있습니다. 그러니까 지금 닥친 어려움만 극복한다면 이후로는 아주 좋은 운수가 전개된다는 예언을 하고 있는 겁니다. 핵심은 '액약득과', '액을 잘 넘길 수 있는가'이겠네요. 이때 '약'(若)이 가정을 나타내는 모두연사였고요.

■ 苟如君言, 劉豫州何不遂事之乎?

이번에는 '구'(苟) 자가 들어간 문장을 보겠습니다. '구'(苟)는 우리나라에서는 '진실로 구'라고 읽어 왔습니다. 그런데 '진실로'라고 하면 말이 안 됩니다. '~한다면'의 뜻으로 보아야 합니다. 이 글자는 또 연사가 아니라 부사로 쓰는 경우가 있는데요. 가령 '구전성명'(苟全性命)이라는 말은 '구차하게 생명을 보존한다'라는 말입니다. 세상이 혼란하기 때문에 활개치면서 잘 사는 것이 아니라, 겨우 생명이나 보존하면서 살아가겠다고 할 때 하는 말인데, 이때 '구' 자가 '구차하게'라는 뜻의 부사로 쓰였죠.

하지만 여기서는 '구'가 연사로 쓰이는 경우를 보겠습니다. 위의 예문에서 '구여군언'(苟如君言)은 '만약[苟] 당신 말대로라면'이라는 뜻입니다. '여'(如)는 '~와 같다'라는 뜻이죠. 그다음 '유예주하불수사지호'(劉豫州何不遂事之乎)는 '유예주는 어째서 그 사람을 섬기지 않는가'라는 뜻입니다. '유예주'는 『삼국지』의 유비를 말하고, 지금 이 말을 하는 사람은 오나라의 손권, 듣는 사람은 제갈량입니다. 제갈량이 먼저 조조가 유력한 사람이라고 이야기를 한 거죠. 이 말을 받아서 손권이 그렇다면 "왜 당신의 주인인 유비는 조조를 섬기지 않는가"라고 묻고 있는 겁니다. '구'(苟) 자가 모두연사로 쓰였다는 점을 기억하시고요.

■ 如知其非義, 斯速改之, 何待來年?

이 말은 『맹자』에 나오는 말입니다. '여지기비의'(如知其非義)에서 '여'(如)가 모두연사입니다. '만일[如] 그것이[其] 의가 아니라는 것을[非義] 안다면[知]'의 뜻이 되죠. 그다음 '사속개지'(斯速改之)에서 '사'(斯) 자는 앞에서 '아욕인, 사인지의'(我欲仁, 斯仁至矣)라는 『논어』의 문장을 보면서 말씀드린 적이 있습니다. '내가 하려고 하면 곧 인이 온다'라는 문장이었죠. 이때 '사'는 '곧', '바로'라는 의미였죠. 여기서도 마찬가지입니다. '바로[斯] 빨리[速] 그것을 고친다[改之]'라는 뜻이죠. '하대래년'(何待來年)은 '어찌 내년을 기다린단 말인가'입니다. 이 말은 날마다 남의 집 닭을 훔치는 사람을 예로 들어서 이야기하는 것인데요. 잘못된 것임을 알면 도둑질을 당장 멈춰야지, 올해까지는 더 훔치겠다고 해서는 안 된다는 말입니다.

■ 使天下無農夫, 擧世皆餓死耳.

다음으로 '사'(使)가 쓰인 경우를 보겠습니다. '사천하무농부'(使天下無農夫)는 '만약[使] 천하에 농부가 없다면'이라는 뜻이죠. '거세개아사의'(擧世皆餓死耳)에서 '거세'(擧世)는 '온 세상'을 말합니다. 온 세상이 '모두[皆] 굶어 죽을 것이다[餓死耳]'라는 말이 됩니다.

상례(常例) : 每

모두연사의 마지막으로 '상례'와 관련된 내용을 보겠습니다. 상례는 '늘 어떠하다'라는 의미죠. 여기에는 '매'(每) 자가 있습니다. 예문을 보죠.

■ 太史公曰 : "余每讀虞書, 至於君臣相敕".

'태사공'(太史公)은 사마천(司馬遷)입니다. '여매독우서'(余每讀虞書)는 '내가[余] 「우서」(虞書)를 읽을[書] 때마다[每]'라는 말입니다. '우서'는 고대의 역사를 기록한 책이고요. '지어군신상칙'(至於君臣相敕)은 '임금과 신하가 서로 경계하는 데에 이르러서'라는 뜻입니다. 이렇게 '~할 때마다'라는 의미로 쓸 때에 '매'(每) 자를 모두연사로 사용합니다.

연사구 : 不然, 要之

연사의 마지막으로 연사구(連詞句)에 대해서 말씀드리겠습니다. 하나의 사가 아니라 구를 이루어서 연사의 역할을 하는 경우인데요. 불연(不然), 요지(要之) 같은 말들이 연사구입니다.

■ 此沛公左司馬曹無傷言之, 不然, 籍何以至此?

'불연'(不然)은 '그렇지 않으면'이라는 뜻입니다. 예문은 항우[籍]가 유방[沛公]에게 한 말입니다. '차패공좌사마조무상언지'(此沛公左司馬曹無傷言之)는 '이것은 당신(패공)의 좌사마인 조무상(曹無傷)이 이야기한 것이다'라는 뜻이고, 뒤의 문장 '적하이지차'(籍何以至此)는 '내[籍]가 어찌[何以] 여기에 이르렀겠는가[至此]?'라는 뜻입니다. 그 사이에 '불연'(不然), 즉 '그렇지 않으면'이라는 말이 들어갔습니다. 그러니까 당신의 부하가 나에게 이런 이야기를 했기 때문에 그렇게 한 것이지, 그렇지 않으면 이렇게 하지 않았을 거라는 뜻입니다. 이때 '불연'이 연사구입니다.

■ 要之, 死然後是非乃定.

그다음으로 '요지'(要之)는 우리말로 하면 '요컨대', '통틀어'라는 뜻입니다. 앞에서 말했던 것을 전체적으로 종합해서 말한다는 의미죠. 예문에서 '사연후시비내정'(死然後是非乃定)은 '죽은 후에(死然後) 옳고 그름이[是非] 비로소 정해진다[乃定]'라는 뜻입니다. '앞에 했던 이야기들을 종합해서 말하자면'[要之], 사람의 옳고 그름은 죽은 뒤에야 비로소 판가름이 난다는 말이죠. 살아 있을 때 그 사람이 옳다 그르다 말들을 하지만, 죽고 난 뒤에 역사적인 판정이 이루어진다는 뜻입니다.

8장 _ 어기사

어기사(語氣辭)는 우리말 문법에는 없죠. 글자 그대로 '말하는 기분'[語氣]을 나타내는 말입니다. 가령 우리가 말할 때 '좋다'라고 하거나 '옳습니다'라고 하면 그 말을 빠르게 하거나 느리게 하거나, 아니면 가볍게 말하거나 무겁게 말하는 데 따라서 그 사람의 기분을 이해할 수가 있죠. 이런 사람의 기분을 글에서는 어기사로 표현을 하는 겁니다. 우리말 같으면 어미로 이런 표현을 할 수가 있죠. '간다'라는 말이 있으면 '가라', '가오', '갑니다' 등등 말꼬리가 붙을 수가 있는데, 한문은 그런 게 없습니다. '안 간다'라고 하면 '불거'(不去)라고 하면 끝나죠. 여기에 '불거야'(不去也), '불거의'(不去矣) 식으로 어기사가 붙습니다. 하지만 이 말들은 꼭 붙어야 하는 것은 아닙니다. 우리나라에서는 이와 비슷한 것을 조사(助詞)라고 하기도 하는데, 조사라는 것은 어기사와는 좀 내용이 다릅니다. 우리말의 조사는 '을', '를' 같은 것인데, 다 뜻이 있죠. 그런데 한문의 어기사는 뜻을 가지지 않는다는 점에서 차이가 있습니다.

제시와 정돈을 나타냄

첫번째로 어기사에서 제시와 정돈을 나타내는 경우를 보겠습니다. 우리가 '사람은 어떠어떠해야 한다'라는 식으로 이야기를 하는데, '사람'을 강조할 때가 있습니다. 그럴 때 '사람이라는 것은 ~' 식으로 말할 때가 있습니다. 이럴 때 사용하는 것이 '제시'입니다. '정돈'은 말을 해 나가는 중에 말을 조금 쉬는 겁니다. 멈춰야만 그다음에 나오는 말뜻을 잘 이해할 수 있기 때문에 문장을 한 번 멈춰 주는 것인데, 그런 경우에 '정돈'이라고 하는 겁니다.

이렇게 제시와 정돈을 나타내는 어기사로는 '자'(者), '야'(也)가 있습니다. '자'(者)에는 여러 가지 뜻이 있죠. 가령 '대자'(大者)라고 하면 '큰 것', '소자'(小者)는 '작은 것'이라는 뜻입니다. 마찬가지로 '노자'(老者)는 '늙은 것', '소자'(少者)는 '젊은 것', '지자'(知者)는 '아는 것', '학자'(學者)는 '배우는 것'이 되죠. 우리말로 하면 '자'(者)는 '~ 것'의 뜻을 갖는데, 어기사로 쓸 때에는 그런 뜻이 전혀 없고, 제시나 정돈의 의미만 나타내게 됩니다.

'야'(也) 자는 본시 뜻이 없습니다. 현대 중국어에서는 '또한'

의 의미로 쓰입니다마는 고문, 즉 옛날 한문에서는 아무런 의미가 없이, 제시와 정돈을 나타내는 데 사용되었습니다.

어기사 자(者)의 쓰임

주어의 제시

그러면 먼저 '자'(者)가 주어를 제시하는 데 쓰이는 경우를 보겠습니다. 보통 문장에서 주어가 나오고 술어가 나오는 것 아니겠어요? 그러니까 가령 '사람이 죽었다'라고 하면 '인사'(人死)라고 할 수 있는데, 이때 '인'(人) 자 밑에 '자'(者)를 붙이는 겁니다. '인자'(人者)라고 해서 '인'이라는 주어를 강조하고 더 뚜렷하게 내세우는 겁니다. 이럴 때 주어 뒤에서 주어를 제시하는 역할을 한다고 합니다.

■ 北山愚谷者, 年且六十, 而面山而居.

예문을 보죠. '북산우곡자'(北山愚谷者)는 '북산에 사는 우곡(愚谷)이라는 사람'이라는 뜻입니다. 지금 '자' 자를 '~이라는 사람' 식으로 해석을 했는데, 사실은 주어를 제시하는 역할을 할 뿐 어떤 의미를 갖는 것은 아닙니다. '연차육십'(年且六十)은 이 사람의 '나이가[年] 60이 다 되어 간다'는 의미입니다. '차'(且)는 '되어 간다'는 말입니다. 이 사람이 어떻게 사느냐 하면, '면산이거'(面

山而居), '산을 바라보면서[面山] 산다[居]'고 합니다.

■ 有蔣氏者, 專其利三世矣.

그다음도 비슷합니다. '유장씨자'(有蔣氏者)에서 '유'는 아무 의미가 없는 말입니다. 이것도 어기사의 일종이라고 할 수 있고요. 다음의 '장씨자'에서 '자'는 '장씨'라는 주어를 제시하는 겁니다. 이 사람이 '전기리삼세의'(專其利三世矣)한다고 하네요. '전기리'에서 '전' 자는 독차지한다는 말입니다. '그 이익[其利]을 독차지한다'라는 말이죠. 지금도 '전매특허'라는 말을 쓰죠. 다른 사람이 팔지 못하게 하고 자기 혼자 파는 것을 '전매'라고 하죠. 판매권을 독점하는 겁니다. 이렇게 이익을 독차지한 것이 삼대 동안[三世] 내려왔다는 거죠. 이 장씨라는 사람을 더 뚜렷하게 내세워야 할 필요가 있기 때문에 '자'(者) 자를 쓴 겁니다.

인과구에서 결과 또는 현상을 제시

두번째로는 '자'(者)가 인과구에서 결과 또는 현상을 제시하는 경우를 보겠습니다. 어떤 원인이 있어서 결과가 생겼다고 할 때 '인과'라고 하죠. 가령 '조상이 덕을 쌓아서 자손이 복을 받았다'라고 하면 '덕을 쌓는 것'이 원인이고, '복을 받는다'라고 하는 것은 결과가 됩니다. 이런 인과구에서 결과나 현상을 제시할 때, '자'(者)가 쓰이는 겁니다.

■ 吾所以爲此者, 而先國家之急, 而後私讎也.

예문을 보죠. '오소이위차자'(吾所以爲此者)는 '내가 이것을 하는 이유'라는 뜻이죠. '내가 왜 이것을 하느냐', '내가 이것을 하는 이유는 뭐냐' 하는 것을 제시하고, 그 이유를 뒤에서 말하는 것이죠. 그 이유는 '선국가지급'(先國家之急)과 '후사수야'(後私讎也)입니다. 나라의 급한 일을 앞세우고, 개인적인[私] 원수는[讎] 뒤로 돌리는 것이라는 말이죠. 앞에서도 나왔던 인상여와 염파라는 두 인물에 관한 이야기입니다. 두 사람이 나라에 아주 중요한 사람이죠. 두 사람이 있기 때문에 다른 나라에서 그 나라를 가볍게 보지 못하는 것인데, 이 두 사람 사이가 나쁜 겁니다. 그런데 만일 두 사람이 싸우다가 한 사람이라도 넘어지는 날에는 나라가 위태로워집니다. 그래서 인상여가 염파를 항상 피해 다니죠. 주변 사람들이 왜 그렇게 피해 다니느냐고 하니까, 그때 인상여가 하는 말이 이 문장입니다. '국가가 위급한 것이 먼저고 개인적인 감정은 뒤로 돌려야 한다', 이것이 내가 이렇게 피해 다니는 이유[吾所以爲此者]라고 이야기를 하는 겁니다.

이때, '오소이위차자'에서 '자' 자가 없어도 됩니다. '오소이위차'라고만 해도 '내가 이렇게 하는 이유'라고 표현할 수 있지만, '자'가 붙으면서, 다른 이유가 아니라 바로 그런 이유 때문이다라는 식으로 제시하는 의미를 갖는 것입니다.

조건구(條件句)에서 가설(假設)을 나타냄

세번째로 어기사 '자'(者)가 조건구에서 가설을 나타내는 경우를 보겠습니다. 가령 '나를 알고 상대도 알면, 1백 번 싸워도 1백 번 지지 않는다'라는 문장이 조건관계죠. '~ 하면, ~ 한다'의 형식입니다. 이때 '~ 하면'이라는 부분을 가설이라고 합니다. 조건구에서 가설을 나타낼 때 '자'(者)가 사용됩니다.

■ 因擊沛公於坐, 殺之, 不者, 若屬且皆爲所虜.

'인격패공어좌, 살지'(因擊沛公於坐, 殺之)는 '인하여[因] 패공을[沛公] 그 자리에서[於坐] 쳐서[擊] 죽여라[殺之]'라는 뜻입니다. '인하여'는 '그때를 틈타'의 의미이고요. 그다음 '부자'(不者)가 '자'(者)가 붙어서 가설의 의미를 나타내는 말입니다. 해석하면 '그러지 않는다면'이라는 뜻이 되죠. 그다음 '약속차개위소로'(若屬且皆爲所虜)에서 '약'(若)은 '같다' 등의 뜻으로 쓰지만, 여기서는 '너'라는 뜻이고 '약속'(若屬)이라고 하면 '너희들'이 됩니다. '너희들은[若屬] 장차[且] 모두[皆] 사로잡힘을 당할 것이다[爲所虜]'라는 말이죠. 이 글의 내용은 아시는 분은 아시겠지만, 항우와 패공 유방이 홍문연에서 잔치를 할 때의 모습을 그리고 있습니다. 잔치를 하는데, 항우의 참모인 범증이 다른 사람에게 칼춤을 추다가 그대로 유비를 죽이라고 시키는 장면에서 나오는 말입니다.

■ 伍奢有二子, 不殺者, 爲楚國患.

예문을 보죠. 여기서는 오사(伍奢)라는 사람이 나옵니다. '유이자'(有二子)는 이 사람에게 아들이 둘 있다는 말이죠. 그다음 '불살자'(不殺者)가 '자'가 붙어서 가설의 의미를 나타내는 말이죠. 오사의 두 아들을 '죽이지 않는다면'이라는 뜻입니다. '위초국환'(爲楚國患)은 '초나라의 걱정거리가 될 것이다'라는 뜻이죠.

어기사 야(也)의 쓰임

'자'(者)에 대한 설명을 마치고, 다음으로 '야'(也) 자의 쓰임에 대해 알아보겠습니다.

제시를 나타냄

이 글자는 제시보다는 정돈에 많이 쓰입니다. 물론 제시의 용법으로도 쓰이는데요. 예문을 보겠습니다.

■ 子謂子貢曰 : "女與回也, 孰愈?" 對曰 : "賜也, 何敢望回? 回也, 聞一以知十, 賜也, 聞一以知二".

공자가 자공에게 묻는 말입니다. '자위자공왈'(子謂子貢曰)에서 맨 앞의 '자'(子)는 공자를 가리키죠. '공자[子]가 자공(子貢)에게 묻기를', '너와 안회 중에[女與回也] 누가 낫냐[孰愈]'라고 하는 겁니다. 이때 '회'라는 이름 밑에 '야'(也) 자를 썼죠. 안회라는 사람을 제시하는 겁니다. 자공이 대답을 하죠. '사야, 하감망회'(賜也, 何敢望回)에서 '사'는 자공 자신의 이름이고, '하감망회'는 '어찌 감히 회를 바라볼 수가 있습니까?'라는 뜻이죠. 이때도 '사'라는 이름 뒤에 '야'가 제시의 의미로 붙었고요. 그다음에는 왜 안회가 더 훌륭한지가 나오죠. '회야, 문일이지십, 사야, 문일이지이'(回也, 聞一以知十, 賜也, 聞一以知二), 즉 안회는 하나를 들으면 열을 아는데, 자신은 하나를 들으면 둘밖에 모른다고 이야기를 하고 있죠. 이때도 '회야'(回也), '사야'(賜也)라고 이름 밑에 모두 '야' 자를 쓰고 있죠.

정돈을 나타냄

정돈으로 쓰인다는 것은, 말을 해 나가다가 조금 휴식을 하는 겁니다. 그다음에 이어질 말을 더 주의 깊게 하기 위해서죠.

■ 爲其來也, 臣請縛一人, 過王而行.

예문에서 '위기래야'(爲其來也)는 '그가 온다면'이라는 뜻입니다. '위기래'라고만 해도 되는데, '야' 자가 붙어서 말을 잠시 쉬는 것을 표현하고 다음에 나오는 말에 조금 더 신경을 기울이도록 하는 겁니다. '신청박일인, 과왕이행'(臣請縛一人, 過王而行)은 '신이 한 사람을 묶어 왕의 앞을 지나가겠습니다'라는 말이죠.

■ 操蛇之神聞之, 懼其不已也, 告之於帝.

그다음 문장, '조사지신문지'(操蛇之神聞之)에서 '조사지신'은 '뱀[蛇]을 조종하는[操] 귀신[神]'이라는 말입니다. '문지'(聞之)는 어떤 소식을 들었다는 말이죠. 그다음 '구기불이야'(懼其不已也)는 '그가[其] 멈추지 않을 것을[不已] 두려워하여[懼]'라는 뜻이고, 마지막의 '야'는 여기서 일단 말을 멈추는 것을 표현한 것입니다. 없어도 되는 글자고요. 그다음의 말에 신경을 기울이게 하는 겁니다. '고지어제'(告之於帝)는 그 사실을 상제, 즉 하느님에게 보고했다는 말이죠.

의문사를 정돈에 쓰는 예

'야'가 정돈에 쓰이는 경우를 살펴보았는데, 꼭 '야'가 아니어도 이렇게 정돈에 쓰이는 의문사들이 있습니다.

■ 我之大賢與, 於人何所不容? 我之不賢與, 人將拒我, 如之何其拒人也?

'아지대현여'(我之大賢與)에서 '여'(與)는 의문형을 만드는 글자입니다. '내가 크게 훌륭한가?'라는 뜻이 되죠. '어인하소불용'(於人何所不容)은 '다른 사람에 대해서 용납하지 못할 것이 있겠는가'라는 뜻입니다. 그러니까 '내가 크게 어진가?'라고 의문의 형태를 빌려 정돈을 하고 다음의 말을 하는 거죠. 이어지는 문장도 마찬가지죠. '아지불현여'(我之不賢與)는 '내가 훌륭하지 못한가?'라는 의문형으로, 이렇게 말을 정돈하고 '인장거아, 여지하기거인야'(人將拒我, 如之何其拒人也)라고 말하고 있습니다. '다른 사람들이 장차 나를 거절할 것이다. 어떻게 그 사람을 거절하겠느냐'라는 뜻이죠. 이렇게 의문하는 형태를 빌려서 말을 휴식시키고 다음 말에 집중시키는 데 '여'(與)를 쓰고 있는 겁니다.

종결과 긍정을 나타냄

지금부터는 종결과 긍정을 나타내는 어기사들을 보겠습니다. 우리말로는 '~이다', '~하였다' 같은 말들이 종결이죠. '메주는 콩으로 쑨다'고 하면 이건 긍정입니다. 이런 식으로 서술의 종결이나 긍정을 나타낼 때 어기사를 쓰는데, 주로 '야'(也) 자가 많이 쓰입니다. 정돈시킬 때에도 이 글자를 많이 쓴다고 말씀드렸는데, 한문 고문에서는 가장 많이 쓰이는 어기사라고도 할 수 있습니다.

판단구

먼저 판단하는 말에 쓰이는 경우를 보겠습니다. '이것은 검은 것이다'라고 하는 것이 판단입니다. 예문을 보죠.

■ 蘇奏者, 洛陽人也. ■ 我子瑜友也.

'소진자, 낙양인야'(蘇奏者, 洛陽人也)는 '소진이라는 사람은 낙양 사람이다'라는 뜻이죠. '소진'은 사람 이름이고, '자'(者)는 앞에서 살펴보았던 것처럼 주어를 제시해 주는 어기사입니다. '낙양인야'라고 해서 '야'가 붙은 것은 소진이 어디 다른 지역이 아니라 낙양 사람이라는 판단의 말이 되는 겁니다.

'아자유우야'(我子瑜友也)에서 '자유'(子瑜)는 사람 이름으로 고유명사입니다. '나는 자유의 친구다'라는 판단을 내리는 문장이죠. 이럴 때 어기사 '야'를 쓰는 겁니다.

서술구

'~하였다', '~을 보았다' 등등 일반적인 서술을 하는 문장을 쓰는 데에도 역시 어기사 '야'(也) 자가 쓰입니다.

■ 古之人與民偕樂, 故能樂也.

예문을 보죠. '고지인'(古之人)은 '옛날 사람'이라는 뜻인데, 이때는 옛 임금, 혹은 정치하는 사람을 말합니다. '여민해락'(與民偕樂)은 '백성과 같이 즐거워하였다'라는 말이고요. 이렇게 정치하는 사람이 백성과 함께 즐거워했기 때문에, '즐거워할 수 있었다'[故能樂也]고 이야기를 하고 있습니다. 만약 백성은 고생하는

데 자기만 즐거워한다면 그런 즐거움은 오래 누릴 수가 없겠죠. '고능락야'(故能樂也)라고 했는데, '야' 자가 없어도 말이 되지 않는 것은 아닙니다. 하지만 이 '야' 자가 말하는 사람의 기분을 나타내는 역할을 하고 있는 것입니다.

■ 所以然者何? 水土異也.

그다음 문장에서 '소이연자하'(所以然者何)는 '그러한 것은 무엇 때문인가'라는 뜻입니다. '수토이야'(水土異也)는 '물과 땅이 달라서입니다'라는 뜻이고요. 그러니까 지방의 풍토가 다른 데 따라서 다른 것들도 달라진다고 판단하는 겁니다.

가설구의 결구(結句)

앞에서 조건구에서 가설을 나타낼 때 '자'(者) 자를 쓰는 경우가 있었죠. 조건구는 '~하면 ~하다'라는 문장입니다. 가령 '금년에 꽃이 안 피면 저 나무는 캐 버리겠다'라고 하면, 앞의 '금년에 꽃이 안 피면'이 가설이고, '나무를 캐 버리겠다'가 결구가 되는 겁니다. 이 결구에서 '야'(也) 자가 쓰이는 경우를 보겠습니다.

■ 王不行, 示趙弱且怯也.

이 예문은 앞에서도 나왔었는데요. '왕이 가지 않는다면, 조나라가 약하고 비겁하다는 것을 보이는 것이다'라는 뜻이죠. 나라 간에 임금끼리 만나서 수뇌회담을 하자고 하는데, 가지 않는다면, 국력이 약하거나 무서워서 가지 않는다는 것을 증명하는 것이라는 말이죠. 이때 결구인 '시조약차겁야'(示趙弱且怯也)에서 '야' 자를 써서 끝을 맺는 것입니다.

희망 또는 명령

희망 또는 명령을 나타낼 때에도 '야'를 씁니다. '~하기를 바란다'(희망) 혹은 '~해서는 안 된다'(명령)라고 할 때 '야'로 문장을 끝맺는 거죠.

■ 願伯具言臣之不敢倍德也.

예문에서 '원'(願)은 '원하다'라는 뜻이고, '백'(伯)은 사람 이름입니다. '구언'(具言)은 '구체적으로 말하다'라는 뜻이고요. 그러니까 '원백구언'이라고 하면 '백께서 구체적으로 말씀해 주시기를 바랍니다'라는 뜻입니다. 그 뒤의 내용이 말하는 내용입니다. '신'(臣)은 말하는 사람 자신을 가리키는 말인데, 옛날에는 꼭 임금과 신하 관계가 아니더라도 자신을 말할 때 '신' 자를 썼습니다. '신지불감배덕야'(臣之不敢倍德也)는 '제가 감히 덕을 배신하지 않는다는 것'이라는 뜻이죠. '배'(倍) 자가 '배신하다'의 의미로 쓰였는데, 지금은 이 글자를 안 쓰고 '배'(背) 자를 쓰죠. '배'(倍)는 '갑절'이라고 할 때 쓰는 글자죠. 그런데 옛날에는 등진다는 의미의 '배'(背) 자와 마찬가지로 쓰이는 글자였습니다. '배덕'은 '덕을 배반하다'이고, '불감배덕야'(不敢倍德也)는 '감히 은혜를 저버리지 않는다'라는 의미로 보면 되겠습니다.

이게 어떤 상황에서 나온 말일까요? 지금 두 사람이 대화를 나누고 있는 겁니다. '말하는 사람'[臣]과 '백'이라는 사람이 이야기를 하는데, 말하는 사람이 백이라는 사람에게 제삼자에게 가서 이야기를 좀 잘 해 달라고 부탁을 하고 있는 겁니다. 좀 다급한 모양이죠. 죽이려고 하니까 이런 부탁을 하고 있는 건데요. 이렇게 '~를 희망한다'라는 문장의 마지막에도 '야'(也) 자를 씁니다.

■ *毋從俱死也*.

다음으로 명령형 문장을 보겠습니다. 맨 앞의 '무'(毋) 자는 '어미 모'(母) 자와 다른 글자입니다. 글자 가운데 점을 찍으면 '어머니'라는 뜻의 '모' 자가 되지만, 가운데 획을 내려그은 것은 '없을 무'(無) 자와 같은 글자로, '무'라고 읽습니다. '~하지 말라'라는 명령형이고요. 뒤의 '종구사야'(從俱死也)는 '따라서 같이 죽다'라는 뜻입니다. 이 문장은 '따라서 같이 죽지 말라'라는 명령문이 되는 겁니다. 마지막에는 역시 '야'(也) 자가 쓰였죠.

'야'(也)와 같이 쓰이는 다른 어기사

이렇게 '야'(也)라는 글자는 여러 곳에 다양하게 쓰이는데요. 한문에는 이 '야'와 같은 식으로 쓰이는 다른 어기사가 있습니다. '이'(耳), '이'(爾), '언'(焉) 같은 글자들인데요. 이 글자들 역시 소리만 표시할 뿐 그 자체로는 아무런 뜻이 없습니다.

■ 今肅可迎操耳, 如將軍不可也.

예문을 보죠. '금숙가영조이'(今肅可迎操耳)에서 '숙'(肅)은 『삼국지연의』에 등장하는 노숙이고, '조'(操)는 조조를 말합니다. 조조가 공격해 내려오는데, 자기는 조조에게 굴복하고 맞아들여도 별 상관이 없지만, 주군[將軍]은 그러면 안 된다는[不可] 말을 하고 있는 겁니다. 이때 앞 문장의 끝에는 '이'(耳)를 쓰고, 뒷 문장에는 '야'(也)를 썼습니다. 이 두 글자는 의미도 같고 서로 바꿔도 되는 글자들인데, 같은 음이 반복되는 것이 좋지 않아서 의미가 같고 음이 다른 것을 썼다고 할 수 있습니다.

■ 君若用臣之謀, 則今日取郭, 而明日取虞爾.

'군약용신지모'(君若用臣之謀)는 '임금께서[君] 만약[若] 신의 계책[臣之謀]을 쓰신다면[用]'이라는 뜻이죠. 뒤의 문장에 나오는 '즉'(則)과 '이'(而)는 모두 연사죠. '금일취곽'(今日取郭), '명일취우

이'(明日取虞爾)에서 '곽'(郭)과 '우'(虞)는 모두 땅의 이름입니다. 그러니까 이 문장은 '임금께서 신의 계책을 쓰신다면 오늘은 곽나라를 취하고, 내일은 우나라를 취할 것입니다'라는 뜻이 됩니다. 여기서 맨 마지막의 '이'(爾) 자는 '야'(也)와 같은 의미로 쓰는 어기사가 되겠습니다.

■ 寒暑易節, 始一反焉.

'한서역절, 시일반언'(寒暑易節, 始一反焉)을 한번 해석해 보죠. '추위[寒]와 더위[暑]가 절후가 바뀌어서[易節] 비로소 한번 돌아온다[始一反焉]'라는 뜻입니다. 무슨 말이냐 하면, 1년이 지나서 추위와 더위가 한 번씩 왔다 갔다는 겁니다. 1년의 시간이 흘렀다는 말을 이렇게 표현한 것이죠. 여기서도 '야'(也) 자를 써야 할 텐데, 대신 '언'(焉) 자를 쓴 것입니다. 이렇게 판단 혹은 서술을 나타내는 문장에서 '야'와 마찬가지로 이런 글자들이 쓰인다는 겁니다.

결정적 사태를 나타냄 : 矣

다음으로 결정적인 사태를 나타낼 때 쓰는 어기사 '의'(矣)를 보겠습니다. 과거 또는 미래에 어떤 사태가 필연적인 결과를 가져올 것이 분명한 것을 나타내는 것이고요. 틀림없이 어찌어찌 된다는 뜻을 나타냅니다.

상황을 나타냄

우선 어떤 상황이 분명할 때 '의'(矣) 자를 쓰는 경우를 보겠습니다.

■ 今日病矣, 予助苗長矣.

앞의 문장에서 '금일병의'(今日病矣)에서 '병'은 여기서는 '피로하다'라는 뜻입니다. 이 문장은 어떤 사람이 밖에 나갔다 와서 집안 사람들에게 이야기를 하는 것인데요. 그다음 '여조묘장의'(予助苗長矣)가 이 사람이 피로한 이유를 말해 주죠. '여조묘장의'는 '내가[予] 싹이 자라는 것을[苗長] 도왔다[助]'라는 말이죠. 밭에 나가서 보니까 다른 밭에는 작물이 잘 자라는데, 우리 밭은 싹이 잘 자라지 않은 거죠. 그래서 그 싹들을 모두 쑥쑥 뽑아 올려놓고 들어오느라 피곤하다는 말을 하고 있는 겁니다. 곡식이 잘 자라도록 도왔다는 말인데, 그러면 결국 싹이 다 말라 죽는 거죠. 이렇게 상황을 설명할 때에는 '야'(也)를 쓰지 않고 '의'(矣) 자를 씁니다.

사태의 판단을 나타냄

그다음에 사태의 판단을 나타낼 때, 다시 말해 옳다 그르다 판단을 나타낼 때도 역시 '의'(矣) 자를 씁니다. 예문을 볼까요.

- 公將鼓之, 劌曰未可, 齊人三鼓, 劌曰可矣.

'공장고지'(公將鼓之)는 '공이 북을 치려고 한다'는 뜻이죠. 북을 친다는 것은 전쟁에서 '공격하라'라는 진군 신호입니다. 지금 전투가 벌어지려 해서, 임금이 북을 쳐서 진군 명령을 하려고 하는 상황이죠. 그다음에 나오는 '귀'(劌) 자는 좀 어렵죠. 조귀(曹劌)라는 노나라 장군의 이름입니다. 임금이 북을 치려고 하는데, 조귀가 '아직 안 된다'[未可]고 하는 겁니다. 그다음에 제나라 사람들이 세 번 북을 쳐서[齊人三鼓] 공격을 해 오죠. 그때 '북을 쳐도 된다'[可矣]고 이야기를 합니다. 이렇게 판단을 내릴 때에 '의' 자를 씁니다.

- 皆曰 : "紂可伐矣".

'개왈'(皆曰)은 '모두가 말하기를'이죠. '주가벌의'(紂可伐矣)는 '주임금은 공격해야 한다'는 뜻입니다. 그대로 놔두면 안 된다는 말이죠. 이럴 때의 판단에도 역시 '의' 자를 씁니다.

■ 誠如是, 則霸業可成, 漢室可興矣.

'성여시'(誠如是)는 '정말 이와 같이 한다면'이죠. '성'(誠)은 부사고요. '즉패업가성'(則霸業可成)은 '곧 패업을 이루게 될 것이다', '한실가흥의'(漢室可興矣)는 '한나라 왕실을 일으키게 될 것이다'라는 뜻입니다. 역시 판단의 문장에 어기사 '의'를 쓰고 있죠.

자기의 의사를 나타냄

다음으로 자기 의사를 나타낼 때 '의'를 쓰는 경우를 보겠습니다.

■ 雖曰未學, 吾必謂之學矣.

'수왈미학, 오필위지학의'(雖曰未學, 吾必謂之學矣)는 『논어』에 나오는 말이죠. '비록 배우지 않았다 할지라도 나는 반드시 그를 배웠다고 할 것이다'라는 문장입니다. 이렇게 내가 어찌어찌 하겠다라는 의사를 나타낼 때, 어기사 '의'를 쓰고 있죠.

■ 喜曰 : "吳楚擧大事而不求孟, 吾知其無能爲矣".

'희왈'(喜曰)은 '좋아하면서 말한다'는 뜻이고, 그다음 나오는 내용이 말하는 내용이죠. '오초거대사이불구맹'(吳楚擧大事而不求孟)은 '오나라와 초나라가 큰일을 하겠다고 하면서 맹(孟)이라는 사람을 구하지 않았다'는 뜻입니다. 맹이라는 훌륭한 사람이 있는데, 이 사람이 인재인 줄 모르고 찾지 않는다는 말이죠. 그러니 '나는 그 사람들이[其] 성공할 수 없다는 것[無能爲]을 알 수 있다[知]'라고 자기 생각을 표현하는 거죠. 여기서도 '의'(矣) 자가 쓰였고요.

■ 由此觀之, 王之蔽甚矣.

'유차관지'(由此觀之)는 '이로 말미암아 본다면'이라는 뜻이죠. '왕지폐심의'(王之蔽甚矣)는 '왕의 잘못이 심하다'라는 뜻입니다. 이 문장 역시 자신이 생각하는 바를 표현하는 것이죠.

■ 曰:"吾亦從, 此逝矣".

'오역종, 차서의'(吾亦從, 此逝矣)는 '나도 역시 따라서, 이제부터 갈 것이다'라는 뜻으로 의사를 표현하는 문장입니다. 역시 '의' 자가 쓰였고요.

이렇게 '의' 자가 쓰이는 경우를 살펴보았는데, '야'(也)와 어떻게 구별이 되는지를 생각해 봐야 합니다. '야'는 결정적인 것, 다시 말해 정해져서 움직이지 않는 경우에 주로 쓰입니다. 반면 '의' 자는 좀 유동적이고 변동성이 있는 것에 쓰이는데, 그래서 대개 형용사 같은 말을 쓸 때에 '의' 자를 많이 씁니다. 이 점을 기억해 두시기 바랍니다.

제한된 사태를 나타냄 : 耳, 爾, 而已

네번째로는 제한된 사태를 나타내는 어기사들을 보겠습니다. 제한된 사태라는 것은 광범위한 것이 아니고 국부적인 것을 말합니다. 가령 '앞으로 사흘밖에 남지 않았다', '남은 것은 사흘뿐이다'라고 할 때, '~밖에', '~뿐' 같은 것이 제한된 사태를 나타내는 말이라고 할 수 있습니다. 한문에서는 이런 경우, 어기사로 '이'(耳), '이'(爾), '이이'(而已) 같은 말들을 씁니다. 역시 어기사이기 때문에 아무 뜻이 없는 글자들이고요. 모양이 달라서 그렇지 음이 서로 비슷한 글자들입니다.

■ 成王曰 : "吾與之戱耳".

'성왕왈'(成王曰)은 '성왕이 말하기를'이고요. '오여지희이'(吾與之戱耳)에서 '지'(之)는 '그 사람'입니다. '희'(戱)는 '농담', '농담을 하다'라는 뜻이죠. 그러니까 '내가 그와 농담을 한 것뿐이다'라는 뜻이 됩니다. 어기사 '이'(耳)가 '~뿐이다'라는 어조를 나타내 주고 있고요. 이 말은 주나라 성왕과 관련된 이야기에서 나온 말입니다. 성왕이 어릴 때 동생과 놀다가 나뭇잎 하나를 주면서, 너를 어디어디에 봉한다, 거기가 네 영토다라고 장난을 쳤단 말이에요. 그런데, 그걸 옆에서 보고 있던 신하가 왕은 농담을 하면 안 된다고 해서 정식으로 제후로 책봉을 했다는 이야기에서 나온 말입니다. 이때 마지막에 '이'(耳)가 붙어서 '그와 농담한 것이다'가 아니라 '그와 농담을 한 것뿐이다'라는 의미가 됩니다.

■ 白起, 小豎子耳.

'백기, 소수자이'(白起, 小豎子耳)에서 '백기'(白起)는 사람 이름입니다. '소수자이'(小豎子耳)에서 '수'(豎)는 '어린아이'라는 뜻으로 사람을 아주 경시해서 하는 말입니다. 철부지, 애송이라는 뜻입니다. 여기에도 '이'(耳)가 들어가서 '어린아이일 뿐이다'라는 뜻이 되죠. 형편없는 인간이라는 제한의 의미로 쓰고 있는 겁니다. 비슷할 때 쓰는 '구상유취'(口尙乳臭)라는 말도 있죠.

■ 從此至吾軍不過二十里耳.

'종차'(從此)는 '여기에서'라는 뜻의 전치사구입니다. '종차지오군'(從此至吾軍)은 '여기에서[從此] 우리 군대가[吾軍] 있는 곳까지[至]'이고, '불과이십리이'(不過二十里耳)는 '20리밖에 되지 않는다'라는 뜻이죠. 제한된 거리를 얘기하기 때문에 '야'(也) 자가 아니고 '이'(耳) 자를 씁니다.

■ 莊王圍宋軍, 有七日之糧爾.

'장왕위송군'(莊王圍宋軍)은 '장왕이 송나라 군대를 포위했다[圍]'는 말이죠. 이렇게 포위를 했는데, '유칠일지량이'(有七日之

糧爾), '7일치 식량만 있을 뿐[爾]'이라는 거죠. 포위 공격을 하자면 장기 주둔을 할 작정을 하고 상당한 준비를 해야 하는데, 7일치밖에 안 되는 식량을 가지고 포위를 시작했다는 말입니다.

- 我知種樹而已.

이 문장은 '나는[我] 나무 심는 것을[種樹] 알[知] 뿐이다[而已]'라는 말이죠. 나무를 아주 잘 심어서, 이 사람이 심으면 죽지 않고 다 잘 자라는 겁니다. 그래서 다른 사람이 '당신이 나무를 잘 심는 것을 보니까 다른 것에 대해서도 아는 것이 많겠소'라고 묻습니다. 거기에 대답하는 말입니다. 나무 심는 것 외에는 알지 못한다는 말이죠.

의문을 나타냄

의문 어기사(乎, 與/歟, 耶/邪)

다섯번째로 어기사가 의문을 나타내는 것을 보겠습니다. '무엇을 했느냐?', '그 사람이 누구냐?' 같은 문장이 의문문이죠. 한문에서는 주로 '호'(乎), '여'(與, 歟), '야'(耶, 邪) 같은 글자들로 의문형을 만듭니다. '여'(與) 자가 '~와 함께'라고 할 때의 글자이기 때문에, 글자 모양을 좀 바꿔서 歟라고 쓰기도 합니다. 또 '사'(邪) 자도 '간사할 사' 자이지만, 말끝에 붙을 때는 어기사로 '야'라고 읽습니다. 이렇게 크게는 '호'(乎), '여'(與), '야'(耶), 세 개의 글자를 가지고 의문문을 만들 수 있습니다. 가령 '아느냐, 모르느냐?'라는 말은 '지호, 부지호'(知乎, 不知乎)라고 해도 되고, '호' 대신 '여'나 '야'를 붙여도 문제가 없습니다. '지여, 부지여'(知與, 不知與), '지야, 부지야'(知耶, 不知耶) 다 되는 겁니다.

■ 子路問曰:"子見夫子乎?"

그럼, 예문을 보겠습니다. 자로(子路)는 공자의 제자이고 '자'(子)는 대화하는 상대편, '부자'(夫子)는 스승인 공자를 가리키는 말이죠. 해석을 하면, '자로가 묻기를 "당신은[子] 선생님을[夫子] 보았는가?"'라는 의문문이죠. 자로가 공자를 모시고 가다가 뒤처져서 스승이 어디 갔는지 몰랐단 말이에요. 그래서 묻는 거죠. 만약 이 문장에서 마지막에 어기사 '호'가 없었다면, 이 문장은 '당신이 선생님을 보았다'라고 끝나는 겁니다. 하지만 의문문이 되려면 꼭 이 어기사가 붙어야 합니다.

■ 曰:"是魯孔丘與?"

'시노공구여'(是魯孔丘與)는 '이 사람이 노나라의 공구인가?'라는 뜻이죠. '구'(丘)는 공자의 이름이고요. 이 문장에서 마지막에 '여'(與)가 아니라 '야'(也)를 쓰면, '이 사람은 노나라의 공구다'가 됩니다. '여'가 들어가서 의문형 문장이 되는 겁니다.

■ 君何不從容爲上言耶?

여기서 '군'(君)은 '당신'을 가리킵니다. '종용'(從容)은 '조용히'라는 뜻이고, '위'(爲)는 '~에게'라는 의미의 개사로 쓰였습니다. '상'(上)은 임금을 말합니다. 해석은 '당신은 어찌하여 조용히 임금에게 말하지 않습니까?'가 됩니다. 이 문장에서는 '야'(耶) 자가 의문 어기사입니다.

■ 滕小國也. 間於齊楚. 事齊乎? 事楚乎?

이 문장에서 '등'(滕), '제'(齊), '초'(楚)는 모두 전국시대 나라 이름이죠. 당시 등나라는 작은 나라[小國]였습니다. 게다가 강대국인 제나라와 초나라 사이에 끼어 있었죠[間於齊楚]. 이때 '간' 자는 '사이 간'이라고 해서 보통명사로 쓰이는데요. 이것이 동사로 될 때에는 '사이에 끼다'라는 뜻이 됩니다. 이런 상황에서 '제나라를 섬길까요?[事齊乎], 초나라를 섬길까요?[事楚乎]'라고 묻고 있는 겁니다. 의문형 어기사로 '호'(乎) 자가 쓰인 경우고요.

■ 仲子所居之室, 伯夷之所築與? 抑亦盜跖之所築與?

그다음 문장에서 '중자'(仲子)는 사람 이름이고, '소거지

실'(所居之室)은 '살고 있는 집'이라는 뜻입니다. '백이지소축여'(伯夷之所築與)는 '이 집을 백이가 지은 것인가'라는 의미죠. 그 다음, '억역'(抑亦)은 앞에서 배웠던 '전절연사'로 '그렇지 않으면'의 뜻입니다. '도척지소축여'(盜跖之所築與)는 '도척이 지은 것인가'라는 뜻이죠. 백이는 가장 결백한 사람이고, 도척은 당시에 아주 옳지 못한 일만 하고 살았던 사람이죠. 이때도 의문형 문장을 만드는 데 '여'(與)가 사용되었습니다.

의문 어기사가 아닌 다른 어기사가 의문문에 쓰이는 경우

지금까지 의문 어기사를 써서 의문문을 만드는 것을 보았는데요. 그런데, '어떻게', '누가', '언제' 등 의문형의 부사나 주어가 붙을 때는 그 말 자체가 묻는 말이 되기 때문에, 의문형 어기사가 아니라 다른 어기사가 글의 끝에 붙어도 의문형이 됩니다. 이런 경우를 보겠습니다.

■ 追我者誰也?

'추아자수야'(追我者誰也)는 '나를 쫓아오는 사람이 누구냐'라는 뜻인데, 이 문장에서 마지막에 '야'(也)가 붙었죠. 하지만 그 앞의 '누구 수'(誰)가 의문형을 나타내는 글자라서, 여기서는 '야'를 써도 문장은 의문문이 됩니다. 그러니까 '추아자수여'(追我者誰

與)라고 쓰지 않아도 된다는 말입니다.

■ 先生處勝之門幾年于此矣?

이 문장도 앞에서 한 번 나왔었죠. '승'(勝)은 고유명사로 조나라 평원군(平原君)의 이름입니다. '승지문'은 평원군이 자신의 집을 가리키는 말이죠. '선생께서는 나의 집에[勝之門] 머문 지가[處] 지금까지[于此] 몇 년이나[幾年] 되셨습니까?'라는 말입니다. 이때도, '몇 년'이라는 말이 그 자체로 의문문을 만들기 때문에 어기사도 의문 어기사가 아니라 '의'(矣)가 쓰인 것을 볼 수 있습니다. 이렇게 문장에 누구, 얼마, 무엇 같은 글자들이 있을 때에는 의문형 어기사로 끝나지 않았다 하더라도 의문문이 되는 겁니다.

■ 旣富矣, 又何加焉?

'기부의'(旣富矣)는 '이미 부유하게 만들었다'는 뜻이고, '우하가언'(又何加焉)은 '거기에 또 무엇을 더해야 합니까?'라는 뜻이죠. 공자는 여기에 대해 '교육'해야 한다고 하죠. 이때도 어기사 '언'(焉)이 쓰였지만, 문장은 의문문이 됩니다.

감탄을 나타냄

어기사 중에서 마지막으로, 감탄을 표하는 어기사를 보겠습니다. 감탄을 나타낼 때는 '부'(夫), '재'(哉)가 주로 쓰이며, '야'(也), '의'(矣), '호'(乎), '여'(與) 같은 글자들도 쓰입니다.

■ 仁夫, 公子重耳!

'인부'(仁夫)는 '부'가 붙어서 감탄형의 문장이 됩니다. '착하구나'라는 뜻이죠. 바로 이어서 '공자중이'가 나오는데, 원래는 '공자중이, 인부'(公子重耳, 仁夫)인데, 말의 순서를 거꾸로 썼습니다. 우리말로는 '공자 중이는 착하다'라고 쓸 말을, '착하구나, 공자 중이는' 식으로 쓴 것입니다.

■ 嗚乎, 亦盛矣哉!

'오호'는 감탄사로 '아!' 정도의 의미입니다. '역성의재'(亦盛矣哉)는 '또한 훌륭하다'라는 말인데, 이때 '의재'(矣哉)가 감탄을 나타내는 어기사입니다.

■ 惡, 是何言也!

맨 앞의 '오'(惡) 자는 놀람을 나타내는 말이고, '시하언야'(是何言也)는 '이게 무슨 소리냐'라는 뜻입니다. 이때 '야'(也) 역시 감탄을 나타내는 어기사입니다.

■ 甚矣! 子之不惠!

'심의'(甚矣)는 '심'(甚)에 '의'(矣)가 붙어서 감탄사가 되었습니다. 해석하면, '심하다'라는 뜻이죠. '자지불혜'(子之不惠)는 '그대의 은혜롭지 못함이'라는 뜻이죠. '심하다, 어찌 그리 잔인한가'라는 의미입니다.

어기사의 연용(連用)

앞에서 주로 어기사를 한 글자씩 쓰는 경우를 많이 보았는데요. 어기사를 두 자나 석 자씩 이어서 쓰기도 합니다.

■ 久矣哉! 由之行詐也!

'구의재'(久矣哉)에서 '의'와 '재'가 다 어기사입니다. '오래되었다'라는 의미인데, 이럴 때, '구의'(久矣)라고 '의' 자 하나만 써도 되지만, 이렇게 두 글자를 쓸 수도 있습니다. '유지행사야'(由之行詐也)는 '유가 나쁜 짓을[詐] 하는 것이'라고 해석할 수 있습니다.

■ 子曰 : "女得人焉耳乎?"

'여득인언이호'(女得人焉耳乎)에서는 '언이호'(焉耳乎), 이렇게 세 글자가 어기사입니다. '여득인'은 '너는 사람을 얻었느냐'는 뜻인데, 훌륭한 사람을 얻었는지를 묻는 거죠.

■ 四十五十而無聞焉, 斯亦不足畏也已矣.

'사십오십이무문언'(四十五十而無聞焉)은 '나이가 사십, 오십이 되도록 아무것도 들리는 것이 없다'는 뜻인데, 그 나이가 되도록 훌륭하다는 것이 남들에게 알려지지 않았다는 말이죠. 그렇다면 '사역부족외야이의'(斯亦不足畏也已矣)라고 합니다. '이런 사람은 두려워할 것이 없다'는 뜻입니다. 이 문장에도 마지막 '야이의'(也已矣) 세 글자가 모두 어기사입니다. 이런 식으로 어기사를 두 글자, 혹은 세 글자씩 연이어 쓰는 경우도 있습니다. 이상으로 어기사에 대한 수업을 마치겠습니다.

9장 _ 의성사

이제부터는 품사 중에 의성사(擬聲詞)에 대해 이야기를 하겠습니다. 의성사는 소리대로 표현하는 사(詞)입니다. 우리가 놀라서 소리를 내거나, 누군가를 비웃거나, 뭔가 잘못되었을 때 혀를 차거나 하는데, 이럴 때 나는 소리를 표현한 것이 모두 의성사입니다. 이 의성사라고 하는 것은 문의 구성과는 관계가 없습니다. 문장에서 아무 데나 들어가도 되고요. 구성과 관계없이 그 자체로 하나의 말입니다. 가령, '하!' 하고 탄식을 하면, 그 자체로 '문'이 되는 거죠. 탄식하는 것, 찬미하는 것, 애석해하는 것, 분노하는 것, 경악하는 것, 남을 얕잡아 보는 것 등을 나타내는 것이 모두 의성사입니다. 한문에서 의성사는 한 음절이나 두 음절, 세 음절로 된 것도 있습니다. 여기서 몇 가지 의성사를 살펴보겠습니다.

■ 堯曰 : "咨爾舜! 天之曆數在爾躬".

예문에서 '요왈'(堯曰)의 '요'는 요임금을 말하고, 다음에 나오는 '순'(舜)은 요임금이 왕위를 선양한 순임금을 말합니다. '자이순'(咨爾舜)에서 '자'가 의성사인데요. 대단히 기분이 좋은 것을 나타내는 말입니다. 해석을 하면, '아! 너 순이여'라는 의미입니다. '천지역수재이궁'(天之曆數在爾躬)은 '하늘의[天之] 운명이[曆數] 너에게 와 있다[在爾躬]'는 뜻이고요. 요임금이 왕위를 순에게 넘겨주려고 할 때 하는 말입니다.

■ 夔曰 : "於! 予擊石, 拊石, 百獸率舞".

'기'(夔) 자가 좀 어렵습니다. 옛날의 이상한 짐승의 이름인데요. 여기서는 사람의 이름입니다. 음악을 하는 사람이었다고 하죠. '어'(於)는 의성사로 쓰일 때에는 '오'라고 읽습니다. 이때도 기분이 좋은 것을 표현하는 것이고요. 이 사람이 '돌을 치고[擊石] 돌을 어루만지자[拊石], 온갖 짐승이[百獸] 다 같이 춤을 추었다[率舞]'고 합니다. 이때 돌[石]은 석경(石磬)이라는 악기를 말합니다. 돌로 만든 경이라는 악기인데, 이 악기를 연주하자 그 음악에 감화가 되어서 짐승들까지도 춤을 추었다는 말이죠. 이것이 아주 좋은 일이니까, 맨 앞에 의성사가 쓰인 것입니다.

■ 嗚呼曷歸? 予懷之悲!

'於乎'는 의성사에서 가장 많이 쓰이는 것으로 '어호'라고 읽지 않고, '오호'라고 읽습니다. 보통 '오호, 통재'(嗚呼, 痛哉)라고 슬픔을 나타낼 때 쓰지만, 좋다고 할 때나 훌륭하다고 찬미할 때도 '오호'라는 의성어를 사용합니다. 한자도 여러 가지로 쓰이는데(嗚呼, 嗚乎, 於戲, 烏虖), 그냥 음을 나타내는 것뿐이어서, 모두 다 똑같은 말입니다. 실제 사용된 예를 보죠. '오호갈귀'(嗚呼曷歸)는 '아! 어디로[曷] 돌아갈까[歸]'라는 뜻이고, '여회지비'(予懷之悲)는 '내 마음의 슬픔이여'라는 뜻입니다. 이 경우에 '오호'는 슬픔에서 나오는 말이겠죠.

■ 帝曰 : "吁! 嚚訟可乎?"

다음으로 '우'(吁) 자를 보겠습니다. 역시 의성사로 쓰였고요. '은송가호'에서 '은'(嚚)은 글자가 좀 어려운데, 말이 많고 시끄러운 것을 말합니다. '송'(訟)은 잘잘못을 따지는 것을 말하죠. 그러니까 '은송'은 시끄럽고 따져 대는 것을 말하죠. '가호'(可乎)는 '그래서 되겠는가'라는 뜻인데, 그래서는 안 된다는 말을 하고 있는 겁니다.

■ 乃嘆曰 : "吁嗟! 不可悔兮".

다음 '우차'(吁嗟)는 한탄하고 탄식하는 말입니다. '내탄

왈'(乃嘆曰)은 '곧 탄식하여 말하기를'이라는 뜻이고, '불가회혜'(不可悔兮)는 '후회해도 소용이 없겠구나'라는 의미입니다. 이제 늦었다, 다 틀렸다는 뜻이죠. '혜'(兮) 자도 어기사인데, 대개 운문에만 쓰이기 때문에 앞의 어기사 설명에서는 예를 들지 않았습니다.

■ 子曰 : "噫! 天喪予, 天喪予!"

'희'(噫) 자도 여러 가지로 많이 쓰입니다. 나쁠 때만 쓰는 것이 아니고 기분이 좋을 때도 쓰는 말이고요. 예문에서는 슬픔을 나타내는 말로 쓰였죠. '천상여'(天喪予)에서 '상'(喪)은 '죽인다'는 말입니다. '천상여'는 '하늘이[天] 나를[予] 죽이는구나[喪]'라는 말이죠. 공자가 가장 아끼던 제자인 안연이 죽었을 때 한 말이죠.

■ 唉! 豎子不足與謀.

'애'(唉)는 여기서 낙망이나 분노의 뜻을 담고 있는 말이고요. '수자부족여모'(豎子不足與謀)에서 '수자'(豎子)는 아무것도 모르는 철부지라는 의미입니다. 어린애 같아서 함께 무언가를 모의하기에 부족하다는 말이죠.

■ 咄咄子陵, 不可相助爲理耶?

'돌돌'(咄咄)은 안타까워하는 모습입니다. '자릉'(子陵)은 사람 이름입니다. 임금이 되기 전에 사귀었던 친한 친구인 자릉에게 임금이 이야기를 하고 있는 겁니다. '불가상조위리야'(不可相助爲理耶)에서 '리'(理)는 정치를 하는 것을 말하죠. '나라를 다스리는 데 나 좀 도와줄 수 없겠느냐'라는 말이죠. 하지만 이 친구가 계속 피하니까, 애달파하는 모습을 나타내는 의성사를 '돌돌'이라고 쓴 겁니다.

10장 _ 소품사

일단 기본적인 품사에 대한 내용은 모두 끝났습니다. 그런데 다른 품사와 같은 유형으로 취급하기가 어려운 것들이 조금 있는데요. 이런 말들을 소품사(小品詞)라는 이름으로 알아보도록 하겠습니다. 그 자체로 사(詞)로 독립하지 못하고, 다른 사나 구에 붙어서 문의 성분을 이루는 말들인데, '소'(所), '자'(者), '연'(然) 같은 것들이 있습니다.

소품사 '소'(所)의 용법

먼저 '소'(所) 자를 보겠습니다. 이 글자는 동사나 개사 앞에 붙어서 명사구를 형성하거나 술어문 앞에 붙어서 그 문을 명사구로 만드는 역할을 합니다. 예컨대 다음과 같이 쓸 수가 있죠.

■ 所知 ■ 所聞 ■ 所以 ■ 所由

이 중 '소지'(所知)와 '소문'(所聞)은 동사와 결합을 한 것이죠. '지'(知)라고만 하면 '알다', '문'(聞)이라고만 하면 '듣다'가 되는데, 여기에 '소'(所)가 붙어서 '아는 것', '듣는 것'이라는 명사구가 되죠. 그다음 '소이'(所以), '소유'(所由)는 개사에 붙은 겁니다. '소이'에서 '이'(以)는 '~으로'라는 식으로 쓰이는데, '소' 자와 붙어서 '까닭'이라는 뜻이 됩니다. '소유'(所由)는 '말미암은 바'의 뜻이고요. 이렇게 짧은 말만 붙는 게 아니고, '소' 뒤에 술어구가 붙어서 '~하는 것'이라는 의미의 명사구를 이루기도 하는데, 이런 경우들을 예문을 통해 보겠습니다.

■ 吾知所以距子矣.

이 문장에서 '오'(吾)가 주어, '지'(知)가 술어입니다. '소'(所) 이하의 구는 객어, 즉 목적어가 되겠습니다. '나는 안다'[吾知]의 목적어가 '소이거자의'(所以距子矣)인 거죠. '거'는 막아낸다, 대항한다라는 의미이고, '자'는 '당신'이라는 말입니다. 그러니까 해석하면 '내가 당신을 막아내는 것을 안다'는 문장이 되겠지요. 어떤 방법으로 막아내야 할지 안다는 말입니다. 이때 '소'(所) 자가 '당신을 막아낸다'라는 문장을 명사구로 만드는 역할을 하고 있습니다.

■ 強秦之所以不敢加兵于趙者, 徒以吾兩人在也.

'강진'(强秦)은 '강한 진나라', '가병'(加兵)은 군사적인 행동을 일으키는 것을 말합니다. '강진지소이불감가병우조자'(强秦之所以不敢加兵于趙者)는 '강한 진나라가 감히 조나라에 군사행동을 하지 못하는 것'이라는 뜻이죠. '소'(所) 자 뒤에 문장이 붙어서 통째로 명사구가 된 겁니다. 이 명사구가 문장 전체의 주어가 되는 거고요. 그다음이 술어가 되겠죠. '도이오양인재야'(徒以吾兩人在也)는 '다만[徒] 우리 두 사람이[吾兩人] 있기[在] 때문이다[以]'라는 문장입니다. 이렇게 '소'라는 글자는 그 뒤에 긴 문장을 가져다 놓는다 하더라도 명사화시키는 역할을 합니다.

소품사 '자'(者)의 용법

다음으로 '자'(者) 자가 형용사 또는 동사 다음에 붙어서 명사구를 형성하거나, 술어문의 끝에서 그 문을 명사구로 만드는 경우를 보겠습니다. 그 역할은 앞에서 보았던 '소'(所) 자와 거의 같은데요. 다만 '소'는 앞에 붙고, '자'는 뒤에 붙는다는 차이가 있을 뿐입니다. '은자'(隱者), '학자'(學者)라는 식으로 한 단어처럼 쓰이는 경우도 있지만, '자' 역시 긴 문장을 명사화시키는 경우가 많은데요. 예문을 보면서 말씀드리겠습니다.

■ 孔子於鄕黨, 恂恂如也, 似不能言者.

'향당'(鄕黨)은 시골을 말하죠. '공자어향당'(孔子於鄕黨)은 '공자가 시골에 있을 때'라는 뜻입니다. 그다음부터는 공자의 모습을 그리고 있습니다. '순순여'(恂恂如)는 아주 자연스럽게 사는 모습을 표현한 말입니다. 그리고 '사불능언자'(似不能言者)는 '말을 못하는 것처럼 하였다'는 말이죠. '불능언'(不能言)은 '말을 못하다'라는 문장인데, 이 문장 뒤에 '자'(者) 자가 와서 '말을 못하는 사람' 혹은 '말을 못하는 것'처럼 명사화됩니다. 공자가 시골에 있을 때는 잘난 척하지 않고 자연스럽게 살고 말도 별로 하지 않았다는 것을 알 수 있는 문장입니다.

■ 陽虎僞不見冉猛者.

다음 문장을 보죠. 이 문장에서 '양호'(陽虎)와 '염맹'(冉猛)은 모두 인명입니다. '위'(僞)는 거짓으로 꾸미다, '위장하다'의 의미이고요. '불견염맹'(不見冉猛)은 '염맹을 보지 못했다'라는 하나의 문장인데, 여기에 '자'(者)가 붙어서 '염맹을 보지 못한 것'이라는 명사구가 됩니다. '양호가 염맹을 보지 못한 것처럼 꾸몄다'라는 뜻이죠. 이렇게 문장 뒤에 붙어서 명사구를 만드는 데 '자' 자를 쓰는 경우가 있습니다.

소품사 '연'(然)의 용법

'연'(然) 자는 형용사 다음에 붙어서 부사구를 형성합니다. '유연'(悠然), '발연'(勃然) 같은 말들이 이런 경우지요. '유' 자는 '길다', '아득하다'의 의미의 형용사인데, 여기에 '연'이 붙어서 '자연스럽게', '태연스럽게'라는 부사구가 됩니다. '발'(勃) 자도 힘이 센 것을 말하는데, '발연'이 되면, 화낸 모양을 나타내는 부사구가 됩니다. 그런데 이 '연'(然) 자가 술어문 끝에 붙으면, 그 문을 형용사구로 만듭니다.

■ 予豈若是小丈夫然哉?

이 문장에서 '소장부연'(小丈夫然)은 '소장부'라는 명사에 '연'이 붙어서 '소장부스럽다'라는 뜻이 됩니다. 못난 사람처럼 행동한다는 말이죠. 문장은 '내가[予] 어찌[豈] 못난 사람처럼 굴겠는가[小丈夫然]?'라고 해석이 됩니다.

■ 人之視己, 如見其肺肝然.

'인지시기'(人之視己)는 '사람들이 나를 보는 것'이라는 뜻이죠. '여견기폐간연'(如見其肺肝然)에서 '견기폐간'은 한 문장입니다. 폐와 간을 본다는 것이니까, 그 속을 들여다본다는 말이죠. 이 문장에 '연'이 붙으면서, '속을 들여다보는 것처럼'이라는 형용사구가 됩니다. 다시 말해 '다른 사람이 자기를 보기를 그 속을 환히 들여다보는 것처럼 하고 있다'라는 의미의 문장입니다.

이상으로 품사에 대한 설명을 모두 마치겠습니다.

4부

한자의 성어

지금까지 한문 공부의 기초로서 한자의 자체, 구성, 또 부수에 대한 말씀을 드렸고, 그다음으로 문장의 구성과 품사에 대한 말씀을 드렸습니다. 오늘부터는 우리말로 '문자'(文字)라고 하는 것을 살펴보겠습니다. 두 자 이상, 서너 자 되는 말을 '문자'라고 하고, 중국에서는 '성어'(成語)라고 합니다. 성어에는 중국 사람들과 우리가 같이 쓰는 것도 있고, 혹은 중국 사람만 쓰고 우리나라 사람은 안 쓰는 것, 우리만 쓰고 중국에서는 안 쓰는 것도 있습니다만, 이 시간에는 주로 중국 사람들이 사용하는 것을 위주로 살펴보도록 하겠습니다. 여러 성어들에 대해 말씀을 드리겠지만, 이 성어들이 무슨 순서가 있어서 말씀드리는 것이 아니라, 제가 생각나는 대로 이것저것 골라서 말씀을 드리려고 합니다.

금슬(琴瑟)

'금슬'이라는 말은 우리도 많이 쓰죠. "금슬이 좋다"라고 하면 요즘말로 잉꼬부부라는 말이죠. 부부간에 사이가 좋은 것을 말하는데, 금슬은 원래 악기를 말하는 것입니다. 『시경』에 "처자호합, 여고금슬"(妻子好合 如鼓琴瑟,「소아」小雅 '상체'常棣 편)이라는 말이 있어요. 여기서 고(鼓)는 연주한다는 뜻으로, 이 문장은 아내와 아들이 사이좋게 화합하는 것이 음악을 연주할 때의 조화와 같다는 말입니다. 가족끼리의 정이 좋다는 말인데, '금슬'은 주로 부부간의 정리를 말하죠. '금슬지락'(琴瑟之樂)은 부부의 즐거움이라는 뜻입니다.

안항(雁行)

그다음 '안항'을 보겠습니다. 이때 '行'은 '행'이라고 읽지 않고 '항'이라고 읽어요. 길을 다닌다는 의미의 동사로 쓰거나, '직행', '서행'처럼 쓸 경우 또는 명사로서 '행위'라고 쓸 때는 '행'으로 읽습니다만, 줄을 죽죽 10줄을 긋고 셀 때는 '십행'이 아니라 '십항'이라고 읽습니다. 줄을 헤아릴 때는 '항'이라고 읽는 거죠. '안항'은 기러기 줄이라는 말이죠. 기러기가 날아가는 것을 보면 일직선으로 날아가는 것이 아니고 비스듬하게 줄을 지어서 날아갑니다. 뒤로 갈수록 조금씩 빗겨서 차등을 두고 날아가죠. 이걸 형제간에 차등이 있는 것에 비유해서 형제간을 말할 때 '안항'이라고 하는 겁니다. 지금은 잘 쓰지 않는 말이지만, 제가 나이 어렸을 때만 해도, "형제가 몇 분이나 됩니까"라고 묻지 않았어요. "안항이 몇 분이시오", 이렇게 물었습니다. 장가를 갔는데, 처삼촌이나 누가 "자네 안항이 몇 분인가", 이렇게 물었는데, "나이가 스물다섯입니다"라는 엉뚱한 대답을 하면 망신이겠죠. 그러니까 이런 걸 알아 두시는 것이 좋습니다.

형제의 순서를 말했으니, 조금 더 설명을 드릴 것이 있습니다. 옛날 사람들은 이름 외에도 '자'(字)라는 것이 있죠. 자를 붙일 때, 형제의 순서에 따라 붙이는 명칭이 있는데요. '백중숙계'(伯仲叔季)라고 하죠. 맨 맏이는 '백'(伯), 둘째는 '중'(仲), 그다음이 '숙'(叔), 맨 끝이 '계'(季)입니다. 그래서 다른 사람에게 자기 형을 말할 때는 백형, 중형, 숙형이라고 하죠. 그리고 다른 사람에게 그 사람의 형제에 대해 물을 때도, "백씨는 요새 건강하신가"라고 묻습니다. 상대의 큰형의 안부를 묻는 말이죠. 형제간뿐 아니라 아버지 항렬에 대해서도 이 말들을 쓰죠. 백부, 중부, 숙부, 이렇게 부릅니다. 백부를 우리말로는 '큰아버지'라고 하는데, 함경도에서는 '큰아버지'라고 안 하고 '맏아버지'라고 그러죠. '큰아버지'는 한문식으로 쓰면 '대부'(大父)라고 쓸 수 있는데, 할아버지를 '대부'라고 합니다. 그래서 함경도에서는 '큰아버지'라고 하면 그건 할아버지가 되고, 백부는 '맏아버지'라고 부르는 겁니다. 이런 식으로 형제간의 서열에 '백중숙계'를 붙입니다. 이런 말은 지금도 없어진 것이 아니라 책을 볼 때는 필요하거든요. 그래서 알아 두시는 것이 좋습니다.

구경(具慶), 영감(永感), 시하(侍下)

그다음에 '구경'이라는 말이 있습니다. '구'(具)는 다 갖추었다는 말이고, '경'(慶)은 경사스럽다는 말이죠. '경사를 다 갖추었다'는 말인데, 이게 무슨 말이냐 하면, 부모가 두 분 다 생존해 계시는 것을 말합니다. 옛날에는 누가 "부모는 다 생존해 계신가?"라고 물어보면, "예, 구경하올시다"라고 대답을 했죠.

그다음에 '영감'(永感)은 부모 '구몰'(俱沒), 즉 아버지와 어머니가 다 돌아가셨을 때 쓰는 말입니다. '영감하'(永感下)라고도 하고요. '구경'에도 '아래 하'(下)를 붙여 '구경하'(具慶下)라고 하기도 합니다. 구경과 관련해서 『맹자』의 한 구절을 알아 두실 필요가 있습니다.

父母俱存, 兄弟無故, 一樂也.

『맹자』에 보면, 삼락(三樂)이라는 것이 나오죠. 사람에게는 세 가지 즐거운 것이 있는데, 그 가운데 첫째, '제일락'(第一樂)이 바로 이 문장입니다. 아버지와 어머니가 다 살아 계시고[父母俱存], 형제가 아무 사고 없이 지내는 것[兄弟無故], 이것이 사람이 누릴 수 있는 첫째 즐거움[一樂]이라는 거죠. 이렇게 부모가 두 분 다 살아 있는 것을 '구경'이라고 표현하는 거고요.

또 부모가 살아 있다는 것을 '시하'(侍下)라고 말하기도 하죠.

"자네 시하인가?"라고 물었을 때, "영감하올시다"라고 대답을 하면 부모가 다 안 계신다고 대답을 하는 거죠. 또 한쪽 부모만 살아 있는 것은 '편시'(偏侍)라고 합니다. 특히 어머니만 살아 있는 경우를 '편시'라고 많이 하죠. 이런 경우를 더 구체적으로 말하면 '편모시하'(偏母侍下)라고 말할 때도 있습니다. 아버지만 살아 계신 경우는 '엄시'(嚴侍), 또는 '엄시하'(嚴侍下)라고 합니다. 옛날에 아버지를 지칭할 때 '엄'(嚴) 자를 많이 썼죠. 그래서 자기 아버지를 말할 때는 '엄친'(嚴親), '가엄'(家嚴)이라고 합니다. 옛날 아버지들은 무서웠거든요. 그래서 '엄' 자를 많이 썼습니다. 요새는 아버지들이 그렇게 무섭게 하지 않죠. 반대로 어머니에게는 '사랑할 자'(慈) 자를 쓰죠. 그래서 어머니만 살아 계실 때에는 '자시하'라고도 합니다.

정리하면 아버지만 살아 계실 때는 '엄시하', 어머니만 살아 계시면 '자시하', 아무도 없으면 '영감하'(永感下)죠. 두 분 다 살아 계시면 '구경하'(具慶下)고요. 다 골동품 같은 이야기죠. 지금은 이런 말을 잘 쓰지 않습니다.

지란옥수(芝蘭玉樹)

'지란옥수'라는 말 들어 보셨습니까? '지란'(芝蘭)이라는 건 풀 중에서 가장 향기 있는 것이고, '옥수'(玉樹)는 나무 중에서 좋은 나무를 가리키는 겁니다. 이 '지란옥수'를 다른 말로 '가자제'(佳子

弟)라고 씁니다. 훌륭한 젊은이들이라는 말이죠. 젊은 사람들이 모두 준수하고 머리도 좋고 외양도 잘생겼으면, 그런 걸 '지란옥수'라고 합니다.

이 말은 위진남북조시대 동진(東晉)의 귀족 중에 사(謝)씨 집안에서 나온 말입니다. 동진에서 가장 유력한 귀족으로 왕(王)가와 사(謝)가가 있었는데, 그중에 사안(謝安)이라는 재상이 집안의 자제들을 모아 놓고, 너희들을 신경 써서 훌륭하게 되도록 도와야 하는 이유가 뭐냐고 물었단 말이죠. 그러니까 젊은 사람들이 아무도 말을 하지 못하고 있었는데, 그 조카 사현(謝玄)이라는 사람이 자기들은 지란옥수와 마찬가지라고 대답을 하죠. 집안 정원에 지란옥수를 그득하게 심으면 그 정원이 얼마나 좋겠냐고 대답을 합니다. 그러니까 참 좋은 말을 했다고 모두 칭찬을 했다고 하죠. 그래서 '지란옥수'라고 하면 어떤 집에 훌륭한 자제들이 있는 것을 말하는 겁니다. 남의 집에 편지를 하거나 할 때 '옥수만정'(玉樹滿庭)이라고 쓰면 그 집에 훌륭한 젊은이들이 많다는 표현이 됩니다. '지란옥수'나 '옥수만정' 같은 말은 옛날 편지에 많이 썼던 말입니다.

모순(矛盾)

'모순'이라는 말의 뜻은 다 아시겠죠. '모'(矛)라고 하는 것은 창이고, '순'(盾)은 방패죠. 그 뜻은 '언행자상저촉'(言行自相抵觸)입니다. 말과 행위가 스스로 저촉이 된다는 뜻이죠. 이게 모순입니다. 이 말이 나오게 된 고사는 『한비자』(韓非子)라는 책에 나오죠. 옛날에 무기를 만들어서 파는 사람이 있었다고 합니다. 아마 그 옛날에도 PR이 필요했던 모양이죠. 그래서 사람들 앞에 창과 방패를 들고 나와서, 내 창으로 찌르면 세상에 아무리 단단한 방패라도 뚫리지 않는 것은 없다고 선전을 하고, 또 자기가 파는 방패를 들고 있으면 아무리 예리한 무기를 가져와도 뚫리지 않는다고 선전을 한 거죠. 그러니까 그 말을 들은 어떤 사람이 "여보시오, 그럼 당신 창을 가지고 당신 방패를 찌르면 어떻게 되겠소?"라고 묻습니다. 무기 파는 사람은 할 말이 없잖아요. 자기 창은 뭐든지 다 뚫고, 방패는 아무것에도 뚫리지 않는다고 했으니, 이런 게 모순이죠. 자기 말의 논리가 불합리한 겁니다. 모순 이야기를 하니까, 중국 작가 중에 마오둔(茅盾)이 생각나네요. '모' 자가 좀 다르죠. 위에 초두[艹]가 있는 글자를 써서 필명을 지은 사람입니다.

과기(瓜期)

'과기'라고 하는 말은 좀 생소할지도 모르겠습니다. 여기서 '과'(瓜)는 위에 초두가 있는 '고'(苽)와 마찬가지 글자입니다. 둘 다 오이를 말하죠. 그래서 '과기'는 '오이의 시기'라고 할 수 있죠. 이 말이 생겨난 이야기가 있습니다. 왕이 어떤 사람을 지방관리로 내보내는데 그때가 마침 오이가 열릴 때였던 거죠. 그래서 지금 갔다가 내년 오이 열리기 전에는 다시 돌아오게 해 주겠다고 약속을 합니다. 그래서 약속된 기간까지 있었는데, 교체를 안 해 주는 거죠. 비슷한 것으로 우리나라에도 「정과정곡」(鄭瓜亭曲)이라는 고려가요가 있죠. 임금이 귀양 보내면서 금방 다시 부르겠다고 하고 소식이 없어서 부른 노래라고 하죠. '과기'와 비슷한 이야기입니다.

이 '과기'라는 말은 '임기'라는 말로 쓰이기도 합니다. 그래서 '과만'(瓜滿)이라고 하면 '임기가 만료되었다', 이런 뜻이고요. '과체'(瓜遞)라고 하면 '임기가 만료되어서 다른 사람과 교대한다'는 뜻입니다. '체'(遞)는 바뀐다, 교대된다는 뜻이죠. '체' 대신 대(代)를 써서 '과대'(瓜代)라는 말을 쓰기도 합니다. 이런 말들은 역사책이나 옛날 글을 읽을 때 많이 나오는 말입니다.

옥백(玉帛)

'옥백'은 다 아는 흔한 말이죠. 『논어』의 한 구절을 보겠습니다.

禮云禮云玉帛云乎哉?

'예라는 것이 옥백을 말하는 것인가?'라고 해석이 됩니다. 무슨 뜻일까요? 옥백은 예물입니다. 옥은 옥으로 만든 그릇이나 물건이고, 백은 명주죠. 옛날 사람들이 예를 행하는 데에는 반드시 옥백과 같은 예물을 교환하죠. 예를 행사하는 형식상 매우 중요한 일이었습니다. 그래서 옥백을 교환한다는 것은 예물을 교환한다는 말이고, 옥백이 왕래한다는 것은 나라 사이에 국교 사절이 왕래한다는 뜻으로 씁니다.

청사(靑史), 한간(汗簡), 쇄청(殺靑)

우리가 "청사에 이름을 남긴다"라고 하죠. 그런데 왜 '푸를 청'(靑) 자를 쓸까요? 역사가 새파랄 수는 없지요. 그 이유가 있습니다. 지금은 모두가 종이를 씁니다만, 옛날에는 종이를 쓰지 않고 나무쪽에다가 기록을 합니다. 목간이라는 것이 있어서 자작나무 같은 나무를 쓰기도 했지만, 가장 용이하게 쓸 수 있는 건 대나무였죠. 그래서 푸른 대나무를 써서 기록을 했는데, 그 때문에 역사를 기록하는 것을 '청사'라고 하는 겁니다.

그런데, 대나무에다가 그냥 글씨를 쓰면 미끌미끌해서 잘 써지지도 않을 뿐 아니라, 지워지기도 쉽습니다. 그래서 대나무의 푸른 색깔을 제거해서 써야 하는데, 어떻게 하느냐 하면, 불을 쪼입니다. 불을 쪼이면 대나무에서 보글보글하고 기름이 나오는데 그 기름이 다 나오고 나면 푸른색이 녹고 미끄러운 기운이 없어져서 글씨를 잘 받습니다. 이때 대쪽에서 기름이 나는 것을 나무쪽에서 땀이 난다고 해서 '한간'(汗簡)이라고 하고, 푸른 색깔을 없앤다고 해서 '쇄청'(殺靑)이라고 하는 거죠. 여기서 '쇄'(殺)는 보통 '살'로 읽습니다만, 줄이거나 감한다고 할 때는 '쇄'라고 읽습니다. '감쇄'(減殺)라는 말도 있죠. 같은 뜻입니다. 대나무를 불에 쪼이지 않고 겉의 반들반들한 부분을 깎아 내고 글씨를 쓴다고 하기도 하는데, '한간'이라는 말을 쓰는 것을 보면 역시 대나무에서 기름을 뽑아내고 썼다고 볼 수 있습니다. 이렇게 만들어진 죽간이나 목간 같은 것들은 현재도 유물로 많이 나오고 있죠.

'땀 한'(汗) 자가 나왔으니까 관련된 몇 가지를 더 말씀드리고 넘어가겠습니다. '한마지로'(汗馬之勞)라는 말이 있는데요. 옛날에 전쟁이 났는데 직접 전쟁에 참가하지 않고도 공을 인정받는 사람이 있죠. 이 사람이 자기는 "한마지로한 적 없는 사람인데 어찌 공신이라고 할 수 있겠는가"라고 할 때, 이 '한마지로'라는 말을 씁니다. '한출첨배'(汗出沾背)라는 말도 있습니다. "땀이 나서 등이 젖었다"라는 뜻인데, '한배'(汗背)라고 두 자만 쓸 수도 있습니다. 부끄러워서 땀이 날 정도로 혼이 났다는 의미로 쓰이는 말입니다.

옥쇄와전(玉碎瓦全)

'쇄'(碎)는 '분쇄한다'라고 할 때 쓰는 말이죠. 부서진다는 뜻이고요. '와'(瓦)는 '기와 와'인데, 우리가 보통 말하는 지붕을 이는 기왓장도 '와'지만, 토기로 만드는 것을 보통 '와'라고 합니다. 흙으로 만든 질그릇, 술병 이런 것도 와라고 부르는 거죠. 그래서 '옥쇄와전'이라고 하면, 옥은 부서지고, 기와는 완전하다. 혹은 질그 릇은 무사하다는 말이죠. 이 말은 곧 옥으로서 부서질지언정, 토 기가 되어서 무사하게 지내고 싶지는 않다는 뜻입니다. 중국 남 조시대에 어떤 사람이 한 말인데, 깨끗하게 지조를 지키다가 희 생이 될지언정 못난이 노릇하면서 생명을 보존하고 싶지는 않다 는 뜻으로 쓴 말입니다. 그런데 이 중에 '옥쇄'라는 말이 근래에 와서 좀 다르게 쓰이고 있습니다. 특히 전쟁 중에 일본 사람들이 '옥쇄'라는 말을 많이 썼는데요. 어떤 지역에서 전투에 불리해져 서 거기서 장병이 몰살했다는 뜻으로 '옥쇄'라는 말이 쓰입니다. 가령 우리나라 금산의 의총이 있죠. 의병들이 거기서 한꺼번에 다 죽었죠. 이렇게 싸우다가 모두 죽는 것을 '옥쇄'라고 하는데, 앞에서 보았듯이 '옥쇄'의 본뜻은 지조를 지키겠다는 말이었죠.

계옥지수(桂玉之愁)

그다음에 '계옥지수'라는 말을 보겠습니다. '계'(桂)는 아주 값이 비싼 귀한 나무입니다. '옥'도 귀한 것이죠. '계옥지수'의 뜻은 '신 귀여계, 미귀여옥'(薪貴如桂, 米貴如玉)입니다. '신'(薪)은 땔나무 죠. 그러니까 땔나무가 귀하기는 '계'와 같고, 쌀이 귀하기는 '옥' 과 같다는 말입니다. 땔나무가 비싸서 아궁이에 불을 땔 수가 없 고, 쌀이 비싸서 밥 한 끼 먹으려면 있는 옥 다 팔아야 한다는 말 입니다. 중국 전국시대에 어떤 변사가 어떤 나라에 들어가서 그

나라를 야유한 말인데요. 이 말이 나중에는 가난한 집의 사정을 말하는 성어가 되었습니다. "계옥지수를 면하지 못한다"라고 표현을 하죠.

친구에게 편지를 보내면서 "나는 요새 계옥지수를 면하지 못해서 그렇지 다른 걱정은 없네"라고 써서 보내면, 글을 아는 사람은 이 친구가 요새 곤란한가 하면서 쌀말이나 보내거나 돈을 좀 보내거나 하는 겁니다. 문자를 모르는 사람에게 이런 편지를 보내면 아무 소용이 없죠. 그러니까 편지를 쓸 때에는 그 사람이 아는 말로 써야 하겠지요. 그래서 옛날 말에 "저녁 굶은 초서"라는 말이 있습니다. 쌀이 없어서 쌀 좀 보내 달라고 부탁하는 편지를 쓰는데, 초서를 휘갈겨 써서 보냈더니, 받는 사람이 읽을 수가 없어서 못 보냈거든요. 그걸 '저녁 굶은 초서'라고 합니다. 지금도 보면 상대방은 알아듣지도 못하는 말을 혼자서 유식한 척하고 쓰고 있는데, 그것은 '저녁 굶은 초서'나 마찬가지입니다. 말이라는 것은 어디까지나 상대방이 알 수 있고 공명하도록 하는 것이 그 효과인데, 그래서는 안 되겠죠. 그래서 '계옥지수' 같은 것도 알고만 있고 함부로 쓰지는 마세요.

증진부어(甑塵釜魚)

'계옥지수'와 비슷한 말입니다만, 글자가 조금 어려운 것이 있습니다. '증'(甑)은 '시루 증'이고, '진'(塵)은 먼지죠. '부'(釜)는 가마

솥, '어'(魚)는 물고기죠. 이제는 아시겠죠. '시루에는 먼지가 나고, 가마솥에는 생선이 놀고 있다'(甑中生塵, 釜中生魚)는 뜻입니다. 한마디로 밥 해 먹은 지가 오래되었다는 말을 '증진부어'라고 합니다. 가난하다는 말이죠. 이와 비슷한 말이 많이 있죠. 두 가지만 소개하겠습니다. '단표누항'(簞瓢陋巷), '봉호옹유'(蓬戶甕牖). 이 두 가지 모두 가난한 걸 나타낼 때 쓰는 문자들입니다. '단표누항'이라는 것은 『논어』에서 안자(顔子)가 "일단사일표음, 재누항"(一簞食一瓢飮, 在陋巷)이라고 한 데서 온 말이죠. 밥 한 그릇 먹고 물 한 모금 마시고 아주 누추한 거리에서 산다는 말이 '단표누항'입니다. 우리나라 가사 작품 가운데에도 많이 나오는 말이고요. 그다음에 '봉호옹유'에서 '봉호'는 문을 제대로 짜서 달지 못했기 때문에 쑥대를 엮어서 문을 만들었다는 뜻이고, '옹유'에서 '유'는 들창인데, 들창을 제대로 만들지 못하니까 항아리 깨진 것을 가져다가 들창을 만들었다는 말이죠. '단표누항', '봉호옹유' 모두 가난한 것을 나타내는 말입니다.

과전납리(瓜田納履)

과(瓜)는 오이죠. 오이밭[瓜田]에다가 신발을 들인다는 말입니다. 오이밭을 지나는데 신 끈이 풀어져서 거기서 신발 끈을 다시 맨다는 뜻이죠. '과전불납리, 이하부정관'(瓜田不納履, 李下不整冠)에서 온 말입니다. '오이밭에서는 신발 끈을 매지 않고, 오얏나무 아래에서는 갓을 바로잡지 않는다'는 말입니다. 이걸 한문으로는 '피혐'(避嫌)이라고 합니다. 사람들이 사실이 그렇지 않은데 의심을 하는 것을 피한다는 말이죠. 남이 오해할 일을 하지 않는다는 뜻입니다.

　이와 비슷한 말로 '상피'(相避)라는 문자가 있죠. 같은 집안 안에서 부정한 일을 하는 것을 '상피 붙는다'라고 하죠. 그런데 이 말은 원래 '서로 피한다'는 뜻이죠. 옛날에 관리를 할 때, 가령 이조(吏曹)에 자기 아버지나 삼촌이 판서를 하거나 하면, 그 아들은 다른 부서에서는 벼슬을 할 수 있지만, 이조에 가서는 벼슬하지 않습니다. 이게 '상피'입니다. 이것도 남에게 오해받을 소지를 없앤다는 점에서 '피혐'이라고 할 수 있죠. '과전불납리'와 '이하부정관', '상피' 모두 피혐하는 문자라고 할 수 있습니다. '과전이하'(瓜田李下)라고 쓰기도 합니다.

주랑반대(酒囊飯袋)

그다음으로 볼 문자는 획수가 좀 많습니다만, 말은 아주 쉽습니다. '낭'(囊)은 주머니라는 뜻이고, '대'(袋)는 포대(包袋), 자루를 말하죠. 그러면 '주랑반대'는 금방 아시겠죠. 술 주머니나 밥 담는 포대가 아닙니다. 사람을 가리키는 말이죠. "저건 주랑반대에 불과하다" 하면 술이나 먹고 밥이나 먹을 줄 알지, 아무것도 아닌 사람을 말합니다. 이런 소리를 들으면 좀 곤란하겠죠.

금심수구(錦心繡口), 투필성자(投筆成字), 토사성장(吐辭成章)

'금심수구'는 '주랑반대'와 반대되는 말이죠. '마음도 비단이고 입도 비단'이라는 말입니다. 그러니까 마음속에 보물이 가득 차 있고, 입에서 나오는 것도 비단 같은 말만 나온다는 겁니다. 이건 문장을 잘하는 것을 가리키는 말입니다. 아는 것이 많고, 훌륭한 문장을 말하는 사람이라는 뜻이죠.

글씨 잘 쓰는 사람을 말할 때는 '투필성자'(投筆成字)라는 말을 씁니다. 글씨를 쓰려면 붓도 다듬고 공도 들여야 하는데, 먹 찍어서 휙휙 쓰면서도 글씨를 잘 쓴다는 말이죠. '토사성장'(吐辭成章)은 말만 내놓으면 그대로 훌륭한 문장이 된다는 뜻입니다. 글씨 잘 쓰는 사람, 글 잘하는 사람들을 말할 때 쓰는 말이죠.

몽필생화(夢筆生花)

'몽필생화'는 꿈에 붓에서 꽃이 피었다는 말인데, 이백(李白)의 고사에서 나온 말입니다. 이백이 어릴 때 꿈속에서 붓을 잡고 있는데, 그 붓에서 오색 꽃이 환하게 피었다고 하죠. 그 꿈을 꾸고 나서 붓을 잡으니까 좋은 문장과 시가 줄줄 나왔다는 이야기입니다. 그래서 다른 사람의 글이나 시를 칭찬할 때 '필생화'라고 합니다. 붓에서 꽃이 나왔다는 거죠.

강엄(江淹)이라는 사람도 비슷한 이야기가 있습니다. 강엄은 남북조시대 양나라 사람으로 훌륭한 문학가입니다. 이 사람이 어느 날 꿈을 꾸는데, 어떤 노인이 와서 "내가 자네에게 붓을 빌려준 지가 오래되었는데, 이제 그만 돌려주게"라고 했다고 합니다. 보니까 정말로 오색 붓이 있어요. 그래서 그 붓을 돌려주는 꿈을 꾸었단 말이죠. 그런데 그러고 나서는 문장을 지으려고 하는데 생각이 안 나는 겁니다. 시를 지어도 시같이 되지도 않고 문장도 문장같이 되지 않는단 말이에요. 그래서 그동안 그 오색필의 힘으로 문장이 되었는데, 오색필을 빼앗기고 나서는 글이 안 된다는 고사가 있습니다. 평소에 글을 잘하던 사람이 나이가 많이 들어서 글을 전혀 하지 못하게 된 것을 말하는 겁니다.

글씨가 훌륭한 것을 '필여연'(筆如椽)이라고도 합니다. 붓이 서까래와 같다는 말인데, 서까래가 큰 것을 의미하지만, 여기서는 훌륭하다는 말입니다. 또 '벽과대자'(擘窠大字)라는 말도 있습니다. 큰 글씨, 그러니까 액자에 쓰는 것과 같은 큰 글씨를 말할 때에 '벽과대자'라고 씁니다.

옥석구분(玉石俱焚)

'옥석'이라는 말을 지금도 많이 쓰죠. '옥석을 가릴 수 없다'고 하기도 하고요. 옥이라는 것도 결국은 돌, 광물의 일종이죠. 다듬기 전에 박옥이라고 하는 것은 겉으로 보면 그냥 돌입니다. 그 돌을 잘 다듬으면 그 속에서 옥이 나오죠. '옥석구분'이라는 말은 『서경』에 나오는 말입니다. '화염곤강, 옥석구분'(火焰昆岡, 玉石俱

焚)이라고 되어 있죠. '곤강'은 산 이름인데, 곤강산에서 옥이 많이 나옵니다. 그런데 이 곤강에 불이 붙어서 타오르면 옥과 돌이 한꺼번에 다 탄다고 하는 것을 '옥석구분'이라고 쓴 겁니다. 무슨 뜻이냐 하면, 무슨 큰 사변이 생긴다든가 어려운 일이 닥치면 좋은 사람이나 나쁜 사람이나 한꺼번에 화를 당한다는 말입니다.

앞에서 '옥석을 가릴 수 없다'라고 했는데, 이와 비슷한 말로 '피사간금'(披沙揀金), '취사성반'(炊沙成飯) 같은 성어들이 있습니다. '피사간금'은 모래를 채취해서 그 속에서 금을 가려내는 것을 말합니다. 이 말에는 여러 가지 뜻이 있겠지만, 모래 속에서 금 찾아내는 것처럼 어려운 일이라는 뜻이 있고요. 그다음에 '취사성반'은 모래에 불을 때서 밥을 짓는다는 뜻인데, 앞의 '파사간금'이 어렵지만 그래도 가능한 일이라면, 이건 아예 안 되는 일을 말할 때 쓰는 말입니다. 여러 작품 중에서 우수한 작품을 골라내거나 해야 할 때, '피사간금처럼 어려운 일이다', 이렇게 이야기할 수 있습니다.

앙급지어(殃及池魚)

'앙'(殃)이라는 말은 '재'(災) 자와 마찬가지입니다. 또 '화'(禍)와도 마찬가지죠. '앙급지어'라는 말은 '성문지화, 앙급지어'(城門之禍, 殃及池魚)라는 말에서 나왔습니다. '성문지화'는 전쟁이 나서 성문이 불에 타는 것이죠. 우리나라에는 그런 예가 적습니다만,

중국에서는 성을 쌓으면 성 아래로 빙 둘러서 못을 팝니다. 적이 쳐들어올 때 못을 먼저 건너고 그다음에 성을 올라오는 것이 더 어렵겠죠. 그래서 못을 반드시 파는데, 전쟁이 나서 성문이 불타 버리면 그 불이 못에까지 미쳐서 못에 있는 물고기들도 모두 죽게 되죠. 우리말로 '고래 싸움에 새우 등 터진다'는 말과 같죠. 다른 일 때문에 내가 화를 당하는 것을 '앙급지어'라고 합니다.

일자천금(一字千金)

일자천금이라고 하면 글자 한 자에 천 냥이라는 뜻이죠. 내 글씨는 비싸니까 한 자에 천 냥씩을 내라든가 하는 의미로 글이나 글씨가 훌륭하다는 의미로 이야기할 수 있습니다만, 그 유래를 알고 제대로 이해를 하는 것이 좋겠지요. 이 말이 어디서 나온 말이냐 하면, 진나라 진시황 당시에 여불위(呂不韋)라고 하는 큰 상인 있습니다. 장사를 해서 크게 부자가 된 사람인데, 이 사람이 자기 이름을 후세에 전하기 위해서 당시의 거의 모든 학자들을 동원해서 『여씨춘추』(呂氏春秋)라고 하는 백과전서 비슷한 책을 만들었습니다. 『여씨춘추』는 『여람』(呂覽)이라고도 하죠. 이 책을 다 만들고 당시 진나라의 서울인 함양 성문에다가 걸어 놓고는 이 책에다가 글자 한 자라도 보태거나 줄일 수 있는 사람이 있다면 그에게 천금을 주겠다고 한 겁니다.

책이 잘되기도 했겠지만, 이 여불위라는 사람이 재력은 물론이고 정치적으로도 세력을 가지고 있었기 때문에 감히 아무도 거기에 응하는 사람이 없었죠. 여기서 '일자천금'이라는 말이 나온 겁니다. 이 책이 고칠 데가 없이 잘된 완벽한 책이라는 의미가 있는 거죠. 이런 유래를 가진 말입니다.

기호지세(騎虎之勢)

'기호지세'에서 세(勢)는 대개 모양, 사정, 정상 같은 뜻으로 씁니다. '기'(騎)는 무언가를 탄다는 말이니까, '기호지세'라고 하면 범을 타고 가는 모양입니다. 이게 무슨 말일까요? 말을 타도 좋은데 범을 타면 더 좋다는 말일까요? 그런 뜻이 아니겠죠. 범을 타고 가면 내릴 수가 없습니다. 내리면 바로 범에게 죽을 테니, 꼼짝없이 달려가야만 하는 사정을 말합니다. 가령 생각 밖의 어떤 일에 착수를 했는데, 거기서 손을 빼려야 뺄 수가 없는 형세에 처한 것을 '기호지세'라고 하는 겁니다.

이런 표현도 다 역사에서 나온 이야기죠. 어떤 사람이 반란을 일으켰는데, 이것을 중지할까 망설이니까 그 부인이 '당신은 지금 호랑이를 타고 있는 형편이나 마찬가지니까 그만둘 생각 애당초 하지 마시오'라고 얘기를 했습니다. 이렇게 그만두고 싶지만 그만둘 수 없는 사정을 '기호지세'라고 합니다.

'세'(勢)라는 글자가 나왔는데, 몇 가지 더 말씀을 드리죠. '파죽지세'(破竹之勢)는 대를 쪼개는 상태와 같다는 말이죠. 대나무는 한 번 칼을 대고 쪼개면 끝까지 쫙 나갑니다. 전쟁에서 거침없이 무인지경처럼 쳐들어가는 것을 '파죽지세'라고 하죠. '누란지세'(累卵之勢)라는 말도 있죠. '누란'은 알을 포갠다는 말이죠. 알은 달걀도 있고, 다른 알도 있겠습니다만, 하여튼 새알을 말합니다. 새알을 포개면 어떻게 되겠습니까? 포개져 있을 이치가 없죠. 당장에 떨어져서 툭 깨질 겁니다. 그러니까 가장 위태로운 형태를 말합니다. 나라가 '누란지세'에 있다고 하면 당장 망할 형태에 있다는 말이고, 군대가 '누란지세'에 있다고 하면 붕괴되기 직전에 있다는 말이죠. 무너진다는 뜻으로 '토붕와해'(土崩瓦解)라는 말도 있습니다. 흙더미처럼 무너지고 기왓장처럼 부서진다는 말이죠. 이 말은 대개 전쟁하는 데에 쓰는 말이지만, 그 밖에도 재산 상태를 이야기한다든가 할 때도 쓸 수 있는 말입니다.

침류수석(枕流漱石)

'침류수석'이라는 말은 많이 보셨을 듯합니다. '침'(枕) 자는 베개를 뜻하는 말인데 동사로는 무엇을 벤다는 뜻이죠. '류'(流)는 흐른다는 뜻인데, 명사로 하면 물을 뜻하고요. '수'(漱)는 양치질하는 것을 말하고, '석'(石)은 돌이죠. 그런데 한문 문장은 술어+목적어 순이죠. 그러니까 '침류수석'도 '흐르는 물을 베고, 돌을 가지고 양치질한다'는 뜻이 됩니다. 그런데 말이 안 되죠. 흐르는 물을 어떻게 베고 잡니까? 돌을 가지고는 양치질을 할 수 없죠.

이 '침류수석'이라는 말에는 유래가 있습니다. 진(晉)나라에 손초(孫楚)라는 사람이 있었는데, 이 사람이 집안도 훌륭하고 높은 벼슬도 한 사람입니다. 그런데 이 사람이 정국도 불안하고 벼슬할 생각도 없어서 시골로 은퇴하고 싶었습니다. 그래서 친구 왕제(王濟)라는 사람에게 말하기를 "나는 침류수석하려 하네"라고 이야기를 합니다. '침석수류'라고 해야 하는데 말이 잘못 나와서 '침류수석'하고 싶다고 했단 말이죠. "문 들어온다 바람 닫아라" 하는 식으로 말을 해 버린 겁니다. 왕제가 그걸 척 받아서 "물을 베고 돌로 양치질을 한다"니 재주도 용하다고 이야기를 합니다. 손초가 이 말을 받아서 하는 말이 이렇습니다.

> 흐르는 물을 베고 잔다는 것은 귀를 씻으려 함이요, 돌로 양치를 한다는 것은 이를 더 날카롭게 하려 함이다.
> 所以枕流欲洗其耳, 所以漱石欲礪其齒

세상에 더러운 소리나 지저분한 말들이 귀에 들어오는데 그것을 씻어 내려고 '침류'라고 하고, 쓸데없는 소리나 탁한 소리를 하지 않고 깨끗하게 살기 위해 이를 날카롭게 하려고 '수석'이라고 한 것이라고 대꾸를 하죠. 사실은 '침석수류'라고 하려고 했다가 잘못 말한 것이지만, 이렇게 말을 해서 지금까지 얘깃거리가 되는 게죠.

조금 전에 예문에서 귀를 씻는다고 할 때 '세이'(洗耳)라는 말을 썼죠. 옛날에 요임금이 있었죠. 요순이라고 해서 임금 중에 제일 높은 임금이죠. 그런데 요임금이 어느 날 천하를 다스리는 데 지쳤다고 하면서 허유(許由)라는 사람에게 천하를 맡기려고 합니다. 다시 말하면 천하의 왕이 되라는 말이죠. 그런데 허유가 아주 불쾌한 소리를 들었다고 하면서 물에 가서 귀를 씻었단 말이에요. 그 하천 아래쪽에서는 소부(巢父)라는 사람이 소에게 물을 먹이고 있었습니다. 그런데 허유가 귀를 씻는 것을 보고 소에게 더러운 물을 먹일 수 없다면서 소를 몰고 달아났다고 합니다. 옛날부터 은자, 숨어 사는 사람을 말할 때, 허유와 소부를 이야기하죠. 이렇게 산림에 은거해서 생활하는 사람에게 '침류수석'이라는 말을 씁니다.

일본에 나쓰메 소세키라는 작가가 있죠. 한자로는 하목수석(夏目漱石)이라고 하는데, 이 사람이 이름을 '침류수석'에서 따서 소세키(漱石)라고 지었죠. 영문학자고 『나는 고양이로소이다』를 비롯해서 우리나라에도 번역된 것이 많이 있습니다.

호가호위(狐假虎威)

'호'(狐)는 여우죠. '가'(假)는 빌린다. '범 호'(虎), '위엄 위'(威)입니다. '여우가 호랑이의 위엄을 빌린다'는 말이죠. 중국의 오래된 책 가운데 있는 이야기입니다. 범이 백수의 왕인데 어느 날 여우를 만났단 말이에요. 그래서 "배고픈데 잘 만났다. 내가 널 잡아먹어야 되겠다"라고 하니까, 여우가 "내가 이 산의 왕인데 네가 어떻게 나를 잡아먹을 수 있느냐"라고 하죠. 시험해 보자면서 호랑이를 뒤따라오게 하고 그 앞에서 걸어갑니다. 그런데 여우가 앞에서 살랑거리고 가니까 모든 짐승들이 전부 절을 한단 말이죠. 그러니까 범이 '이 여우란 놈은 정말 대단한 놈이구나' 하고서는 놔줬다는 이야기입니다. 다들 아시는 이야기죠. 뒤에서 범이 따라오기 때문에 짐승들이 절을 한 것이지 여우가 무서워서 절하는 것이 아닌 겁니다.

이 말이 어떤 경우에 쓰이느냐 하면, 자기는 학문으로 보나 명망으로 보나, 아무것도 아니지만, 뒤에 어떤 힘이 있단 말이에요. 높은 관직에 있거나 돈이 많은 사람이 있는 거죠. 내가 아무개 조카다, 내가 아무개 밑에서 일하는 사람이다, 이런 걸 가지고서 어디 가서 세력을 부리는 사람들이 있죠. 이 정도만 해도 괜찮겠지만, 뒷배가 있다고 사기를 치고 공갈을 치고 하는 더한 사람들이 또 세상에 있죠. 그걸 '호가호위'라고 말합니다.

관포지교(管鮑之交)

중국의 춘추시대에 관중(管仲)이라는 사람과 포숙아(鮑叔牙)라는 사람이 있었는데, 이 두 사람이 아주 가깝게 지냈습니다. 그래서 이 두 사람의 사귐을 '관포지교'라고 하죠. 두 사람 사이에 여러 일이 있었는데, 관중과 포숙아가 같이 지내는데, 관중은 집이 어렵고 포숙아는 조금 나았습니다. 그런데 이 두 사람이 동업으로 장사를 했어요. 장사를 할 때 관중이 지혜가 있으니까 일을 관중에게 맡겼는데, 이익을 나누는 것을 보면 언제나 관중이 조금씩 더 차지하고 포숙아는 적게 준단 말이죠. 요새 같으면 당장 의리 없는 놈이라고 하면서 각자 갈 길을 가자고 하겠지만, 포숙아는 조금도 상관을 안 했어요. 왜냐하면 관중이 가난했기 때문입니다. 또 관중이 무슨 일만 하면 전부 다 실패를 하게 됩니다. 포숙아가 하자는 대로 하면 잘 되고 관중이 하자는 대로 하면 안 돼요. 하지만 포숙아는 관중을 원망하지 않습니다. "시대가 유리할 때도 있고 불리할 때도 있는데 관중은 지금 때를 못 만난 것뿐이다"라고 합니다. 또 관중이 전쟁에 나갔는데 패합니다. 다른 사람들은 달아나지 않고 싸우다 죽는데, 관중은 달아나고 말았습니다. 이건 좀 비겁한 것 아닌가 싶지만, 포숙아는 관중에게 늙은 어머니가 있기 때문이니 비겁하다고 비난하지 않았습니다.

그러다가 나중에 포숙아와 관중이 각각 제나라 임금이 될 사람을 섬기는데, 서로 달랐습니다. 결국 포숙아가 섬긴 사람은 성공을 해서 나중에 제 환공이 되었고, 관중이 섬기던 사람은 실패를 했습니다. 그래서 관중이 처형이 될 판인데, 포숙아가 제 환공에게 사정을 하죠. 그 사람이 아니면 훌륭한 정치를 할 수 없으니 그 사람을 살려서 지도를 받아야 한다고요. 그래서 관중이 제 환공을 도와서 춘추시대의 패자로 만들죠.

관중은 포숙아에 대해서 "나를 낳은 사람은 부모지만, 나를 살려 준 사람은 포숙아다"라고 이야기할 정도로 우정이 깊었습니다. 그래서 세상 사람들이 가장 가까운 우정을 말할 때 '관포지교'라고 이야기를 하는 겁니다. 두보(杜甫)의 시에도 "군불견관포빈시교"(君不見管鮑貧時交)라는 구절이 나오죠. "그대는 관중과 포숙아의 가난할 때의 우정을 보지 못하는가"라는 뜻입니다.

조강지처(糟糠之妻)

보통 맨 처음에 정식으로 결혼한 부인을 '조강지처'라고 합니다. '조강'은 술 담그고 남은 술지게미를 말하죠. 『천자문』에도 "기염조강"(飢厭糟糠)이라는 문장이 나오는데, '굶주리게 되어서는 술지게미에도 만족한다'는 뜻이죠. '조강지처'라는 말은 후한 때 송홍(宋弘)이라는 사람의 고사에서 나온 말입니다. 송홍이 처음에는 가난했다가 나중에 훌륭하게 되는데, 그때 마침 황제의 딸이 과부가 되었습니다. 그래서 황제가 송홍에게 그 공주를 아내로 맞이하라고 하죠. 그런데 송홍이 거절을 합니다. 그러면서 하는 말이 "옛말에 가난하고 미천할 때 사귄 친구는 잊을 수 없고, 조강을 먹던 가난할 때 만난 아내는 마루에서 내려오지 못하게 한다는 말이 있습니다"(貧賤之交不可忘, 糟糠之妻不下堂)라고 하죠. '조강지처'라는 말이 여기서 나온 말입니다. 그래서 처음에 만나서 가난한 것을 같이 참으면서 지내 온 아내를 '조강지처'라고 하는데, 요즘은 보통 처음 머리 풀고 만난 아내라는 뜻으로 쓰죠.

금석지교(金石之交)

'금석지교'라는 것은 쇠나 돌처럼 단단하고 변함없는 우정을 말합니다. 우정과 관련해서는 '죽마고우'(竹馬故友)라는 말도 있죠. 어릴 때는 대나무를 가랑이 밑에 놓고 말 탄다면서 놀기도 하죠. 여러분들도 그런 경험이 있으실 텐데, 그렇게 어릴 때부터 같이 자란 친구를 '죽마고우'라고 합니다. 앞에서 살펴본 '관포지교'도 우정에 대한 이야기였죠. 또 '교칠'(膠漆)이라는 말도 아주 친한 친구를 말합니다. '교'는 고깃기름이나 소가죽을 가지고 만드는 풀을 말합니다. 이 풀로 붙이면 잘 안 떨어진다고 합니다. 그다음 '칠'(漆)이라는 것은 옻입니다. 지금도 옻칠을 하죠. 생칠을 한다고도 하고요. 교나 칠이나 붙이면 잘 떨어지지 않는 것을 말합니다. 그래서 떼려야 뗄 수 없는 친구를 '교칠지우'라고 합니다.

'아교 교'(膠) 자와 관련해서 '교주고슬'(膠柱鼓瑟)이라는 말도 있습니다. 슬(瑟)은 악기죠. 그 악기의 현 아래로 받침 기둥이 있습니다. 이 기둥을 옮겨 가면서 연주를 해야 하는데, 그러지 않고 기둥을 딱 붙여 놓고서 슬을 탄다는 뜻으로 고집쟁이를 뜻하는 말입니다.

보거순치(輔車脣齒)

이 말은 실제 언어에서 많이 쓰이던 말은 아니고, 국제적으로 나라 사이에 많이 쓰이던 말입니다. '보'(輔)는 '돕다'라는 뜻인데, 이 뜻 외에도 입 양 옆의 볼을 의미하기도 합니다. '거'(車)는 수레인데, '보거'(輔車) 두 글자가 합쳐져서 볼이라고 하는 사람도 있고, 아니면 이 '거'는 잇몸이라고 하는 해석도 있습니다. '순'(脣)은 입술, '치'(齒)는 이를 말하죠. 이렇게 볼과 잇몸, 입술과 이는 떨어지려야 떨어질 수 없습니다.

그래서 이 말은 가장 가까운 나라, 다시 말해 동맹국, 혹은 혈맹의 나라라는 뜻입니다. 사이가 좋은 다른 나라 사람과 함께 있을 때 "우리는 보거순치지방(輔車脣齒之邦)입니다"와 같은 표현을 쓰는 거죠. 흔히 '형제의 나라'라는 말을 쓰기도 하는데, 이건 누가 형이고 누가 동생인지가 있어서 불쾌한 점이 있죠. "보거순치"라는 말을 쓴다면 이런 문제가 없습니다. 한문에는 또 동맹국을 뜻하는 '여국'(與國)이라는 말도 있습니다. 정부와 같은 주장을 가지고 있는 당을 '여당'(與黨)이라고 하지 않습니까? 마찬가지로 이해를 같이하는 나라를 과거에는 '여국'이라고 했습니다.

잠영세족(簪纓世族), 교목세신(喬木世臣)

'잠'(簪)이라는 글자는 '비녀'이고, '영'(纓)은 '갓끈'입니다. 우리가 비녀를 생각하면 대개 여자가 쓰는 거라는 생각이 들지만, 옛날에는 남자들도 비녀를 썼습니다. 옛날 사람들의 초상화나 영정 같은 걸 보면 머리에 관을 쓰고 가로로 지르고 있는 게 있죠. 상투와 머리에 쓴 관이 고정되도록 비녀를 꽂습니다. 벼슬의 급에 따라서 다르죠. 물론 농민들이나 노비 같은 사람들은 비녀를 꽂을 일이 없죠. 관료의 정장 차림에서 꽂습니다. '영'은 갓이나 관의 끈이죠. 역시 벼슬아치들이 하는 겁니다. 그래서 '잠영'이라고 하면 벼슬을 했다는 뜻입니다. 요즘 말로는 귀족, 상류계급이라는 뜻이고요. 세족이라고 하면 집안 대대로 벼슬을 한 유명한 족벌을 말합니다. 정승판서가 집안에 그득한 것을 말할 때 '잠영세족', 혹은 '잠영세가'라고 하는 거죠. 옛날 사람들의 경력을 적은 행장이나 비문 같은 데 많이 나오는 말입니다.

비슷한 말로 '교목세신'(喬木世臣)이라는 말이 있습니다. 『맹자』에 '고국자, 비위유교목지위야, 유세신지위야'(故國者, 非謂有喬木之謂也, 有世臣之謂也)라는 문장이 있습니다. 전통이 오랜 나라라는 것은 높은 나무[喬木]가 있는 것이 아니라, 세신(世臣)이 있는 나라라는 말이죠. 교목이라는 것은 오래된 높고 큰 나무를 말합니다. 옛날에는 경주를 가 보면 제일 먼저 보이는 것이 큰 무덤과 큰 나무들이었는데, 지금은 좀 다르죠. 성균관대학 같은 곳에 보면 몇백 년 된 은행나무가 있기도 하죠. 이런 나무들을 교목이라고 합니다. 이 나무들은 그 나라의 역사와 같이하죠. 그래서 높은 나무가 그 나라 국도에 많이 있으면 고국(故國), 오래된 나라라고 할 수 있습니다. 그런데 맹자는 임금에게 오래되고 전통 있는 나라는 큰 나무가 있어서 되는 게 아니라고 이야기를 합니다. 교목보다는 세신이 있어야 한다는 거죠. 세신은 높은 관직을 쭉 계승해 온 집안을 말하죠. 맹자 시대에 보통 벼슬하는 사람은 나라가 잘 안 되면 다른 나라로 달아난다든지 아니면 임금을 원망한다든지 하겠지만, 세신이라고 하는 사람들은 나라와 운명을 같이합니다. 그래서 '교목세신'이라고 하면 '잠영세족'과 마찬가지로 나라와 운명을 같이하는 신하들을 가리키는 말입니다.

관개상망(冠蓋相望)

'관'(冠)은 머리에 쓰는 갓이고, '개'(蓋)는 귀한 사람이 다닐 때 해를 가리는 일산입니다. 일산을 수레 위에 덮는 거죠. 이것이 '서로 바라본다'[相望]는 것은 수레를 타고 가는 사람들이 끊이지 않고 늘어서 있다는 말인데, 훌륭한 집안이어서 갓을 쓰고 수레를 타고 가는 사람들이 많다는 걸 '관개상망'이라고 합니다.

금지옥엽(金枝玉葉)

'금지옥엽'은 지금도 많이 쓰는 말이죠. '자식을 금지옥엽처럼 길렀다'는 식으로 씁니다. 금으로 된 가지에 옥으로 된 잎이 붙었다는 뜻이죠. 실제로 그런 나무는 없지만 그만큼 귀중하게 길렀다는 말입니다. 그런데 사실 '금지옥엽'은 임금의 아들이나 손자,

즉 왕자나 왕손에게 쓰던 말입니다. 왕족으로서의 자격을 가졌을 때 쓸 수 있는 말입니다. 옛날에 왕족은 '종실'(宗室)이라고 했는데, 왕과 가까운 종실의 자녀들을 '금지옥엽'이라고 한 거죠.

한문고종(寒門孤蹤)

'한문'(寒門)은 '찰 한' 자에 '문 문' 자죠. 그다음 '고종'에서 '고'는 '외로울 고', '종'은 '종적'(蹤迹)이라고 할 때의 '종'입니다. '발자취'라는 말이죠. '찰 한' 자는 '가난하다', '빈약하다'라는 의미에도 씁니다. 가령 '한사'(寒士)라고 하면 '가난한 선비'라는 뜻이고, '한촌'(寒村)이라고 하면 초라하고 빈한한 동네를 말합니다. 마찬가지로 '한문'(寒門)이라고 하면 빈약하고 가난한 집안을 말합니다. '잠영세족'과 같은 부귀를 누리지 못하는 쇠잔한 양반을 가리킬 때 '한문'이라고 말합니다. '잔반'(殘班)이라고도 하죠.

대개 세력이 있는 양반은 한 지역에 적어도 백여 호, 아니면 몇백 호 정도의 문중을 이루고 있죠. 그렇지 못하고 그저 두세 집 살든가, 아니면 한 집이 외롭게 있거나 한 것을 말할 때, '고종'(孤蹤)이라고 합니다. 그러니까 '한문고종'은 빈한하고 세력도 없는 양반 집안을 말하죠. 그런데 '잠영세족'이 종종 '한문고종' 집안과 결혼을 하는 경우가 있습니다. '한문고종'이라도 어떤 사람이 장래성이 있거나 하면 데려다가 사위를 삼기도 하죠.

'한문고종'과 반대되는 말로 '문벌'(門閥), '벌열'(閥閱) 같은 말들도 있죠. 전통이 있는 집안을 '문벌'이라고 하고, 나라에 공이 있는 집안을 '벌열'이라고 하죠. 옛날에 궁중에서 나라에 공이 있는 사람들의 이름을 적어 두는데, 문 오른쪽에 적는 것을 '열'이라고 하고, 문 왼쪽에 적는 것을 '벌'이라고 했기 때문에 공이 있는 사람들을 '벌열'이라고 합니다. 인재를 등용하는 데 있어서, 이미 중국의 수나라, 당나라 이후부터 시험을 쳐서 학문이나 지식으로 인재를 뽑았습니다만, 그 가운데에서도 '벌열'이나 '문벌'에 대한 것도 꼭 보았죠.

고추부서(孤雛腐鼠), 고루과문(孤陋寡聞)

고(孤) 자가 붙은 말을 좀더 보겠습니다. '고추부서'는 좀 생소하고 획수도 많아서 어려워 보이는데요. 한 글자씩 보면 별로 어려울 것이 없습니다. '고'(孤)는 '외롭다'는 뜻이고, '추'(雛)는 '새 새끼 추'입니다. '부'(腐)는 '썩었다', '서'(鼠)는 쥐죠. '날지도 못하는 외로운 새 새끼와 썩어 빠진 쥐'라는 뜻인데, 과거에는 세력도 좀 있고, 발언권도 좀 있고 했지만 지금은 기가 푹 죽어서 꼼짝도 못하는 사람을 가리키는 말입니다. 보잘 것 없어서 문제 삼을 게 없다는 의미로도 쓰입니다. '부족경중'(不足輕重)이라는 말과도 통하죠. 무겁다 가볍다를 평가할 가치가 없다는 것을 '부족경중'이라고 하는데, '고추부서'로 궁지에 몰려 있는 사람이라서 평가할 가치가 없다는 겁니다. 한문에서 종종 나오는 표현이니 잘 기억해 두시는 것이 좋겠습니다.

그다음 '고루과문'(孤陋寡聞)이라는 말은 『천자문』에 나와서 많이 쓰이는 말입니다. '고'(孤)는 외롭다, '루'(陋)는 천하다, 풍부하지 못하다는 뜻이고요. '과'(寡)는 적다, '문'(聞)은 '들을 문'이죠. '고루'하다는 것은 아는 게 부족하다는 말이고, '과문'은 들은 게 적다는 말입니다. 주로 겸양하는 말로 많이 쓰이죠. "제가 고루과문해서 선생님께 인사를 못 드렸습니다", 이런 식으로 쓰입니다. '천학비재'(淺學菲才)라는 말이 '고루과문'과 비슷한 말이죠. '천'은 얕다는 뜻이고, '학'은 배움이죠. '비'는 박하다, 부족하다라는 뜻이고, '재'는 재능입니다. 지식도 부족하고 재주도 없다는 겸양의 뜻으로 많이 쓰이죠.

육식자무모(肉食者無謀), 만식당육(晚食當肉)

'육식자무모'라는 말이 있습니다. '고기 먹는 사람은 꾀가 없다'는 뜻이죠. 『춘추좌씨전』에 나오는 말인데, 어떤 나라가 전쟁을 할 때, 재야에 있는 사람에게 전쟁에 대해서 묻자 그 사람이 고기 먹는 사람, 즉 부귀한 사람들은 멀리 내다보지 못해서 꾀가 없다고 하죠. 여기서 나온 말입니다.

그다음 '만식당육'(晚食當肉)에서 '만식'은 늦게 먹는 것이죠. 밥을 늦게 먹게 되면 '고기에 해당한다'[當肉]고 합니다. 무엇을 먹든 고기처럼 맛있다는 말입니다. 우리말에 '시장이 반찬'이라는 말이 있죠. 이 말과 같은 뜻입니다. '안보당거'(安步當車)라는 말과 짝을 이루는데, "천천히 걸어다니면 수레를 타는 것과 같다"는 뜻이죠. 옛날에 벼슬에서 밀려나거나 한 사람들이 자위책으로 쓰는 말이기도 합니다.

동시낙양인(同是洛陽人), 병주고향(幷州故鄕)

'동시낙양인'은 옛날 시에 있는 말로, '다 같이 낙양 사람이다'라는 뜻입니다. 고향 사람을 객지에서 만났을 때, 쓰는 말이죠. 그렇게 객지에 가서 오래 있으면 거기가 고향처럼 됩니다. 그렇게 타향이 고향처럼 된 것은 '병주고향'이라고 합니다. 당나라 때 가도(賈島)라는 사람이 쓴 시에 나오는 말이죠. 가도라는 사람은 당시 수도인 함양 출신인데, 병주라는 곳에 와서 10년을 살았습니다. 항상 고향인 함양을 생각하면서 살았는데, 어느 날 병주보다 더 먼 곳으로 떠나면서 상건수라는 물을 건너게 된 거죠. 건너가면서 다시 병주를 바라보니 그곳이 내 고향처럼 느껴졌다는 겁니다. 함양이 고향이지만 10년을 살고 보니 병주가 고향이 된 거죠. 여기서 '병주고향'이라는 말이 나왔습니다. 이 말도 옛날 사람들은 많이 썼습니다.

망년지교(忘年之交)

'망년지교'라고 하는 말이 많이 쓰입니다. 그런데 '망년지교'보다는 망년회라는 말을 많이 들으셨을 겁니다. 섣달그믐께에 1년을 보내면서 모임을 하는 것을 망년회라고 하죠. 그런데 '망년'이라는 말의 본뜻은 나이를 잊는다는 말입니다. '년'(年) 자는 연령, 나이라는 말이고요. '망'(忘)은 잊는다는 말이죠. 그러니까 나이 많은 사람과 젊은 사람이 연령을 관계하지 않고 서로 친하게 지내는 것을 말합니다. 뜻이 서로 맞거나 글을 서로 잘한다든가, 아니면 지식이 견줄 만하다고 하면 나이가 많고 적고가 상관이 없겠죠. 그런 걸 '노소동락'(老少同樂)이라고 하기도 하죠.

그런데 망년회라고 하면 1년 동안 있었던 일을 잊어버리자고 해서 '망' 자를 쓰는데, 잊히지가 않죠. 그래서 가급적 해를 전송한다는 의미의 '송년회'라는 말을 쓰는 것이 좋을 듯합니다. 옛날에는 음력 3월 30일이 되면 '전춘'(餞春)이라고 해서 봄을 전송하는 모임을 했습니다. 섣달그믐에는 '전세'(餞歲)라는 말도 씁니다. 해를 전송한다는 말이지만, 지금은 '송년회'라고 쓰면 되겠지요. '망년'이라는 말에도 이런 뜻이 있었다면 지금도 써도 되겠지만, 본뜻하고 워낙 다르기 때문에 말씀을 드렸습니다.

경개여구(傾蓋如舊)

'경개여구'라는 말에서 '개'(蓋) 자는 앞에서 보았던 '관개상망'에 나오는 글자죠. 수레 위에 해를 가리는 일산이라고 말씀을 드렸습니다. '경개'라고 하는 것은 일산을 기울이고 있다는 뜻인데 오다가다 서로 만나서 인사를 하고서는 지나치질 않고 머리를 맞대고 이야기하는 것을 말합니다. 그렇게 하는 것이 마치 옛날부터 아는 사람[舊]처럼 한다는 거죠. 이걸 '경개여구'라고 합니다. 우연히 만나서 이야기를 했는데, 뜻이 잘 통해서 벗처럼 생각될 때 쓰는 말입니다.

해후상봉(邂逅相逢), 교위(巧違)

'해후상봉'은 약속 없이 우연히 서로 만난 것을 말합니다. '상봉' 없이 '해후' 두 자만 해도 만났다는 뜻으로 씁니다. 어떤 사람이 아무 약속 없이 경주를 갔는데, 서울에서 늘 만나던 사람을 거기에서 만난 거죠. 이럴 경우에 "참 해후상봉일세"라고 하는 거죠.

'교위'에서 '교'(巧) 자는 솜씨가 좋다는 뜻이지만, 부사로 쓰일 때는 '공교롭게', '뜻밖에'의 뜻으로 쓰입니다. '위'(違)는 어긋났다는 뜻이죠. 그러니까 '교위'는 공교롭게 어긋나는 것을 말합니다. 가령 친구가 자기를 찾아왔는데, 마침 잠깐 밖에 나가서 만나지 못한 것을 '교위'라고 합니다. 또는 어떤 중요한 일이 있었는데 자기가 마침 그때에 다른 사고가 있어서 참여하지 못했다면 그런 때에도 '교위'라는 말을 쓰기도 합니다.

마중지봉(麻中之蓬)

'마중지봉'은 마(麻) 사이에 있는 쑥대[蓬]를 말합니다. '마'는 우리말로 삼이라고도 하죠. '봉'은 쑥대인데 쑥대라는 것이 본시 곧지 못합니다. 구불구불 올라가는데, 마는 곧게 뻗어 올라가죠. 그래서 삼밭에 있는 쑥대는 곧게 자랍니다. '마중지봉불부자직'(麻中之蓬不扶自直)이라고도 쓰이는데, '불부자직'은 누가 붙잡지 않아도 저절로 곧아진다는 말이죠. 좋은 친구 사이에 섞여 있는 것을 '마중지봉'이라고 합니다.

『논어』에 보면 "익자삼우, 손자삼우"(益者三友, 損者三友)라는 말이 있죠. 나에게 이익을 주는 친구가 셋이고, 손해를 보게 하는 친구가 셋이라는 말입니다. 그래서 '익'(益) 자 하나만 쓰고서 친구라고 이야기하는 경우도 있습니다. 또 '손우'(損友)라는 말도 쓰는데, 동창 관계에서 자기를 낮추는 겸양의 의미로 쓰기도 하고, 어떤 그룹의 지도자가 다른 사람들에게 자기를 지칭할 때, '손우'라는 말을 쓰기도 합니다. 그리고 아랫사람에게 편지를 쓸 때에도 자신을 '손제'(損弟)라 부르기도 하죠. 이런 걸 보면 나이 많은 사람이 나이 적은 사람에게 어떻게 '제'(아우)라고 하느냐고들 하는데, 옛날 한문식으로 편지를 할 때에는 나이 많은 사람도 나이 적은 사람에게 자신을 '제'라고 하기도 합니다. 상대를 '형'이라고 하고요. 그러니까 '형제'라는 호칭이 꼭 나이를 가지고 따지는 게 아님을 알 수 있죠. 상대를 높이고 자기를 겸손하게 낮출 때 쓰는 말입니다.

당동벌이(黨同伐異), 부화뇌동(附和雷同), 포장화심(包藏禍心), 의론기이(議論岐貳)

'당동벌이'(黨同伐異)는 '동(同)은 당(黨)하고 이(異)는 벌한다(伐)'는 말이죠. 자기와 주장이 같은 사람끼리는 한패가 되고, 자기와 다른 사람은 공격한다는 뜻입니다. 이건 요새 정당들이나 마찬가지죠. 그런데 옛날에도 그런 게 있습니다. 동인, 서인, 남인, 북인…. 이런 게 있었죠. 이렇게 되면 같은 패거리 안에서는 주장을 전부 통일해야 합니다. 그렇게 해서 상대방을 공격하는 거죠. 여기에서는 이해관계가 중요하기 때문에 정의냐 정의에 맞지 않느냐 하는 문제는 별개인 겁니다. 무조건 자기와 다른 사람은 공격하는 겁니다.

'부화뇌동'(附和雷同)도 비슷한 말이죠. 옳고 그르고를 따지지 않고 남이 말하는 대로 한 덩어리가 되어서 따르는 것을 말합니다. 뇌는 천둥이 우르르 치는 소리죠.

남을 해칠 마음을 품고 있는 것을 뜻하는 말로 '포장화심'(包藏禍心)이 있습니다. '포장'(包藏)은 싸다, 간직하다라는 뜻이고, '화심'(禍心)은 남을 해칠 마음이죠. 가령 나라에 대해서 늘 불평을 하는 사람을 '포장화심'하다고 합니다. 나라에 대해서뿐만 아니라 사람과 사람 사이에서도 쓸 수 있는 말입니다.

그런데 꼭 당을 짓지 않더라도, 일반적으로 의견이 같지 않은 경우가 있죠. 이런 것을 '의론기이'(議論岐貳)라고 합니다. 기

(岐)에는 갈림길이라는 뜻이 있죠. 그래서 '기이'는 갈라져서 둘이 된다는 뜻입니다. 의견이 일치하지 않았다, 의견이 서로 다르다는 의미입니다.

계륵(鷄肋)

'계륵'에서 '륵'(肋) 자는 갈비죠. 늑골, 늑막염 할 때 쓰는 글자입니다. 계륵이라는 것은 닭의 갈빗대인데, '먹어도 별 맛이 없고 버리기는 아까운 것'(食而無味, 棄之可惜)이라고 하죠. 가령 자기가 글을 써서 모아 놓은 게 있단 말이에요. 시로도 써 보고 수필로도 썼지만, 다시 읽어 보면 세상에 내놔 봐야 독자들이 알아 줄 것 같지도 않습니다. 그래도 내가 쓴 거니까 버리기는 아깝죠. 이런 것도 계륵이라고 말할 수가 있겠죠. 책 중에도 『계륵집』이라는 책이 있죠. 계륵을 모아 놓는다는 의미입니다.

이 '계륵'이라는 말은 유명한 『삼국지연의』에서 나온 말입니다. 『삼국지연의』의 인물 가운데에 가장 중심이 되는 인물로 조조가 있지 않습니까? 조조가 한중 땅에 가서 전쟁을 하는데, 그곳을 함락시키지 못했단 말이죠. 그러던 어느 날 부대에서 사용하는 암구호를 정해야 하는데, 조조가 "오늘은 '계륵'이라고 하라"라는 명을 내립니다. 그런데 이 부대에서 제일 재주가 있다고 하는 사람이 양수(楊修)인데, 양수가 암구호가 '계륵'으로 정해졌다는 이야기를 듣더니, 다음 날 옷을 제대로 다 갖추어 입고 길

떠날 준비를 하고 있는 겁니다. 그래서 주위의 다른 사람들이 의아해하니까, 왕(조조)이 '계륵'이라는 암호를 정한 것을 보니 곧 여기를 포기할 것을 알 수 있다는 겁니다. 그리고 그날 저녁으로 그곳을 떠났다고 하죠. 이런 이야기가 중국의 『삼국지연의』에 나옵니다.

계란유골(鷄卵有骨)

'닭 계'(鷄) 자가 나온 김에 한국에만 있는 고사성어를 하나 말씀드리겠습니다. 제가 어린 시절에 어머니께 "무복재상은 계란에도 유골이란다"라는 말씀을 들은 게 생각이 납니다. 우리 어머님은 한문도 잘 모르시는데, 전해 내려온 말이었겠죠. 고려 대에 강일용(康日用)이라는 사람이 있었는데, 그 사람이 상당히 높은 벼슬에 있었지만, 집이 너무 가난했습니다. 임금도 그걸 잘 알고 있었단 말이죠. 그래서 어느 날 오늘 시장에 들어오는 물건은 전부 강학사 집으로 가져다 주도록 하라고 명령을 내립니다. 그런데 마침 비가 엄청나게 쏟아져서 도성으로 물건을 팔러 들어온 사람이 없었던 겁니다. 그러다가 겨우 계란 두 줄을 가져온 사람이 있었단 말이죠. 왕명이 있었으니, 계란을 그 집에 가져갈 수밖에 없었죠. 그런데 그 계란에 뼈가 있었단 말입니다. 뼈가 있다는 것은 계란이 좀 오래되면 거기서 병아리가 생기기도 하잖아요. 그걸 말합니다. 그러니 아무 소용이 없었던 거죠. 그래서 재복이 없는 사람에 대해서 '계란유골'이라는 말을 씁니다. 이건 순수한 우리나라 고사라서 중국 사람에게 '계란유골'이라는 말을 쓰면 무슨 말인가 하고 깜짝 놀랄 겁니다.

득농망촉(得隴望蜀), 계학지욕(谿壑之慾), 진지구무이(秦之求無已)

'득농망촉'에서 '농'(隴)도 땅 이름이고, '촉'(蜀)도 땅 이름입니다. 전쟁을 해서 농서 지방을 점령했는데, 거기서 만족하지 못해서 다시 촉을 쳐들어가려고 생각하고 있다는 것을 '득농망촉'이라고 합니다. 원래 사람이 백석꾼 되면 천석꾼 되고 싶고 천석꾼 되고 나면 만석꾼 되고 싶은 게죠. 그러나 그것도 분수에 넘치고 사리에 어긋나게 하는 것은 안 된다는 의미가 '득농망촉'이라는 말에 담겨 있습니다. 일제시대에 일본이 조선 점령해 놓고 만주, 그것도 부족해서 중국 전체를 먹으려 했죠. 이럴 때 쓰는 말이 '득농망촉'인 겁니다. '계학지욕'이라는 말도 같은 뜻입니다. 물이 흐르면 '계'(溪), 시내가 되죠. '학'(壑)이라는 건 큰 골짜기를 말합니다. 시내가 모여서 큰 강이 되는 거죠. 거기서 더 흘러서 바다로 가는 거고요. 이것도 한없는 욕심을 나타내는 말입니다.

　'진지구무이'도 마찬가지입니다. '진나라의 요구가 끝이 없다'는 뜻이죠. 전국시대에 진나라의 세력이 강하고 다른 나라의 세력이 약하기 때문에 진나라가 땅을 요구하면 땅을 주고 평화를 얻어야 한다는 사람들이 있었는데, 그것에 반대하는 사람이

하는 말입니다. 그 땅을 주면 다음에는 또 다른 땅을 달라고 할 거고, 계속해서 달라고 할 텐데 그걸 당할 수 있겠냐고 할 때 쓰는 말이 '진지구무이'인 겁니다. "아이고 이 사람아, 그 사람 욕심을 어떻게 당해, '진지구무이'지"라는 식으로 일상에서도 많이 쓰던 말입니다. 이에 비해 '득농망촉'은 조금 유식한 문자라고 할 수 있습니다.

당랑거철(螳螂拒轍)

'당랑'은 사마귀죠. 버마제비라고도 합니다. '철'(轍)은 수레바퀴 자국입니다. 그러니까, 수레가 앞에서 다가오는데, 사마귀가 앞발을 들고 버티고 서서 막아 보겠다고 덤비는 것을 '당랑거철'이라고 합니다. 힘의 차이가 말할 수 없이 현격한데, 그걸 모르고서 덤비는 것을 말하죠. 돈이 없는 사람이 돈이 많은 사람과 계속 경쟁을 한다든지, 힘이 없는데 힘이 장사 같은 사람에게 싸움을 건다든지 하는 것도 '당랑거철'입니다. 작은 나라가 큰 나라와 전쟁을 한다고 할 때도 '당랑거철'이라는 말을 씁니다.

기각지세(掎角之勢), 견아상제(犬牙相制)

'기각지세'라고 하는 것은 다리를 당기고 뿔을 잡는다는 뜻인데, 사슴을 잡을 때 사슴이 뿔로 받고 뒷발로 차고 하기 때문에 발을 묶고 뿔을 매는 식으로 잡는다고 하죠. 그러니까 적을 공격할 때

전후로 공격하는 것을 '기각지세'라고 하는 겁니다.

'견아상제'에서 '견아'는 개 어금니죠. 개 어금니는 위아래의 이가 일정하지 않고 들고 나고 하는데, 입을 다물면 딱 들어맞습니다. 이런 모양처럼 지리적으로 삐뚤빼뚤 어긋난 경계선을 접하면서 서로 견제하는 모습을 말할 때 '견아상제'라고 합니다.

견원지간(犬猿之間), 일석이조(一石二鳥)

'개 견' 자가 나와서 말인데, 우리나라 사람들이 '견원지간'(犬猿之間)이라는 말을 많이 씁니다. 신문이나 방송에서도 많이 나오죠. 그런데 이렇게 한문으로 된 말을 쓰려면 우리나라에 무슨 고사가 있거나 중국 한문에 근거가 있거나 해야 할 거 아닙니까? 그런데 이 말은 전혀 근거가 없는 말입니다. 개와 원숭이가 왜 사이가 안 좋은지는 고사가 아무것도 없습니다. 이걸 찾아보려고 제가 모로하시 데쓰지(諸橋轍次)라는 사람이 만든 제일 큰 『대한화사전』(大漢和辭典)을 찾아보기도 했는데, 거기에도 '견원지간'이라는 말에 대해 '사이가 나쁜 것을 말함'이라고만 되어 있어요. 고사가 전혀 붙어 있지 않습니다. 그래서 이렇게 근거가 없는 말은 되도록 쓰지 않아야 하겠습니다. 꼭 한문으로 된 말을 쓰려고 하면, '오월지간'(吳越之間) 같은 말이 있죠. 오나라와 월나라는 늘 원수의 나라라는 말입니다. 말이 나온 김에 하나 더 말씀드리면, '일석이조'(一石二鳥)라는 말도 많이 쓰죠. 이런 말을 쓰는 걸 보면 아주 간지러워서 재미가 없습니다. 돌 하나 던져서 어떻게 새 두 마리를 때려 맞히겠어요. 그럴 수 없는데 일본 사람들이 '일석이조'라는 말을 쓰니까 우리도 '일석이조'라는 말을 쓰고 있습니다. 이것도 한문으로 쓰면 '일거양득'(一擧兩得)이라는 말이 있죠. 한 번 어떤 일을 해서 두 가지 득을 본다는 말이죠.

공성신퇴(功成身退), 급류용퇴(急流勇退)

'공성신퇴'는 공을 이루면 자신은 물러난다는 뜻이죠. '사시지서, 성공자거'(四時之序, 成功者去)라는 말도 있죠. 춘하추동 사시가 있는데, 자기 순서를 마치면 간다는 말입니다. 봄 석달이 끝나면 여름이 오고, 여름이 가면 가을이 오죠. 물러갈 때가 되면 물러가야 하는데, 그저 자리를 끝까지 지키려고 앉아 있는 사람들에 대해서 하는 말입니다. '공성신퇴'도 마찬가지죠. 공을 이루었으면 몸은 물러나야 한다는 거고요.

'급류용퇴'라는 말도 있는데요. 급류는 평탄하게 흐르는 것이 아니고 경사진 지면을 급하게 흘러가는 것이죠. 배가 급류에 휩쓸려서 내려가면 그대로 흘러가지 다시 위로 올라가거나 멈추는 일이 어렵습니다. 그런데 이런 급류에 있다가 용퇴를 한다고 하죠. 그래서 '급류용퇴'는 자기가 한참 전성기에 있는데, 그런 때에 딱 그만두고 나오는 걸 말합니다. 조금만 더 있으면 위태로움이 닥치는 것을 알거나, 아니면 지금 자리가 자기 분수에 지나친 자리라는 것을 알고 용퇴를 하는 거죠.

'공성신퇴'는 자연스럽게 그만두는 것이고 '급류용퇴'는 다른 사람이 볼 때는 아직 한참 더 있어야 할 자리에서 그만두고 나오는 것이라는 차이가 있죠.

수의야행(繡衣夜行)

'수의야행'은 '비단옷을 입고 밤길을 걷는다'는 뜻이죠. '수'(繡) 대신에 비단 '금'(錦) 자를 써서 '금의야행'(錦衣夜行)이라고도 씁니다. 비슷한 맥락에서 쓰는 '금의환향'(錦衣還鄉)이란 말도 있습니다. 이 말은 항우가 자기가 이루고자 한 것을 어느 정도 이루었기 때문에 이제 만족하고 고향으로 돌아가고 싶다고 한 데서 나온 말입니다. 출세해서 고향에 돌아가지 않는다면 그건 '비단옷을 입고 밤길을 걷는 것과 마찬가지'라고 항우가 이야기를 하죠. 맨손으로 도시에 나가서 돈을 많이 벌었으면 고향에 돌아와야 훌륭해졌다는 이야기를 듣겠죠. 도시에 있으면 돈 번 사람이 그득하니 돈 좀 있기로서니 대단한 일이 아닙니다. 그래서 성공해서 고향에 돌아가는 것을 '금의환향'이라고 하는 거고요. 고향에 돌아가지 못하고 있는 것을 '수의야행', '금의야행'이라고 합니다.

함구인치(含垢忍恥)

'함구인치'에서 '함'은 '입에 머금는다'는 뜻입니다. '구'는 몸에 끼는 때를 말하죠. '인'은 '참을 인', '치'는 '부끄러울 치'입니다. 그러니까 '구'를 '함'하고 '치'를 '인'하다. 더러운 것을 입에 물고 수치를 참는다는 말입니다. 자기가 힘으로 상대할 수 없는 상대를 만났을 때에는 그 모욕을 참고 견딘다는 뜻이죠. 예를 들어 병자호란 때 인조가 남한산성에 있다가 삼전도로 나와서 항복을 했죠. 그때 '삼배구고두례'(三拜九叩頭禮)를 했습니다. 세 번 절하고 아홉 번 머리를 조아리는 예를 했단 말이에요. 모욕을 당한 것인데, 그렇게 하지 않으면 자기도 죽고 종묘사직도 없어지고 나라도 망하니까 할 수 없이 그런 모욕을 감수한 겁니다. 이런 경우를 문자로 쓸 때 '함구인치'라고 쓰는 겁니다. '은인자중'(隱忍自重)이라는 말과도 통하는 점이 있죠.

송양지인(宋襄之仁)

'송'은 춘추시대의 나라 이름이고요. '양'은 그 나라 임금의 시호입니다. 송 양공이라는 임금을 가리키는 거죠. 송양지인은 송 양공의 인(仁)이라는 말인데, 예전에는 많이 쓰던 문자입니다만 지금은 많이 쓰이지 않기 때문에 잘 모르실지도 모르겠습니다. 보통 '인'(仁)이라는 말은 좋은 말이죠. 남을 사랑하는 것, 자비로운 것을 인이라고 하는데, 그런데 이 인을 잘못 행하면 자기를 망치는 경우가 있죠. 그것을 '송양지인'이라고 합니다.

송 양공이 송나라를 다스리던 때 남방의 큰 나라인 초나라가

송을 침략해 왔단 말이죠. 그래서 홍(泓)이라는 물가에서 전쟁을 하게 되었는데, 송나라 군대는 전열을 정비했고, 초인들은 막 홍수(泓水)를 건너는데 아직 다 건너오지 못하고 있었습니다. 그럴 때에 송 양공의 신하가 "우리 군사는 적고 상대방의 군사는 많습니다. 초인들이 물을 다 건너오기 전에 습격을 하면 우리한테 유리합니다"라고 제안을 하죠. 그런데 송 양공은 그래서는 안 된다고 합니다. 적군이 다 건너와서 전열을 정비한 뒤에 싸워야 한다는 겁니다. 그래서 진을 다 치고 나서 싸웠는데, 힘이 약하니까 송 양공도 부상을 당하고 병사들도 많이 죽었습니다. 그래서 전쟁이 끝난 뒤에 누군가 송 양공에게 "전쟁을 유리할 때 하지 않고 왜 스스로 불리하게 만들었습니까?"라고 묻죠. 여기에 송 양공이 "불고불성열"(不鼓不成列)이라고 답을 하죠. '고'(鼓)는 북을 친다는 뜻인데, 북을 치는 것이 진군 신호입니다. 그러니까 대열을 이루지 못한 상대에 진격하는 법이 아니라고 대답을 한 것이죠. 요즘으로 치면 신사적으로 싸움을 한 겁니다. 그러면서 송 양공은 전쟁에도 의리가 있고 신의가 있는 법이니 자기는 유감이 없다고 이야기를 합니다.

그런데 이 전쟁이라고 하는 것은 개인의 운명이 아니라 나라의 운명을 걸고 싸우는 거잖아요. 그런데 무슨 자비심을 베푼다고 전쟁에서 패전을 했으니 이 얼마나 곤란한 노릇입니까? 그래서 필요 없는 동정을 베푸는 것을 '송양지인'이라고 하는 겁니다.

동정이나 사랑도 적당해야지 자기를 해치면서까지 남에게 베풀어서는 안 된다는 말이죠.

와신상담(臥薪嘗膽)

'와신상담'도 유명한 말이죠. 요즘은 운동선수들이 어려움을 겪다가 회복하면 '와신상담'했다고도 많이 쓰죠. '와'(臥)는 '누울 와', '신'(薪)은 '땔나무', '상'(嘗)은 '맛볼 상', '담'(膽)은 '쓸개 담'입니다. '땔나무에 누워서 잠자고 쓸개를 맛본다'라는 뜻이죠. 임금이 원수를 갚겠다는 복수심으로 괴로운 것을 참고 견딘다는 뜻입니다. 여기에는 역사적인 사건이 있습니다.

춘추시대에 양자강 남쪽에는 오(吳)와 월(越)이라는 나라가 있었습니다. 그런데 이 두 나라는 늘 서로 싸움을 했어요. 그러다가 오왕 합려(闔閭)가 월나라 임금 구천(句踐)과 싸우다가 부상을 당해서 죽습니다. 이렇게 합려가 죽고 그 아들 부차(夫差)가 오나라 왕이 되었는데, 자기 아버지 원수를 갚아야 할 거 아니에요. 그래서 '와신'(臥薪)을 합니다. 임금은 좋은 침상에서 자야 할 텐데, 그러지 않고 땔나무를 깔아 놓고 그 위에서 자는 거죠. 그러면서 자기 방을 지나는 사람들에게 "부차야 월왕이 네 아비를 죽인 것을 잊었느냐"라고 늘 구호처럼 외치게 했다고 합니다. 그렇게 해서 나중에 구천에게 원수를 갚죠. 전쟁을 해서 구천을 사로잡습니다. 그런데 또 구천을 죽이지 않고 살려 둡니다. 이번에는 구천이 '상담'(嘗膽)을 합니다. 자기가 있는 자리에 짐승의 쓸개를 매달아 놓고 아침저녁으로 그걸 맛을 보는 겁니다. 그렇게 원수를 갚겠다고 다짐을 하는 거죠. 그래서 결국 나중에 부차를 공격해서 오나라를 망하게 했죠. 원수를 갚기 위해 어려움을 참고 견딘다는 '와신상담'이라는 고사가 여기에서 나온 겁니다. 참고 견디는 것뿐만 아니라 힘을 기르는 것까지 포함한 말이죠.

오월동주(吳越同舟)

오나라와 월나라 관련해서는 '오월동주'라는 말도 유명하죠. 앞에서 보았듯이 오나라와 월나라는 서로 용납할 수 없는 사이입니다. 이런 사이를 '불공대천'(不共戴天)이라고 하죠. '대'(戴)는 보통 '남부여대'(男負女戴), '남자는 짊어지고, 여자는 머리에 인다'라고 할 때 쓰는 글자죠. 짊어진다는 뜻입니다. 그러니까 '불공대천'이라고 하면, 함께 하늘을 이고 다닐 사람이 못 된다는 말입니다. 내가 죽든가 저 사람이 죽든가 해야 하는 원수 관계죠. '오월동주'는 이렇게 원수 관계인 사람이 배를 같이 탔다는 말입니다.

그럼 어떻게 되겠습니까? 싸움이 일어날까요? '오월동주'라는 말은 그런 의미는 아닙니다. '동상이몽'(同床異夢), '같은 침상에서 다른 꿈을 꾼다'는 말과 반대되는 말로, 원수끼리라도 경우에 따라서는 힘을 합쳐야 한다는 말입니다. 배를 같이 탔는데, 풍랑이 일어서 배가 전복되려고 한다면 힘을 합해서 안전을 도모

해야겠죠. 그런 경우를 '오월동주'라고 말합니다.

임갈굴정(臨渴掘井), 교토삼굴(狡兎三窟)

'갈'(渴)은 '목마를 갈' 자고 '굴'(掘)은 판다는 말이죠. '갈'에 '임'하여 우물을 판다[掘井]는 말입니다. 무슨 말이죠? 이미 늦었다는 말입니다. 목이 마르기 전에 우물을 파야죠. 속담에 '목마른 놈이 우물 판다'라는 말이 있는데, 그 말하고는 다른 뜻이죠.

'교토'(狡兎) 두 글자가 토끼를 뜻합니다. 토끼에게는 굴이 세 개라고 하죠. 토끼는 산의 굴속에서 삽니다. 그런데 굴 하나만 파서 있으면 사람이나 짐승이 발견을 하고 토끼를 잡으러 오면 꼼짝없이 잡히겠죠. 그러니까 굴을 만들어 놓고 옆으로 굴을 또 만들어 놓습니다. 이걸로도 불안하니까 굴을 하나 더 만들어 놓죠. 이래서 세 개의 굴이 있다는 말인데, 이 말은 전국시대에 맹상군이라는 사람과 관련된 고사에서 나오는 말입니다.

맹상군은 나라에 공을 많이 세우고 권세도 있던 사람인데, 어느 날 왕의 미움을 사서 곤궁한 처지에 빠지죠. 하지만 고향 땅에 인심을 써 놓은 게 있어서 백성들의 환대로 겨우 곤궁한 지경을 면했는데, 함께 있던 식객이 당신은 아직 굴이 하나밖에 없다. 토끼도 굴을 세 개는 가지고 있다는데, 두 개를 더 파야 한다고 이야기하는 데서 나온 고사입니다. 장래를 위해서 여러 가지로 준비하는 것을 '교토삼굴'이라고 합니다. 조선 초기의 정치가 유자광이 평생에 많은 원성을 듣고 죽었는데요. 죽기 전에 하인 한 사람을 잘 먹이고 해서 나중에 죽을 때 자기 옷을 입혀서 자기 무덤처럼 만들어 묻었다고 하죠. 사람들이 원한을 갚으려고 무덤을 팔 때 하인 무덤을 자기 무덤으로 알고 파도록 한 것인데, 이것도 '교토삼굴' 중에 하나가 되겠습니다.

부앙무괴(俯仰無愧), 불파천불외지(不怕天不畏地)

'부앙무괴'는 '구부려도 쳐다보아도 부끄러움이 없다'는 뜻입니다. 『맹자』에 나온 '앙불괴천, 부부작인'(仰不愧天, 俯不作人)에서 나온 말입니다. 하늘을 쳐다봐도 하늘에 부끄럽지 않고, 구부려 사람들을 보아도 부끄러울 것이 없다는 말로, 맹자가 인간으로서 제일 훌륭한 '낙'(樂)이라고 이야기한 것입니다. 이렇게 된다면 얼마나 좋겠습니까?

이와 반대되는 말로 '불파천불외지'(不怕天不畏地)라는 말이 있습니다. '파'(怕)는 두렵다는 뜻이죠. 이 글자를 간혹 '패'라고 읽기도 합니다만, 원글자는 '파'입니다. '외'도 두렵다는 뜻으로, 하늘도 무서워하지 않고 땅도 무서워하지 않는 사람을 '불파천불외지'라고 하죠. 막무가내로 아무것도 겁내지 않는 사람이죠.

새옹실마(塞翁失馬)

'새'(塞)는 '막힐 색'으로도 쓰이는데, '국경'이라는 뜻으로 쓸 때는 '새'라고 읽습니다. 요새라는 뜻이죠. 그러니까 '새옹'이라고 하면 국경 지방에 사는 노인이라는 뜻이고, '실마'(失馬)는 말을 잃어버렸다는 말이죠. 이 성어는 많이 들어 보셨을 겁니다. 이야기는 이렇죠.

어느 날 국경 지방에 사는 노인이 말을 잃어버렸습니다. 그래서 이웃 사람이 걱정을 하니까, 노인이 "걱정할 필요 없다. 그게 복이 되는지 누가 아는가"라고 했답니다. 그런데 잃어버렸던 말이 아주 좋은 호마(胡馬) 한 마리를 데리고 돌아옵니다. 그러자 또 이웃 사람이 복이 되었다고 기뻐해 주죠. 하지만 이번에도 노인은 그게 또 불행을 초래할지 누가 아냐면서 좋아하지 말라고 하죠. 이 노인에게는 아들이 하나 있었는데, 좋은 말이 두 마리나 생겼으니까 말을 타고서 이리 뛰고 저리 뛰고 하다가 넘어져서 다리가 부러집니다. 불행이죠. 그래도 노인은 이게 다시 복이 될지도 모른다고 하죠. 그때 마침 이웃나라와 전쟁이 벌어져 징병령이 내려져서 젊은 사람은 다 끌려가는데, 이 노인의 아들은 다리가 부러졌기 때문에 나가지 않아서 죽지 않고 살았단 말이죠. 이렇게 '불행이 행이 되고, 행이 불행이 된다', '세상일은 모르는 것이다'라는 것을 '새옹실마', '새옹득실'(塞翁得失), '득마실마'(得馬失馬)라고 합니다. 다 같은 고사에서 나온 말입니다.